中等职业教育“十三五”规划教材

主　编　龚昌臻　李明海
副主编　莫　敏　周子胜
参　编　苏宇宁　刘灵丹　张家发
莫林颖　梁业坤　刘庆霞
曹恒运　张　东　杨仲明
黎家玉

汽车美容一体化教程

内容提要

本教材从实际应用出发，根据项目教学的要求，将汽车美容分解成若干个项目，以先进的技巧与规范的工序，按照任务目标、任务引入、任务准备、任务实施、学习评估及考核评价的方式进行编写。内容包括汽车美容的基本知识和职业道德、汽车常规护理、汽车漆面美容护理、汽车外装饰美容和汽车内装饰美容五个项目。

本书可作为中等职业学校汽车服务专业的教材，也可供汽车服务行业和相关技术人员参考。

图书在版编目(CIP)数据

汽车美容一体化教程/龚昌臻，李明海主编. —上海：上海交通大学出版社，2015

ISBN 978-7-313-13799-9

Ⅰ.①汽… Ⅱ.①龚…②李… Ⅲ.①汽车—车辆保养—教材 Ⅳ.①U472

中国版本图书馆 CIP 数据核字(2015)第 227199 号

汽车美容一体化教程

主　　编：龚昌臻　李明海

出版发行：上海交通大学出版社　　地　　址：上海市番禺路 951 号

邮政编码：200030　　电　　话：021-64071208

出 版 人：韩建民

印　　制：常熟市文化印刷有限公司　　经　　销：全国新华书店

开　　本：787mm×1092mm　1/16　　印　　张：12.5

字　　数：287 千字

版　　次：2015 年 10 月第 1 版　　印　　次：2015 年 10 月第 1 次印刷

书　　号：ISBN 978-7-313-13799-9/U

定　　价：38.00 元

前　　言

现代职业教育的宗旨是培养具有基本专业理论知识和熟练操作技能，并且适应生产管理、服务第一线的技能型人才。一体化教学就是把专业理论知识和生产实践结合为一体，真正实现“学中做，做中学”的教学模式，融合知识讲解和技能训练为一体，侧重于技能操作和创新能力的培养。

本书运用了一体化教学模式，集理论学习、现场观摩、技能训练于一体。其特点是：实用性与综合性强，具有高效性与经济性，有利于培养学生的综合素质。其实施方式是：以社会需要为主线，教师一体化，教材一体化，教室一体化。打破了理论课和实训课的界限，将理论教学和实训教学融为一体，在实践中教理论，在运用中学技术，真正实现汽车美容一体化教程。

本书一共分为五个项目，包括汽车美容基础知识和职业道德、汽车常规护理、汽车漆面美容护理、汽车外装饰美容和汽车内装饰美容。以专业为汽车方向的学生的就业为导向，以培养学生汽车美容动手操作能力为主线，遵循中等职业学校的教学规律，紧密结合汽车美容的实际工作任务，确定本书的学习任务和项目内容。本书是学校老师和企业高管与技术人员共同编写，这里衷心感谢参与本书编写的所有人员。

由于编者水平有限，书中存在的不完善之处，恳请广大读者提出宝贵的意见。

目　　录

项目五　汽车内装饰美容

项目一

汽车美容的基本知识和职业道德

任务一　汽车美容的基本知识和工作规范

【任务目标】

一、知识目标

（1）掌握汽车美容的概念。

（2）掌握汽车美容的项目分类。

（3）了解我国汽车美容市场现状及发展前景。

（4）掌握有关汽车美容的法律法规。

二、技能目标

（1）掌握汽车美容的预防措施。

（2）掌握汽车美容操作规范。

（3）初步了解汽车美容的处理方法。

【任务引入】

随着中国经济的不断发展，人们消费水平不断提升，汽车逐渐从奢侈品的角色转变为大众消费品。汽车产业在不断走向成熟的同时也带动了汽车后市场的迅猛发展，由于人们对汽车后市场了解甚少，因此我国汽车后市场发展较慢，并且存在着巨大的潜力。汽车美容行业是我国汽车后市场发展较为落后的领域。汽车美容行业源于西方发达资本主义国家，于20世纪进入中国，人们单纯地认为汽车美容是指抛光打蜡，随着汽车后市场的迅猛发展，人们对汽车美容有了新的了解。下面我们一起来学习汽车美容的基础知识及工作规范。

【任务准备】

一、我国汽车美容市场的现状

我国车市的火爆使我国的汽车美容行业有了较大的发展，汽车美容行业早在20世纪初就已经进入我国市场。目前我国汽车美容行业已经存在一些相对比较成熟的经营模式，同时，随着近几年人们的汽车消费理念和使用理念的逐渐成熟，越来越多的人意识到汽车美容养护的重要性。在巨大的利益驱使下，越来越多的商家进入汽车美容业中，有力地推动了整个市场的前进。目前，我国的汽车美容行业已经走过了起步阶段，进入到发展阶段，汽车美容项目也打破了原先的单一性，越来越呈现出多样化、标准化和高端化的趋势。目前我国汽车美容业发展迅速，已经有了一些成熟的理念和经营模式，但是由于起步相对来说比较晚，经验不足，该行业仍然存在以下几方面的问题。

1. 消费者认识不成熟

目前，随着"七分养三分修"的养护理念深入消费者的内心，人们意识到汽车和我们日常用的家用电器一样，要想使它能够正常良好地运行，必须要定期进行美容保养。但是，到目前为止，仍有很大一部分消费者对于汽车美容业没有一个全面的认识与了解，对相关项目的认识不够透彻。如日常经常进行的洗车作业，大部分汽车使用者认为洗车仅仅是为了洗掉车身的灰尘和脏污，使汽车看起来更加美观，却不知道洗车更重要的是为了防止车身附着物腐蚀车漆，使车辆面漆受损，长期不洗，就会严重影响汽车的使用性能。更有甚者一些车主用碱性洗衣液、洗洁精来洗车，严重影响车漆寿命。这些错误的认识和做法，都直接影响了我国汽车美容行业的健康发展。

2. 企业经营管理不规范、制度不健全

"汽车美容"的概念在我国一经引入，众多的洗车店、汽配店、加油站很快就盯上了这个新兴行业，把汽车美容市场弄的热火朝天。目前，汽车美容店开店标准和三类汽车维修企业(指专门从事汽车专项修理或维护的企业和个体经营户)是一样的。没有专门针对汽车美容行业的市场准入制度，这就决定了大部分企业的经营无法得到规范。存在着经营范围不清、来历不明的商品混迹市场、以次充好的现象。

近年来，由于汽车美容行业的制度不完善，相关政策也不健全，以至于我国汽车美容店的规模参差不齐。我们经常在路上看到一些街边挂着汽车美容的牌子的店铺内，公然在作业场所内经营洗车、轮胎检测、贴膜、汽车饰品、汽车装潢等业务。同样的，有很多的汽车美容店，甚至是一些相对来说比较正规的4S店里，销售的一些汽车导航、汽车音响、防爆太阳膜等产品都没有中文厂址，卖家以进口产品为借口，向消费者索要高价，但很少有经营者能提供报关手续。

3. 从业人员素质低

通过对汽车美容市场的调研发现，汽车修理人员有上岗证，分为初级、中级和高级证书。目前，汽车美容行业的从业人员大部分都是学徒工，其中，不少学徒仅具有初中或中专的文化程度，并且没有进行过相关的系统性的学习。他们对于汽车美容这一技术的掌握主要是通过师傅传、帮、带来完成的，这就导致学徒工所掌握的技术和知识十分有限。同时，从事汽车美容的技工对汽车美容产品缺乏鉴别能力，无法辨别参差不齐的汽车美容养护产品，加上车主对汽车美容养护知识了解的也不多，养护用品常"以次充好"，对汽车美容养护业的暴利现象无法识别，给一些不良商家带来可乘之机。

二、我国汽车美容行业的发展前景

1. 潜在市场大

2009年，我国汽车产销量达到1 300万辆，首次超过美国，成为全球汽车产销量第一的

国家。2014 年，我国私人轿车保有量已经达到 1.4 亿。根据汽车行业专家们的预测，我国轿车的保有量在未来的一二十年里还会有飞速的增长。近年来，随着“三分修，七分养”的汽车养护理念深入人心，汽车的日常清洁美容、汽车养护用品采购等行为就成为人们日常的消费习惯。专家指出，每 1 元购车消费将带动 0.65 元的汽车售后服务，因此这些行为都极大地促进了汽车美容行业的发展，其社会效益和经济效益是十分显著的。

2. 规范行业制度

目前，我国应将汽车美容行业从汽车维修行业中独立出来，制定相对来说比较规范的汽车美容行业的市场准入制度、技术标准、设备标准和收费标准。我国相关政府部门也应加强对汽车美容行业的监督和管理，将那些在经营规模、技术人员、设备等方面不符合标准的企业拒之门外，使我国的汽车美容行业处于一个健康发展的环境中。

3. 专业化的从业人员

我国各个职业院校，应以市场为导向，加强对汽车美容行业人才的培养。同时我国应制定汽车美容服务项目从业人员技术要求，根据工人的技术水平和操作熟练程度，划分出不同等级并颁发相应的技术证书，从而维护消费者的利益，提高从业人员的服务水平。

4. 品牌化的经营理念

各种汽车美容店规模大小不一，各种洗车、美容、装饰用品质量和服务水平良莠不齐，商家在个性化服务和产品创意方面很少有独到的见解。同时，我国连锁经营协会的专家已经指出，要想使我国汽车美容行业健康快速的发展，必须要发展品牌化、专业化、标准化、规范化的连锁经营模式。

三、汽车美容的概念

汽车美容源于西方发达国家，英文名称为“Car Beauty”或“Car Care”，汽车美容是指对汽车外部漆面和车内不同材质物品所需的保养条件，采用专业性的美容系列用品和专业工具设备，按照一定的操作工艺，由表及里对汽车进行细致的清洁、护理、漆面翻新、缺陷修复等维护作业，从而实现“旧车变新，新车保值，延寿增益”的功效。

汽车美容用品选择的四大原则是：因车型而异、因车况而异、因环境而异、因季节而异。汽车美容服务大体上可分为车表美容、内部美容、漆面处理、汽车外装饰和汽车内装饰五个部分。

1. 车表美容

1）车表清洗

车表清洗是汽车美容的首要环节。它既是一项基础性的工作，也是一项经常性的护理工作。车表清洗通常是采用高压水枪、洗车液、黏土、大毛巾、小毛巾、麂皮等对汽车表面进行清洗。经常洗车可以有效清除车表尘土、酸雨、沥青等污染物，防止漆面及其他车身部件受到腐蚀和损害。

2）车漆护理

车漆美容是汽车美容行业中日益壮大的一个重要项目，并得到广大消费者的认可，其中包括打蜡、封釉和镀膜。打蜡、封釉和镀膜的目的都是增亮车漆、保持车漆光泽，但是在施工工艺、价格、保持时间和效果等方面都有着很大的差别（见表 1－1－1）。

表 1-1-1 打蜡、封釉和镀膜对比

	打 蜡	封 釉	镀 膜
保持时间	1～2 个月	6 个月	12 个月
价 格	30～150 元	200～500 元	800～2 500 元
原 料	石油提取物	石油提取物	无机物
原 理	蜡层覆盖漆面	釉渗入漆面中	保护膜附着漆面
硬 度	几乎没有	稍有硬度	硬度高
防划伤能力	几乎没有	有一点的防划伤能力	防划伤能力强

3）轮胎、轮毂的清洗

轮胎、轮毂的清洗属于汽车行走部位清洗，其目的是延长轮胎和轮毂的使用寿命，以及提升汽车的整体美观度。

4）玻璃清洗

玻璃清洗包括前后挡风玻璃、车窗玻璃和后视镜的清洗，根据玻璃脏污程度及玻璃材质选择专业的玻璃清洗剂进行清洗。其目的是提高行车安全性及乘客舒适性。

5）汽车外装饰

汽车外装饰包括车身面漆装饰和车身彩条装饰等。合理进行汽车外装饰不但能对汽车车身起到有效的防腐作用，而且可以提升车身美观度，在车身造型和装饰上体现出艺术内涵，彰显车主的个性和风格。

2. 室内美容

室内美容主要包括内饰美容和车内消毒等，通过室内美容可以有效改善驾驶人员的工作环境，提高驾驶安全性。此外室内美容也可以使乘客的乘坐环境更舒适更健康。

1）内饰美容

内饰美容服务项目可分为车室美容、发动机美容及行李箱清洁等项目。其中车室美容包括仪表台、顶棚、地毯、脚垫、座椅、座套、车门内饰的吸尘清洁保护，以及蒸汽杀菌、冷暖风口除臭、室内空气净化等项目。正确的车室美容能够美化车内环境，延长内饰件的使用寿命，并有利于司乘人员的健康。

2）车内消毒

车内消毒主要有臭氧消毒、负离子消毒、光触媒消毒、碳制品消毒和化学消毒等方法。通过有效的消毒，使车辆的乘坐环境更清洁，没有污染，利于驾驶员及乘客的身心健康。

3. 漆面处理

漆面处理主要包括斑点治理、褪色、失光治理、漆面划痕处理等项目。其目的是恢复车身光泽、消除斑点及划痕，且防止车漆进一步恶化，使汽车外观光洁如新，赏心悦目。

1）斑点处理

漆面斑点是指漆面接触了沥青、汽车飞漆、焦油、鸟粪等污物，在漆面上留下的污迹，根据斑点严重程度，选择合适的美容用品、设备及工具，按照规定的作业流程进行治理作业。

2）褪色、失光处理

汽车在使用过程中，由于受到日晒、雨淋、风吹及空气中有害物质的侵蚀，使漆面色相、

明度、彩度、光泽度明显偏离标准色板。此时可以使用专门的护理用品和应用特殊工艺与方法、可以有效地消除褪色和失光现象，重现汽车漆面光亮。

3）漆面划痕处理

漆面划痕治理根据划痕的深度不同可分为浅划痕和深划痕。针对不同的划痕采用不同的治理方法，其目的均是淡化甚至消除划痕，防止漆面进一步恶化，提高车表美观度，使车表尽可能恢复到原来的模样。在汽车美容作业中，一般采用抛光研磨的方式处理漆面浅划痕，采用喷涂工艺来处理漆面深划痕。

4. 外装饰

外装饰主要包括车身面漆装饰、车身贴纸装饰、汽车玻璃贴膜和底盘装甲。

5. 内装饰

内装饰主要包括汽车座椅装饰、汽车地板装饰和汽车香品装饰。

四、汽车美容操作规范

1. 清洗、护理作业安全操作规范

(1) 施工人员必须从思想上重视安全工作，以高度的责任感和严谨的态度认真施工。施工中要树立安全第一、客户至上、精心服务的观念，严格遵守操作规程，杜绝事故的发生。

(2) 施工人员必须熟悉施工现场及周围环境，了解水、电、气开关的位置及救护器材的位置，以备应急之用。

(3) 施工人员必须熟悉施工安全技术、清洗剂的使用方法和急救方法。

(4) 地线必须接地，防止漏电，使用电器时要严防触电，不要用湿手和湿物接触开关。施工结束后，要及时把电源切断。

(5) 现场施工人员直接接触酸碱溶液时，应穿工作服、胶靴，戴防腐蚀手套，必要时戴防毒口罩。

(6) 清洗、护理作业现场必须整洁有序，严禁烟火。

(7) 清洗、护理现场应有消防设备、管路，要有充足的水源和电源，确保施工安全的需要。

(8) 清洗、护理设备在使用前应先进行试运转；使用后应用清水冲净，按要求维护保养；如有故障应及时排除并妥善保管。

(9) 施工中排放的清洗废液应符合排放要求，不许随地排放。

(10) 施工安全工作要有专人负责，定期检查，并不断总结安全施工的经验，确保安全施工。

2. 漆面修补、涂装作业安全操作规范

(1) 施工环境必须有良好的通风条件，若在室内施工（特别是喷涂），要有良好的通风设备。

(2) 操作前，根据作业要求穿好工作服和鞋，戴好工作帽、口罩、手套、鞋罩和防毒面具等。

(3) 打磨施工中应注意物面是否有凸出毛刺，以防划破手套，刮伤手指。

(4) 在用钢丝刷、锉刀、气动和电动工具进行金属表面处理时，需佩戴防护眼镜，以免污染和损伤眼睛。

(5) 酸碱溶液要严格保管,小心使用。在搬运酸碱溶液时,应使用专用工具,严禁肩扛、手抱。用氢氧化钠清除旧漆膜时,必须佩戴乳胶手套和防护眼镜,穿戴乳胶(或塑料)围裙和鞋罩。

(6) 登高作业时,椅子要牢固,放置要平稳、不得晃动,且严禁穿拖鞋操作登高作业。作业过程中,应有专人看护,随时处理突发事件。

(7) 在施工完毕后,必须要用肥皂清洗脸部和手部,防止有毒气体通过皮肤进入人体而产生危害。

(8) 施工场地的易燃品、棉纱等应随时清除,存放于指定的地方,并且严禁烟火。涂料库要隔绝火源,并备有消防设备,并且要有明显的严禁烟火的标志。

(9) 工作结束后打扫施工场地,用过的残漆、废纸、线头、废砂纸等要随时清理,放置到对应的垃圾箱内。

3. 施工作业过程中常见的预防措施

1) 防毒

汽车美容过程使用到的美容用品几乎都是化学用品,具有一定的毒性,尤其是喷漆涂装工艺,因此在施工现场必须做好防毒措施。

(1) 控制空气中有毒物质的浓度。

① 施工场所应有良好的通风和排风换气设备。

② 在采用暖风的情况下,一般不采用循环风。

③ 含有毒成分的尘雾和气体应经过净化处理后排入大气,排气管应超出屋顶 1 米以上。

④ 保证新鲜空气吸入点和废气排放点之间的距离在水平方向上不小于 10 米。

⑤ 对于毒性大、有害物质含量高的涂料严禁用喷涂法涂装。

(2) 操作前穿戴好劳动保护用品,使用有空气净化器的头罩或面罩。

(3) 涂装人员在操作时,应穿戴好各种防护用具,如专用工作服、手套、面具、口罩和鞋帽等。为防止有毒气体吸入肺部,在喷涂时要戴附有活性炭的防毒面具。

(4) 限制使用有毒涂料和溶剂,尽量使用无毒或毒性低的涂料和溶剂。

(5) 控制有毒涂料的尘雾和气体外溢扩散。

(6) 施工室内,如果感到头痛、眩晕、心悸、恶心时,要立即离开工作场所,到通风处呼吸新鲜空气,严重时应及时治疗。

(7) 长期接触漆雾和有机溶剂气体的人员,在不知不觉中也会发生慢性中毒,因此有关部门应对施工人员进行定期体检,发现有中毒迹象,应调离工作,避免与有机溶剂接触。

(8) 为保护皮肤,施工前可涂以防护油膏,施工后洗干净,再涂其他润肤油膏。工作结束后,应淋浴,换好干净衣服到室外呼吸新鲜空气。

2) 防火

美容施工现场有车辆、美容设备、美容用品、汽油等易燃品,这些易燃品遇到高温或火花容易燃烧,导致火灾,因此在施工现场必须做好防火措施。

(1) 完善防火设备:施工现场应安装火灾自动报警系统、消防总控制柜、消防水泵房、自动喷水灭火系统、泡沫自动灭火系统、干粉自动灭火系统、消防应急灯具、疏散指示标志、安全出口标志、防火卷帘操作系统、防火门、防火窗、水幕系统等一系列防火设备。

（2）按防爆等级的规定安装电器：杜绝在施工现场使用产生火花的电器和仪表。防止电器和机械设备超负荷运转，以免过热引发火灾。

（3）严禁吸烟：严禁施工人员及顾客在施工现场吸烟，如需吸烟必须移步至指定吸烟区。

（4）防止冲击火花。

（5）严防静电产生。

（6）谨防自燃：有些物品燃点较低，因此在存放或使用时需注意。

（7）备足灭火器材：根据消防规定，在施工现场放置灭火器、消防栓及水管等消防设备。

（8）及时灭火：一旦发生火情，务必保证任何一个施工人员都可以使用消防器材进行灭火。

五、关于汽车美容的相关规定

汽车美容、改装、装饰等确实可以让车更漂亮，看起来与众不同，让车更加舒适，但是改装和装饰也要注意相应的法律规定，以免把车打扮漂亮了却违反了法律法规。

（1）新的《道路交通安全法》明确规定，任何单位或个人不得拼装机动车，不得擅自改变机动车的结构、构造或特征。车辆的结构包括车身颜色、长、宽、高四种硬性标准和发动机的相关技术参数。

（2）法律法规对改装汽车作出了限制：汽车的型号、发动机型号、车架号不能改，不能破坏车身结构；汽车改变颜色，更换发动机、车身或者车架的，必须交验汽车，更换发动机、车身或者车架的还要提交机动车安全技术检验合格证明。更改车身颜色时有3种颜色属于特种车专用颜色，不能使用。红色为消防专用，黄色为工程抢险专用，上白下蓝为国家行政执法专用。

（3）车贴面积不能超过车身总面积的30%，超过了就必须去相关部门报批。

（4）已领牌照的汽车进行改装前，要向车管所登记申报，其改装技术报告经车管所审查同意后，方可进行改装，改装完毕，还要到车管所办理改装变更手续。

（5）更换前保险杠属于改变汽车外形，经过审批后是可行的，但对升高底盘等提升汽车越野性能的改装是不允许的。年审中一旦发现违规改装，必须恢复原状。

（6）车辆改装是否合法，关键要看车辆是否与行驶证上的照片相符，是否与车辆出厂技术参数相符，不相符的，不能通过年检。

【学习评估】

序号	学习内容	评价标准			
		了解	掌握	可指导操作	可独立操作
1	汽车美容基础知识				
2	我国汽车美容市场现状				
3	我国汽车美容市场发展前景				

（续表）

<table>
<tr><th rowspan="2">序号</th><th rowspan="2">学习内容</th><th colspan="4">评价标准</th></tr>
<tr><th>了解</th><th>掌握</th><th>可指导操作</th><th>可独立操作</th></tr>
<tr><td>4</td><td>汽车美容操作规范</td><td></td><td></td><td></td><td></td></tr>
<tr><td>5</td><td>汽车美容预防措施</td><td></td><td></td><td></td><td></td></tr>
<tr><td>6</td><td>汽车美容相关法规</td><td></td><td></td><td></td><td></td></tr>
</table>

【考核评价】

<table>
<tr><th rowspan="2">评价内容</th><th rowspan="2">赋分</th><th rowspan="2">序号</th><th rowspan="2">具体指标</th><th rowspan="2">分值</th><th colspan="3">得　分</th></tr>
<tr><th>自评</th><th>组评</th><th>师评</th></tr>
<tr><td>仪容仪表</td><td>5</td><td>1</td><td>穿戴整洁符合要求</td><td>5</td><td></td><td></td><td></td></tr>
<tr><td rowspan="3">学习过程</td><td rowspan="3">15</td><td>2</td><td>课前预习</td><td>5</td><td></td><td></td><td></td></tr>
<tr><td>3</td><td>不迟到早退缺勤，遵守课堂纪律</td><td>5</td><td></td><td></td><td></td></tr>
<tr><td>4</td><td>上课认真，积极回答问题</td><td>5</td><td></td><td></td><td></td></tr>
<tr><td rowspan="6">学习内容</td><td rowspan="6">70</td><td>5</td><td>汽车美容基础知识</td><td>20</td><td></td><td></td><td></td></tr>
<tr><td>6</td><td>我国汽车美容市场现状</td><td>5</td><td></td><td></td><td></td></tr>
<tr><td>7</td><td>我国汽车美容市场发展前景</td><td>5</td><td></td><td></td><td></td></tr>
<tr><td>8</td><td>汽车美容操作规范</td><td>20</td><td></td><td></td><td></td></tr>
<tr><td>9</td><td>汽车美容预防措施</td><td>10</td><td></td><td></td><td></td></tr>
<tr><td>10</td><td>汽车美容相关法规</td><td>10</td><td></td><td></td><td></td></tr>
<tr><td rowspan="2">课后学习</td><td rowspan="2">10</td><td>11</td><td>认真按时完成课后作业</td><td>5</td><td></td><td></td><td></td></tr>
<tr><td>12</td><td>复习课堂学习内容并预习下次课内容</td><td>5</td><td></td><td></td><td></td></tr>
<tr><td colspan="4">综合得分</td><td>100</td><td></td><td></td><td></td></tr>
</table>

任务二　汽车美容职业道德

【任务目标】

一、知识目标

(1) 掌握汽车美容从业人员的工作职责。
(2) 掌握汽车美容从业人员的职业道德。

二、技能目标

了解提高汽车内容从业人员的职业道德的措施。

【任务引入】

随着中国经济的不断发展，汽车已经由奢侈品成功转型为大众消费品，汽车美容行业犹如雨后春笋般迅速发展，从事汽车美容技术的人员越来越多，然而这些从事美容业的人员来自不同的教育背景，不同的行业领域，具有不同的工作经验及工作理念。那么作为一名专业的汽车美容技术人员，需要具备什么样的职业道德和专业知识呢?

【任务准备】

一、汽车美容从业人员的职能

一般汽车美容人员包括清洗类、美容类和装潢类等技术人员。

1. 汽车清洗类技术人员的职能

汽车清洗类技术人员包括车表清洗员工和内饰清洗员工。他们的职责相似，即负责来店车辆清洁工作的有效实施。整车外部彻底清洁，包括大块泥沙冲洗，油污、静电去除及新车开蜡，深度清洗和漆面胶油、沥青、鸟粪等杂物的处理，如图 1-2-1 所示。整车内部主要是除去绒布座位上面的油污和毛屑，清洁车内空气，清洗车内塑料器件和人造皮革，清洗车内棉织物的制品，以及清洗车门、载物架、后备箱蒙皮、顶棚等软织物和安全带，如图 1-2-2 所示。他们的日常工作有以下几项。

图 1-2-1　汽车外部清洗

图 1-2-2　汽车内部清洗

(1) 负责来店车辆的清洗工作。

(2) 严格按操作规范进行车辆清洗。

(3) 向客户讲解清洗车辆的关注点。

(4) 向客户介绍各个服务项目。

(5) 负责相关服务的开发工作。

(6) 完工后及时清理场地保障场地整洁。

2. 汽车美容类技术人员的职能

汽车美容类技术人员主要负责漆面美容护理，包括研磨、抛光、新车开蜡、打蜡、封釉、镀膜等。

汽车漆面就像人的皮肤，而酸雨、氧化物、紫外线就像是细菌、螨虫一样会对汽车的“皮肤”进行侵蚀，由此可见汽车漆面护理的重要性。漆面美容护理包括橘皮等特殊现象的处理，漆面一度抛光翻新、去除深度氧化层、轻划痕，漆面二度抛光翻新、去除太阳纹、斑点，漆面增艳养护处理，漆面超级上釉、镀膜护理及漆面深度划痕、局部创伤快速漆面修复。

针对汽车漆面的美容护理，汽车美容人员的日常工作有新车开蜡、漆面抛光、车身镀膜和漆面划痕处理四项。

图 1-2-3　新车开蜡

1) 新车开蜡

在进行高压冲洗时，压力不要高于 7 Mpa；高压冲洗只需冲掉灰尘及泥沙等可能影响除蜡效果的杂质；开蜡水喷施一定要均匀，边角缝隙处千万不可忽视；喷施开蜡水后，要待开蜡水完全渗透蜡层并开始溶解后(大约 5～10 分钟)，才能用毛巾擦拭；最后的清洁及擦干(见图 1-2-3)，要按洗车作业规程实施，因为经开蜡水清洗开蜡后，仍有部分蜡质及杂质留在车表；开完蜡后必须打蜡保护。

2) 漆面抛光

漆面抛光是汽车美容技术中最主要的组成部分。抛光技术的高低直接关系到汽车美容的最终效果。

将抛光机调整好转速，海绵轮用水充分润湿后，甩去多余水分。先取少量抛光剂涂于漆面（每一小块作一次处理，不可大范围涂抹），从车顶篷开始抛光。抛光机的海绵轮保持与漆面相切，力度适中，速度保持一定，如图 1-2-4 所示。抛光时按一定的顺序抛光，不可随意进行。然后换用增艳剂按以上步骤再操作一次。

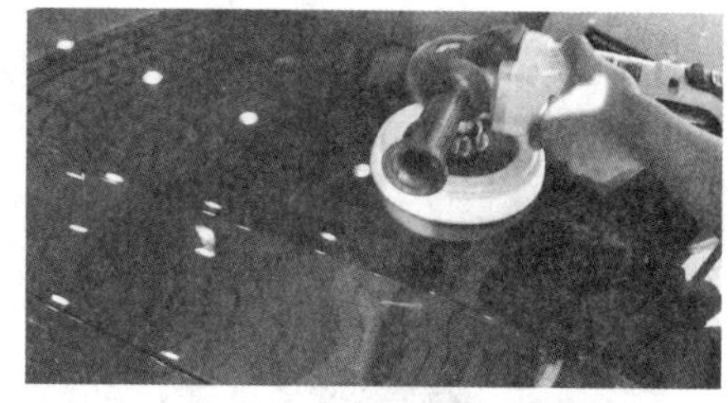

图 1-2-4　汽车漆面抛光

3）车身镀膜

无论是一款什么样的汽车，如果能有光彩夺目的色彩和光泽都会让人羡慕不已，目光追逐。优质的汽车镀膜能有效提高和保护汽车漆面的色彩和光泽。

首先洗车，将车上所有能看见的灰尘脏物都洗掉。用洗车泥清洁肉眼难以发现，用洗车精或除锈剂也很难除去附着在车漆表面的顽固铁粉。用胶带把所有和漆面接触的地方贴起来，主要是为了防止接下来的打磨抛光对其造成损伤。接下来进入正题，上增艳剂和打磨抛光。汽车镀膜原剂，虽然是小小的一瓶，保护车的重任就靠它了。美容人员要仔细给全车镀膜，如图 1-2-5 所示。为了让镀膜原剂和烤漆更好地融合，在全车镀膜结束后需要静置 40 分钟左右。在静置结束后，就开始了最后一道工序——打磨抛光。为的是更好地让镀膜原剂和烤漆融合，同时也要把残留在表面的一些物理镀膜原剂打磨掉。打磨抛光结束，汽车漆面镀膜就算是大功告成了。车身瞬间变得光鲜明亮。

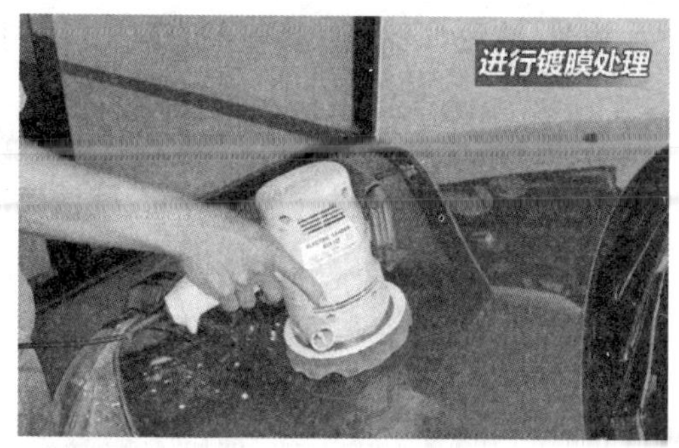

图 1-2-5　汽车镀膜

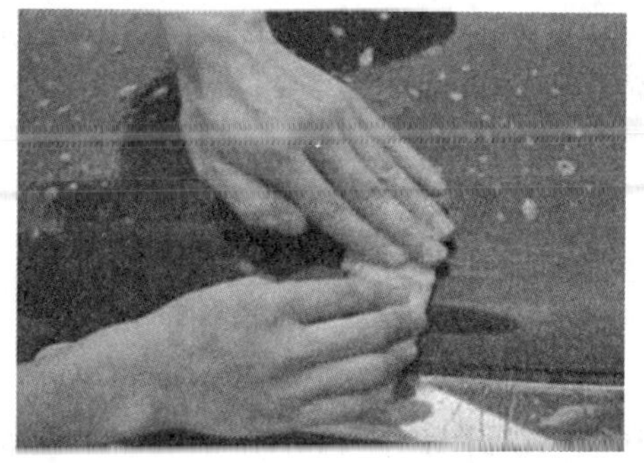

图 1-2-6　汽车漆面划痕处理

4）漆面划痕处理

浅度划痕可先用砂纸打磨（见图 1-2-6），清除其杂质和锈迹，再通过漆面还原、上蜡处理，最后用抛光剂对其进行抛光处理，直到漆膜平整光亮为止。中、深度划痕是无法用研磨的方法修复的，小面积的凹度不超过 5 mm，可通过填补腻子找平，再做补漆处理。如果划痕处金属外露，则要先清洁表面涂层的铁锈和焊渣，打磨平整，再涂抹具有防锈效果的氧化中和剂，喷涂底油，并重复喷漆、晾干、打磨的过程。变形较严重的则要经过钣金处理。划痕的处理对技师技术的要求比较高，驰耐普先进的工艺，能使您的爱车在最短的时间内迅速恢复原貌。

3. 汽车装潢类技术人员的职能

汽车装潢类技术人员要与顾客耐心地交流沟通，根据车主的需要，主要负责贴膜。具有

图 1-2-7　汽车底盘装甲

防爆性能的膜，可以防止发生车祸或意外时打碎玻璃，伤到车内人员。具有抗紫外线性能的膜，好点的能阻隔紫外线可达 98%，并且可以节约油耗轻松驾驶，因长时间在太阳下开车会让人疲惫，具有抗紫外线性能的膜还能减轻空调负荷、增加隐私性能，因为贴深色的膜外面看不清里面。还有底盘装甲（见图 1-2-7），可增加防锈性、防冲击性、防污性和隔音性。车载 DVD 导航，方便您的出行。安装倒车影像，隔音器（减少噪音），地胶，封釉，排气管尾喉，倒车雷达，音响改装，尾翼，雨挡，防盗器等，都是汽车装潢人员负责的范畴。

二、汽车美容从业人员的职业道德

职业道德是所有从业人员在职业活动中应该遵循的行为准则，是对从业人员在职业活动中的行为要求，同时也是本行业对社会所承担的道德责任和义务。

1. 职业道德规范基本要求

职业道德基本规范是在核心和原则的基础上形成的从业者所遵循的行为准则，也是评价职业活动和职业行为善恶的准则。职业道德规范基本要求，主要包括六个方面。

1）爱岗敬业

从业者要热爱自己的工作岗位和职业，乐业、勤业、精业，以恭敬、负责的态度对待工作，兢兢业业、专心致志。

2）诚实守信

从业者要真心诚意、实事求是、不虚假、不欺诈，在经营上则要讲究信守合同、诚信无欺、质量为重。

3）办事公道

办事要公平、正义，“给人以应得”或恰如其分地对待人和事。尽可能做到不偏不倚，不徇私情，对所有工作对象，一视同仁、不偏袒、不歧视。

4）服务客户

从业者要全心全意为客户服务。对被服务对象热情服务，主动、耐心、热心、细致、周到，努力提高服务质量、提高业务技术水平。

5）奉献社会

从业者把自己的知识、才能、智慧，毫无保留地、不计报酬地贡献给社会。培养社会责任感和无私精神，将公众利益、社会效益摆在第一位，处理好“义”和“利”的关系，处理好社会效益和经济效益的关系，处理好个人利益与社会利益的关系，把奉献社会的职业道德落到实处，充分实现自我价值。

6）保守秘密

保守秘密是每一个企业或组织从业人员都必须遵守的道德规范。对公司认定为“绝密”、“机密”、“秘密”的文件或事项要严格按公司要求给予保密。必须对客户的信息进行严格保密，不以任何途径进行泄露给任何人。

2. 职业道德意志修养

汽车美容从业人员的职业道德意志修养主要包括四个方面。

1）认同

认同即要求有清晰的角色意识。汽车美容从业人员一定要认清：应该做什么，不该做什么；应该说什么，不该说什么。角色认同可以用“假如我是……”的思路将心比心，推己及人，设身处地，进行角色互换，站在对方的角度来思考和处理问题。

2）自制

冷静、沉着，不受对方的情绪所影响。做到你发火，我耐心；你粗暴，我礼貌；你埋怨，我周到；你有气，我热情。

3）宽容

宽以待人，得饶人处且饶人，把一切“面子”都留给别人。有宽容心才能有效地自制。

4）平衡

理智、观念与情感、情绪保持平衡。例如，理智上强调“客户第一”，但由于很多汽车美容从业人员的良好服务并未得到应有的回应和支持，造成观念上和情感上的冲突：做得不好时会得到来自各方面的责骂；但做得好时，却没得到认可，由此产生委屈心态，此时则需要自我调节与平衡。

3. 职业道德品质修养

1）见物不贪

客户汽车中可能会有一些物品，在美容时没有清理完或者没有清理。此时，如果看到有值钱的物品，要帮客户收好后交还给客户。千万不能存有侥幸心理，收为己用。这样不但会给自己带来麻烦，同时还会影响公司的信誉。

2）与人为善

人人都需要他人的友情、关爱、帮助、支持、鼓励、赞扬、指教、尊重和信任。人人与人为善，就能达到上述这些美好的期望。汽车服务人员在与客户或同事、上司相处时，持有与人为善的心态，便可以体会到工作中的快乐。

3）做事求上

“做一天和尚撞一天钟”的工作态度和工作作风已不再适合现代社会。科技进步，时代发展，需要人们比以往付出更多的辛劳去掌握日新月异的知识和技术。作为从业人员（包括汽车客服人员、汽车美容师、汽车维修师、汽车装潢师、汽车美容店长、汽车维修店长等），对工作与学习，知识与道德，今日与明日等关系应当有一个比较明确的认识。

三、提高汽车美容从业人员职业道德水平的措施

1. 提供适当的学习机会，使员工的文化素养和专业技能得到提高

各大企业之间的竞争，实际上就是拥有渊博知识和丰富实践经验的人才之间的竞争。同样，中国汽车美容行业的发展也离不开知识和人才，汽车美容概念的引进及中国汽车美容行业的发展可以说都是这方面人才的功劳。由于我国汽车美容行业起步很晚，大多数人还没有意识到它良好的市场空间和发展前景，目前走进这一行业的人才太少，从业人员的文化素质偏低。

提高员工文化素养和专业技能水平，是提高汽车美容行业服务质量的重要前提，也是本

行业基本的职业道德要求。员工的文化素养直接体现在其道德修养的水平上，而专业技能水平则直接决定服务质量和服务效率的高低。努力提高员工文化素养及专业技能，是汽车美容企业提高行业道德水平首先应做的一件大事。

2. 加强员工组织纪律教育

在整个社会生活中，我们工作和学习的具体单位都是一个有机的整体。既然汽车美容行业的每一个企业都是一个整体，为达到"众人拾柴火焰高"的目的，就必须建立严格的纪律，用以约束集体中的每个成员，使大家的活动互相协调，使企业这一集体发挥出更大的作用。目前，中国的汽车美容行业处于起步阶段，从业人员的素质普遍较低，所以从组织原则和整体工作安排布置出发，必须实行垂直式监管。员工应从全局出发服从上级安排，即便是对工作安排或其他方面有意见，也应认真履行职责。

3. 培养员工的团结协作精神

团结协作是集体主义精神的一个重要内容，其基本含义是：同事、部门、上下级之间，要相互理解、相互支持、顾全大局、积极合作，共同实现优质服务。针对汽车美容从业人员素质普遍偏低这一现状，企业管理人员应从以下四方面对员工进行教育管理。

(1) 培养顾全大局的精神，克服本位主义。要求员工彼此之间相互尊重与体谅，使员工在思想上树立一种意识，即一个服务班组就像一支球队，为了一个共同目标而工作。这个集体需要每一个员工积极努力相互支持。当出现问题时，要努力想办法去解决或弥补，而不是推卸责任、争论或吵闹。

(2) 要培养乐于助人的习惯。当你不忙时，应主动帮助那些需要帮忙的同事，而不能袖手旁观，做出一副"事不关己，高高挂起"的样子。

(3) 培养严于律己宽以待人的优良品质。在工作中要宽容和理解同事，树立集体观念和协作精神，并在具体工作中以身作则，决不推卸责任，提倡发扬"先人后己和见困难就上、见荣誉就让"的高尚风格。

(4) 培养尊重他人的优良品质。尊重他人是一种美德，是道德修养的表现。员工之间应尊重同事的劳动，尊重同事的自尊心，尊重同事的感情，体谅同事的困难。同事之间互谅互让，不计较小事，不揭人短，不搬弄是非，处理问题既坚持原则又讲究方式，造成一种团结、友爱、融洽的气氛，使企业成为充满活力的温暖的大家庭。

4. 培养员工爱护公私财物、诚实信用和拾金不昧的优良品质

汽车美容业的员工爱护公私财物主要表现在三方面。第一，工作细心，有责任心。员工要对企业的设施和客人的财物保持完整、整洁。员工在工作中要耐心细致、精心操作。第二，认真了解物品设施的特性和使用注意事项，严格按要求操作。第三，养成勤俭节约的良好习惯，不要认为"家大业大，浪费点没啥"，也不能对"长流水，长明灯"及其他浪费财物等现象视而不见，更不能公私不分，化公为私。

坚持诚实信用原则，是获得客人信赖的前提。在进行汽车美容的操作中，员工的失误往往在所难免，也常常会与客户产生一些误会。对于由此而发生的矛盾和纠纷，我们的员工应该本着实事求是的态度去解决，而不能推卸责任，一味地责怪客户。对于确实是我方责任造成的失误，应主动承担，勇于认错，知错就改，坚决不能将错就错敷衍搪塞。当然，也不能只是为了让客人满意，无原则地把不该承担的责任统统揽到自己身上。同时，我们还要重视和认真处理车主的意见，因为这些意见是我们工作的镜子，是改进我们工作的动力。为了促进

汽车美容业的发展，我们的员工要虚心接受车主们的宝贵意见。

拾金不昧是服务行业获得客人信赖、建立企业信誉的重要方面。经常来做汽车美容的客人都是来去匆匆，难免会遗忘或丢失物品。当他们欣喜地从我们的工作人员手中拿到失而复得的贵重物品时，企业的良好形象同时就在他们的心目中树立起来。

对于我国汽车美容这一新兴服务行业来说，培养良好的职业道德是非常关键的一环。可以促进我国汽车美容行业朝着正规化、规模化、产业化的方向发展，增强本服务行业在全国乃至全世界同行中的竞争能力。

【学习评估】

序号	学习内容	评价标准			
		了解	掌握	可指导操作	可独立操作
1	汽车美容从业人员的职能				
2	汽车美容从业人员的职业道德				
3	提高汽车美容从业人员职业道德水平措施				

【考核评价】

评价内容	赋分	序号	具体指标	分值	得　分		
					自评	组评	师评
仪容仪表	5	1	穿戴整洁符合要求	5			
学习过程	15	2	课前预习	5			
		3	不迟到早退缺勤，遵守课堂纪律	5			
		4	上课认真，积极回答问题	5			
学习内容	70	5	汽车美容从业人员的职能	25			
		6	汽车美容从业人员的职业道德	25			
		7	提高汽车美容从业人员职业道德水平措施	20			
课后学习	10	11	认真按时完成课后作业	5			
		12	复习课堂学习内容并预习下次课内容	5			
综合得分				100			

项目二

汽车常规护理

任务一　车表清洗护理

【任务目标】

一、知识目标

(1) 了解汽车车表清洗的概念及作用。
(2) 掌握汽车车表清洗用品的种类和选择方法。
(3) 掌握汽车清洗的注意事项。

二、技能目标

(1) 掌握汽车车表清洗工具和设备的种类及其使用方法。
(2) 能够对汽车车表进行清洗。
(3) 能够对轮胎与轮毂进行清洗。

【任务引入】

陈先生是某建筑公司的老板，经常到施工现场勘察工作，由于工作较忙，久而久之，陈先生发现自己的爱车车身布满灰尘，甚至还有些水泥沥青之类的污垢粘在车表上。因此，陈先生在工作之余，把爱车开到某汽车美容店进行汽车清洗。作为一名专业的汽车清洗作业人员，需要针对工先生的汽车脏污情况，按照正确的施工流程完成汽车的清洗作业，使客户满意。

【任务分析】

汽车车表清洗是汽车美容最基础的一个环节，也是汽车日常保养中最频繁进行的一项工作。汽车车表清洗包括人工清洗和专业设备清洗两种，这两种方法都要用相应的清洗剂和清洗设备才能完成。陈先生的车在施工工地行驶了较长时间，车身布满灰尘，同时，在汽车车身的左前方及后备箱盖均沾有不同程度的沥青。对于特有的损伤(如锈蚀、沥青、焦油)，需要特殊的清洗设备和工艺来完成。

【任务准备】

一、汽车清洗的概述

1. 汽车清洗的作用

1）保持汽车外观整洁

汽车在行驶中经常置身于飞扬的尘土中，雨雪天气有时还要在泥泞道路上行驶，车身外表难免被灰尘、泥土等沾污。这些污垢都会影响汽车外观整洁度，为使汽车外观保持清洁亮丽，必须经常对汽车进行清洗。

2）清除车身表面顽渍

车身表面沾附了树汁、鸟粪、虫尸、焦油或沥青等顽渍，若不及时清除就会腐蚀漆层，给护理增加难度。因此，车主要养成经常检查车身表面的习惯，一旦发现具有腐蚀性的顽渍应当尽快清除，如已腐蚀漆层必须到专业汽车美容店进行处理，一旦漆面受损严重，则需喷漆处理，增加美容成本。

3）清除大气污染物的侵害

车身最外层是一层薄薄的漆面，保护漆面是保护汽车外观的首要任务。大气中有多种能对车身车表产生危害的污染物，尤其是酸雨的危害性最大，它附着于车身表面会使漆面形成有色斑点，如不及时清洗还会造成漆层老化。轻微的酸雨可以用专门去酸雨的材料清除，对严重的酸雨需使用专业的设备和清洗剂才能彻底清除。因此，车主应定期将汽车送到专业汽车美容店进行清洗。

2. 汽车车表污渍的形成及其危害

汽车车表的污渍主要有灰尘、泥土、沥青、锈蚀、油污以及树汁、鸟粪、昆虫尸体等。

污垢具有很高的附着力，牢固地附着在车体表面。如果不及时清理，不仅影响汽车整体的美观，还会对漆面产生严重损伤。

二、汽车清洗用品及设备的选择与使用

1. 汽车清洗用品的选择与使用

汽车清洗用品主要用于清洗汽车车表及汽车主要部件的污垢，部分产品能对车表起到保护作用。汽车清洗用品根据功能不同可分为水性清洗剂、有机清洗剂、油脂清洗剂、溶解清洗剂和多功能清洗剂。

1）水性清洗剂

水性清洗剂主要用于清除水性污垢，具有较强的浸润和溶解能力，且呈中性，不仅能有效地清除一般污垢，且对汽车漆面有保护光泽的作用。水性清洗剂根据车表脏污程度不同，按一定的比例和水混合调配使用。在冷车的情况下洒在车表3～4分钟，有效溶解水性污垢后再冲洗车身，既能轻松去除污垢又能补上车漆的光泽。

2）有机清洗剂

有机清洗剂主要用于去除车身表面的油脂或沥青等污垢。在使用过程中要注意避开塑料、橡胶等部件，因为有机清洗剂含有汽油或煤油等成分，会腐蚀塑料和橡胶。同时在使用

过程中也要注意避免在明火或火花附近使用有机清洗剂，一定要在通风良好的地方使用，防止其自燃引起火灾。

3）溶解清洗剂

溶解清洗剂简称“溶剂”，是一种溶解功能很强的清洗剂，不仅能清除车身上的焦油、沥青、鸟粪、树胶、漆点等不溶于水的污垢，也可用于开蜡，因此有些溶解清洗剂直接取名为开蜡水。常见的溶解清洗剂如表 2－1－1 所示。

表 2－1－1　常见的溶解清洗剂

<table>
<tr><th>序号</th><th>品名</th><th>代号</th><th>特　性</th><th>备　注</th></tr>
<tr><td>1</td><td>污垢
软化剂</td><td>P－470</td><td>此产品属于柔和性溶剂，主要用于车身、玻璃等部位的清洗。另外对于较硬的运输蜡，可用此产品进行开蜡。使用时将此产品喷在车身上，浸泡5分钟后用布将蜡擦除，再用清水冲洗干净即可。</td><td rowspan="3">碱性较强，废水应妥善处理，操作时注意劳动保护。</td></tr>
<tr><td>2</td><td>蜡质
开蜡水</td><td>P－460</td><td>该产品属于生降解型溶剂，它的主要原料是在橙皮中提炼的。该产品不易燃，对环境无污染。使用时一般不需要稀释，若蜡不厚，可按 1∶1 的比例配成。</td></tr>
<tr><td>3</td><td>树脂
开蜡水</td><td>P－461</td><td>该产品含有一种树脂聚合物的溶解元素，能溶解树脂蜡，且不含腐蚀剂，不会侵蚀挡风玻璃、电镀及铅合金件。在使用时必须用水以 1∶3 左右的比例稀释，且最好用热水，这样开蜡水中的表面活性剂最为“活跃”，除蜡效果最佳。</td></tr>
</table>

4）多功能清洗剂

（1）二合一清洗剂：所谓“二合一”即清洁、护理合二为一，既有清洗功能，又有上蜡功效，可以满足快速清洗兼打蜡的要求。二合一清洗剂适用于车身比较干净的汽车，洗车后直接用毛巾擦干，再用无纺布轻轻抛光即可。

（2）汽车清洗香波：汽车清洗香波具有性质温和、不破坏蜡膜、不腐蚀漆面、液体浓缩、泡沫丰富、使用成本低等特点。汽车清洗香波分类如表 2－1－2 所示。

表 2－1－2　汽车清洗香波分类

<table>
<tr><td rowspan="3">汽车清洁香波</td><td>特性</td><td>1. pH 值(酸碱度)为 7.0，呈中性。
2. 不腐蚀漆面，不拖蜡，伴有柠檬芳香味道。
3. 能清洗车身漆面，除油污，去静电。</td></tr>
<tr><td>使用方法</td><td>1. 用适量净水稀释。
2. 涂抹于车身漆面进行清洗。</td></tr>
<tr><td>适用范围</td><td>各种车型的车身漆面。</td></tr>
<tr><td rowspan="2">电脑洗车机用上蜡香波</td><td>特性</td><td>通过将汽车表面除水，提高干燥过程，并且清洗之后无任何斑点，在汽车漆面留下一层光亮蜡膜，起到防护作用，是电脑洗车的重要工序。</td></tr>
<tr><td>适用范围</td><td>所有车型的车身。</td></tr>
</table>

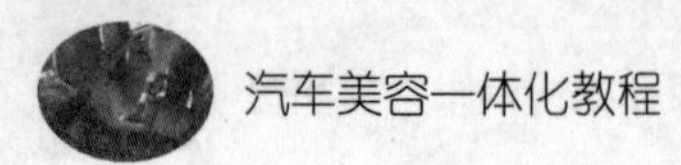

（续表）

汽车清洁上蜡香波	特性	1. 汽车清洁上蜡香波也称清洁上蜡二合一，同时具备除油污去静电及给车身涂一层蜡膜护理上光的功用。 2. 汽车清洁上蜡香波性质温和，呈中性，不伤漆面，不脱蜡，伴有香味。
	使用方法	1. 适量的净水稀释。 2. 将本剂涂洒于车身漆面进行清洗。 3. 用干布擦净。
	适用范围	各种车型的车身漆面。
电脑洗车机用高泡香波	特性	1. pH 值为中性，超浓缩高泡清洗剂。 2. 具备强有力的清洗功能。 3. 丰富的泡沫起到较好的润滑作用，可有效延长设备使用寿命。
	适用范围	所有车型的车身。

5）汽车轮胎清洗用品

（1）汽车轮胎清洗剂：既能清除粘在轮胎上的污垢，又能使轮胎光洁黑亮，对轮胎的褪色、老化和龟裂有明显的养护作用，且操作简单、使用方便，如图 2－1－1 所示。

（2）轮胎泡沫光亮剂：迅速清除轮胎表面的尘垢，在数分钟内可以使轮胎侧面清洁有光泽，使褪色的轮胎侧面得到保护，不损害车轮和轮胎，无论干燥或潮湿的轮胎均适用，如图 2－1－2 所示。

图 2－1－1　汽车轮胎清洗剂　　图 2－1－2　轮胎泡沫光亮剂

（3）轮胎清洁上光蜡：有清洁、上光和保护作用，渗透力强，能滋润轮胎壁，防止轮胎表面干裂，适用于橡胶轮胎、装饰条、前后保险杆、皮革制品的清洁上光和翻新，是按 1∶1～1∶2 兑水稀释后使用。

（4）小仙女轮胎宝牛/魔王轮胎宝洁亮泡的泡沫具有强力清洁效果（见图 2－1－3、2－1－4）：其，强力泡沫能在数分钟内彻底渗透轮胎表层并带走污垢，防止轮胎硬化、龟裂或褪色，且使用方便，只需喷上该产品，无须擦拭或冲洗，即可使轮胎恢复光洁，绝不损伤轮辋和轮罩。

现以牛魔王轮胎宝洁亮泡为例，说明其使用方法。

图 2-1-3　小仙女轮胎宝

图 2-1-4　牛魔王轮胎宝洁亮泡

① 如轮胎异常肮脏或是沾满泥泞，应先用清洁剂处理干净。

② 将产品摇晃均匀。

③ 在距离轮胎约 15 cm 的地方，以打圈方式均匀地喷向轮胎。

④ 待产品在轮胎上自动干透即可(5～10 分钟)。

其使用注意事项有以下 3 点：

① 请勿用于轮胎坑纹部分、制动器及车厢内部等处。

② 该产品易燃，应远离火源。

③ 存放在阴凉干燥处。

6) 汽车轮胎护理用品

对橡胶轮胎进行护理可极大地减缓轮胎的龟裂和老化速度。同时，可使轮胎表面快速生成一层乌黑闪亮的保护膜，且具有防水功能，不易被水洗掉。橡胶轮胎护理的方法主要是在轮胎上使用专用的护理产品。下面介绍部分橡胶轮胎护理产品的性能特点。

(1) 3M 轮胎上光剂(见图 2-1-5)：使用该产品可获得深黑、有光泽的车胎外表；对车门和车身装饰条的上光，使车门和车身装饰条产生自然的效果；对汽车外部装饰和保险杠的上光也很有效。

(2) 鹰牌轮胎上光剂(见图 2-1-6)：特殊阴离子界面活性剂配方，可安全去除制动蹄片皮屑、油蜡及其他污垢，具有防水、防酸碱侵蚀及长久的光泽效果，用后轮胎表面特别有光泽。

图 2-1-5　3M 轮胎上光剂

图 2-1-6　鹰牌轮胎上光剂

(3) 赛梦娜轮胎上光剂:可在很短的时间内使轮胎产生夺目的黑色光泽,作用迅速,方法简单,仅需直接喷涂在轮胎表面。无须用力擦拭即可获得长久、均匀、不易褪色的光泽,可迅速覆盖轮胎表面,防止轮胎干裂与老化。

(4) 喜世轮胎增黑王(见图 2-1-7):采用最新配方,可迅速渗透橡胶表层,形成具有长久光泽的保护膜,可用于轮胎、密封条、保险杠等橡胶或塑料制品表面。

(5) SOFT99 轮胎美化保护蜡(见图 2-1-8):日本原装的轮胎保护蜡,特有的黑色微粒清洁配方能给轮胎带走持久的光泽,并形成一层坚硬的保护膜,使轮胎免受沙土、雨雪及紫外线的侵蚀,大大延缓老化,加倍耐用,保持轮胎清洁美观。该产品同时适用于保险杠、黑色皮革及胶质制品的清洁保护。

图 2-1-7　喜世轮胎增黑王

图 2-1-8　SOFT99 轮胎美化保护蜡

橡胶轮胎护理产品的品种很多,现以 SOFT99 轮胎美化保护膜为例进行简单介绍,该产品自带用于涂抹的海绵,其使用方法如下:

① 使用前,先将轮胎上的污垢、泥沙彻底清洁干净;

② 用自带的海绵将保护蜡均匀、薄薄地涂于轮胎上;

③ 待蜡层半干时,用干净软布擦拭干净即可。

橡胶轮胎在使用过程中直接与各种路面接触,易黏附路面上各种污物,这些污物有一部分会进入轮胎橡胶表面。其后果一是被污物侵蚀后的轮胎将失去原有纯正黑色,呈现灰黑色;二是受侵蚀的橡胶极易老化、变硬、失去原有的弹性及耐磨性。因此,为防止轮胎橡胶失光和老化,应定期对橡胶轮胎进行翻新处理。

汽车轮胎翻新剂内含高分子聚合物、增黑剂及防老化剂,能迅速渗透于橡胶内,分解进入的有害物质,延缓轮胎橡胶老化,且具有增黑增亮、防老化泛白、防龟裂等功效。

2. 汽车清洗工具设备的选择与使用

1) 汽车清洗工具

(1) 水:洗车作业用水要求清洁无污染,严禁使用没有经过过滤或受到污染的水,以免影响清洗效果,或对车身表面造成损伤、腐蚀。一般情况,使用自来水。

(2) 毛巾(见图 2-1-9):专业汽车美容店里需准备多种类型的毛巾,根据不同的擦拭地方,可分为大毛巾、小毛巾、干毛巾等。大毛巾主要用于车身表面的擦拭;小毛巾主要用于擦拭车身凹槽、门边和内饰等部件的污垢;干毛巾用于第二次擦拭车身的水渍,防止车漆产生水斑。

另外，要注意的是，在选择毛巾时，建议选择纯毛且不掉毛的毛巾。

(3) 麂皮(见图 2-1-10)：洗完车后若水分还不干，此时再用干毛巾擦拭易损伤漆膜，因此，需用麂皮擦拭，迅速吸干水分。因为麂皮具有柔软、耐磨和防静电的特点。麂皮还可以用于车身打蜡后将蜡抛出光泽。

图 2-1-9　毛巾

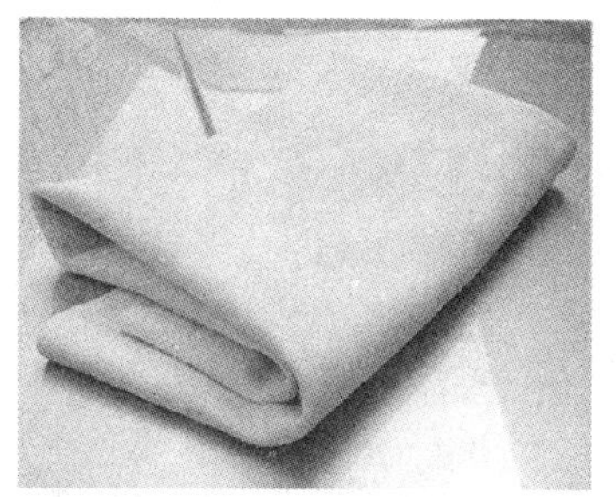

图 2-1-10　麂皮

(4) 海绵：海绵具有柔软、弹性好、吸水性强和藏土能力较好等特点，因此，根据海绵的材质，可分为粗海绵和软海绵。粗海绵通常用于去除较强的污垢或清洗轮胎；软海绵通常都用于汽车美容车身清洗，有利于保护车漆和提高作业效率。图 2-1-11、2-1-12 为粗海绵和软海绵。

图 2-1-11　TRAX 粗海绵

图 2-1-12　软海绵

汽车车身清洗过程，要注意以下两点：

① 不要将软海绵和粗海绵共用一个装洗设备(比如：桶)。因为，清洗过轮胎的粗海绵泡在装洗设备中时，易把轮胎上的石粒子带到装洗设备中，而我们这时把软海绵泡在同一个装洗设备中，很可能会使石粒子沾到软海绵上，用软海绵清洗车身表面时，就容易划伤车身漆面。所以，这一点要特别注意。

② 不要将软海绵和粗海绵互换使用，要区分。最好是用不同的装洗设备装软海绵和粗海绵，并在装洗设备外明确标识软海绵或粗海绵，避免使用过程中不注意弄混。同时，用软海绵清洗车身时，特别注意软海绵每清洗车身一块地方，就要放在装洗设备泡洗一下，将软海绵表面的颗粒去除，再继续清洗下一块车身。

(5) 3M 洗车泥(见图 2-1-13)：当清洗到一些连海绵或清洗剂都无法清洗的沥青或化学尘粒时，可利用洗车泥先湿润车膜后，再配合喷水，缓慢地在污垢上来回擦拭，即可去除车膜上的此类异物。

(6) 板刷:板刷主要用于轮胎、挡泥板等处附着的泥土垢的清除,由于上述部位泥土附着较厚,不易冲洗净,所以要在洗车时有针对性地进行刷洗。

板刷选用鬃毛刷最佳,如图 2-1-14 所示,鬃毛板刷不但具有较好的韧性和耐磨性,还可以减轻刷洗作业对橡胶、塑料件产生的磨损。不提倡使用塑料纤维板刷。

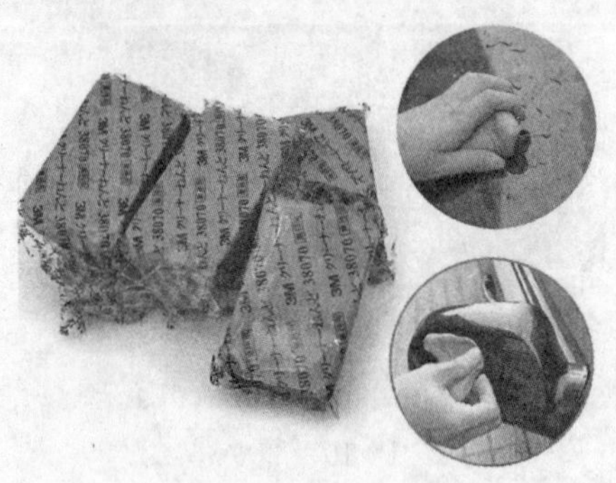

图 2-1-13　3M 洗车泥

图 2-1-14　鬃毛刷

2) 汽车清洗设备

(1) 吹尘枪(见图 2-1-15):与空气压缩机连接,主要用于车外清洗时吹除车身表面上的尘土。

(2) 高压水枪(见图 2-1-16):可以对汽车进行快速冲洗,特别是能够冲洗车身、底盘上的污泥等附着物。

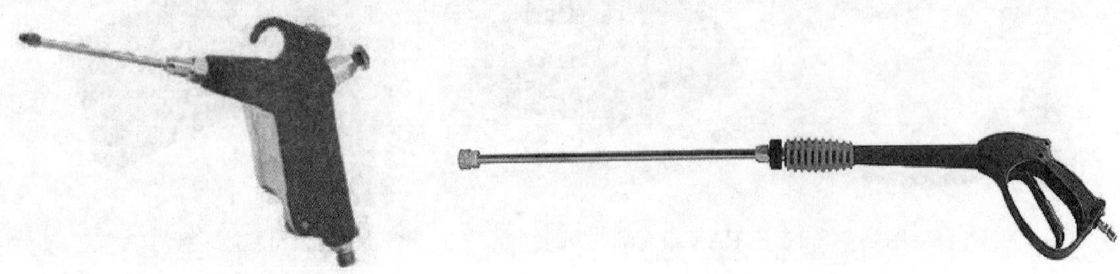

图 2-1-15　吹尘枪

图 2-1-16　高压水枪

(3) 空气压缩机(见图 2-1-17):利用气缸内活塞的往复运动,将吸入气缸内的空气进行压缩,存入储气罐内,从而使空气的压力增加,供给喷枪、泡沫清洗剂、废气抽吸机等设备以足够的高压气体。

(4) 泡沫清洗机(见图 2-1-18):利用压缩空气在设备内部产生一定压力,通过设备配置的系统,将设备内调配好的清洗液以泡沫状喷射到需要清洗的汽车或物件上,该设备采用气动控制,压力稳定,具有流量大、操作简单、使用方便等优点。

使用时,打开泡沫清洗机的球阀,按比例加入适量的清水,水满后再加入适量的洗车精,然后关好球阀,接着打开气阀,把气压表的压力调到 0.2～0.4 MPa,打开泡沫机的喷射阀,将清洗液均匀喷射到待清洗物上,最后用干净的海绵擦净即可。

图 2-1-17　空气压缩机

图 2-1-18　泡沫清洗机

(5) 冷水高压清洗机(见图 2-1-19):该系统一般由水泵、电动机等组成,可安装在轻便的车上。与之配套的部件主要有进水软管和出水软管、各种规格的喷枪、刷洗用的毛刷等。

使用时,按一定比例配制清洗剂后,倒入储液罐中,水压的调整可在喷头处进行。冷水高压清洗机主要用于清洗汽车外观,清洗发动机表面以及底盘等部位的灰尘油污工具,是汽车美容必备工具之一。

(6) 热水高压清洗机(见图 2-1-20):是一种小型轻便的清洗设备,操作灵活,使用效果好,一般在北方冬季使用,它和冷水高压清洗机结构相似,增加了一套加热装置。高压水流的压力和流量可根据清洗的要求进行调节,热水的温度也是可调的。

图 2-1-19　冷水高压清洗机

图 2-1-20　热水高压清洗机

热水高压清洗机有以下优点:

① 去污快、效率高,与蒸汽清洗相比具有投资少、成本低、易控制等优点;

② 可避免使用化学药品和试剂,有利于环境保护;

③ 有利于去除油污、泥土,同时,不会对漆膜表面造成损伤,清洗质量高。

(7) 喷头式汽车清洗机:常见的喷头式汽车清洗机一般由电动机、离心水泵、直头喷管、旋转喷头及清洗台等组成,如图 2-1-21 所示。

按洗车功能的不同,有些喷头式清洗机底部装有高压喷水头,用以清洗汽车底盘。在清洗台的顶侧,装有花洒般的喷嘴。当汽车驶进清洗台,进入清洗位置后,接通电源,在水泵的作用下形成高压水流,对汽车进行清洗。

(8) 滚刷固定式清洗机:是目前国外较为常用的清洗设备。它是用专门的滚刷来清洗汽车车身外表面的。其主要由电动机、低压水泵、管路、喷嘴、滚刷及清洗台等组成，如图 2-1-22 所示。

图 2-1-21　喷头式汽车清洗机

图 2-1-22　滚刷固定式清洗机

(9) 隧道式电脑清洗机：适用于轿车、越野车、小型面包车(车高 2.2 米以下)等车辆的自动监测、进车、喷淋、清洗、打蜡、风干、底盘冲洗等作业，如图 2-1-23 所示。

(10) 龙门往复式电脑清洗机：主要用于轿车及各种小型面包车的清洗、上蜡、风干等操作。如图 2-1-24 所示。

图 2-1-23　隧道式电脑清洗机

图 2-1-24　龙门往复式电脑清洗机

图 2-1-25　大型移动式电脑清洗机

(11) 大型移动式电脑清洗机：由一组横刷清洗车辆顶部及前后部，两组直刷清洗车辆四周侧面，可水洗或选用化学清洗剂清洗。直刷、横刷均为触压检测，以准确测定车辆外形，清洗过程完全自动化，如图 2-1-25 所示。

大型移动式电脑清洗机专门用于清洗大客车、大型货柜车、工程车、中型客车等车辆。

三、洗车方法

1. 传统水洗

传统水洗是指用水和洗车液清洗车辆，操作简单，成本低，是我国汽车美容店、洗车店、维修店以及专业 4S 店使用最多的洗车方法，也是被广大车主首肯的洗车方法之一。目前，许多车主已经开始自己动手洗车，但往往由于洗车流程不清楚或者洗车用品选用不当，导致洗车效果差，甚至导致车漆受损，出现划痕或斑点。

传统水洗根据洗车标准不同可分为普洗和精洗两种。普洗步骤：冲水→打泡沫→冲水→擦拭；精洗则是在普洗的基础上更加细致地清洗汽车的每一个边角、门缝等地方。表 2－1－3 为普洗、精洗的价格及服务内容。

表 2－1－3　传统水洗价格表

洗车方法	服务内容	价格/元
普洗	美光蜡洗车、风干、吸尘	20
精洗	美光蜡洗车、地毯清洗、吸尘去污、仪表、门板护理、外塑件、橡胶护理	50

2. 蒸汽洗车

蒸汽洗车是现在较为新型的一种洗车方法，即节能又环保，且清洗快速，对汽车无损伤。蒸汽清洗为柔性清洗，利用蒸汽热降解原理，用柔和的蒸汽将附着在汽车表面的污垢结合、软化、膨胀、分离，再用干净抹布将剩余的污垢和少许的水渍去除。蒸汽清洗有助于漆面的保护、缝隙的清洗，并且含水量少不损伤电路，能够有效清洗汽车发动机、仪表盘、空调口等部位。一边用蒸汽冲，一边擦干，一个流程就能顺利清洗完汽车，操作更加简单、快捷（见图2－1－26）。

图 2－1－26　蒸汽洗车

蒸汽洗车是用温度为 90～100℃、压力为 0.5～2 MPa 的蒸汽流冲洗零部件表面污垢的一种清洗方法。适用于清洗油污严重，而一般方法又不容易清洗的零部件。蒸汽洗车过程是将水由液态转化为气态，再通过高压，将气态的水蒸汽喷到车身上，使水能够膨胀 1 600 倍，在分子层面上与汽车表面的污物进行成分的结合、膨胀、润湿，再以一定的压力将污物冲走，因此其清洗效果非常明显。

1）蒸汽洗车的特点

（1）蒸汽洗车属于高温压力作业，作业开始前应注意做好防烫伤措施。

（2）去污力强，清洗质量好。蒸汽洗车可以彻底清洗污泥、润滑脂、润滑油及其分解物、残留覆盖层等严重污染的表面，柔和的蒸汽不会磨花车身。

（3）蒸汽洗车的清洗效率，主要取决于冲洗液流的压力和流量，同时也与液流的温度和清洗剂的活性等有关。

（4）节约用水，无排污，保护环境。

（5）车内蒸汽消毒，预防各种疾病；有效消除皮革异味；有效除臭，尤其针对空调口一类的难洗部位。

（6）高温蒸汽有效分解油污，可清洗汽车发动机。

（7）蒸汽快速挥发，无残留，不易产生水腐蚀。

（8）操作简单方便。

图 2-1-27 蒸汽洗车机

(9) 蒸汽洗车需要配置专门的蒸汽装置和配套系统，如图 2-1-27 所示的蒸汽洗车机，投资较大，成本较高。这也是目前蒸汽洗车一直无法完全取代传统洗车的重要原因之一。

2) 蒸汽洗车的适用场所

(1) 车辆外部清洗(无废水、不需污水处理系统)。

(2) 车内干洗(去异味、灭菌、抗菌、消毒清洗)和发动机清洗。

(3) 车辆维修厂、洗车房、汽车美容店、加油站、运输公司等均适用。

(4) 购物中心、社区、酒店、写字楼、车站、码头、机场等各类大中型停车场所，无噪音污染，可在夜间或早上作业。

3. 无水洗车

“无水洗车”又称“汽车干洗”，把各种清洁养护材料喷在车上，用湿毛巾擦拭，干毛巾抛光，车辆就洁净如新。采用无水洗车时，针对汽车的不同部位、不同材料要选用不同的产品进行清洁、保养。

无水洗车使用的清洁剂各有不同，但其主要原理都是采用化学药品使附着在汽车涂面上的泥沙、油污、沥青、鸟粪等污渍产生膨胀、松化，从而脱离汽车表面，然后再使用干净毛巾将这些污渍擦除。

4. 超声波清洗法

超声波是一种交变声压，当它在液体介质中振动传播时，能使液体介质形成疏密状态，产生超声空化效应。当超声波的振动频率和强度达到一定程度时，则不断地形成足够数量的空腔，然后不断闭合，在无数个点上形成数百兆帕的爆炸力和冲击波，从而对零件表面的油污、积炭产生极大的剥离作用，加上清洗液的热力和化学作用，可以获得良好的清洗效果。

【任务实施】

一、汽车车表清洗

车表脏污，通常可采用两种方案进行清洗作业：人工清洗和专业设备清洗。

1. 人工清洗流程

1) 材料准备

沾有泥土的轿车，大毛巾 1～2 块，小毛巾 1～2 块，干毛巾 1～2 块，麂皮 1～2 块，冷水高压清洗机，高压水管，高压水枪，清洗剂，水。

2) 操作要求

根据车表脏污情况，合理选择清洗剂，并按照正确的方式清洗汽车，达到客户满意的程度。

3) 清洗步骤

(1) 步骤 1：清洗前准备，包括车辆的准备、施工人员的准备和调配清洗剂。

① 车辆的准备包括车身表面损伤检查和车门、车窗等部位检查。

a. 车身表面损伤检查。在车辆进行美容操作前一定要做好检查记录工作。尤其是要

给车辆进行漆面、内饰、玻璃等部位的美容装饰时，产生的费用会比较高，为了避免与顾客之间产生不必要的误会，做好记录就显得非常重要了。同时还可以保留客户记录，便于以后的联系和沟通，提高自身的规范程度。

b. 车门、车窗、行李箱盖等部位是否关严一定要仔细检查，否则洗车时高压水流会通过未关严的缝隙流入汽车室内，有可能会造成严重的后果(比如:真皮座椅、电子元件等被损坏)。

② 施工人员的准备:施工人员需要穿着专业洗车服装，穿防滑鞋，并摘下手表和戒指等坚硬的金属物品，避免在洗车过程中划伤车漆。

③ 调配清洗剂。针对陈先生汽车车表布满灰尘，同时局部有沥青污渍的情况，在清洗剂的选择上，可先选用汽车清洗香波，并按照产品说明书的要求进行调配，既要保证清洗能力，又要避免浪费。同时，在沾有沥青的车身表面上，局部使用专用的焦油去除剂或有机溶剂清除沥青。

(2) 步骤 2:高压冲洗，即汽车进入清洗工位后，先用高压水枪将整车冲湿，然后等待 4～5 分钟，再次用高压水枪冲洗。具体冲洗按以下 5 步进行。

① 先用高压水枪将全车冲洗一遍，将车身上的沙粒和污泥清除。

② 用高压水枪冲洗车顶，边冲边刷。

③ 用高压水枪冲洗前后风窗和侧窗。

④ 用高压水枪冲洗发动机罩、前围、车门、后围，以及前、后保险杆。

⑤ 用高压水枪冲洗轮罩、车轮和底盘下部，对污垢严重处要反复冲刷，直至冲净，如图 2－1－28所示。

注意事项有以下 4 点：

① 冲洗车时不可忽视的部位是车身的下部及底部，因为大量的泥沙和污垢一般都聚集在这些部位，如果稍有不慎就会遗留下泥沙等杂物，在进行下一步的工序时就会划伤漆面。

② 注意后视镜不要忘。

③ 冲后保险杆时应避免将水冲到排气管里面。

④ 避免把水冲到对面施工人员身上。

(3) 步骤 3:在车身上涂抹清洗剂并擦拭，如图 2－1－29 所示，用海绵来沾已经调配好的清洗剂均匀擦拭车身表面。擦拭顺序应遵循由上至下的原则，即车顶、风窗玻璃、发动机盖、后备箱盖、车身侧面、灯具、保险杆、车轮。

注意，在涂抹清洗剂时，尽量减少在使用过程中出现浪费现象，腰线已下不用涂抹，在擦拭过程中，清洁剂会往下流。

图 2－1－28　高压冲洗

图 2－1－29　涂抹清洗剂并擦拭

(4) 步骤4:局部污渍的清除。先将沾有沥青的车身表面喷焦油去除剂,溶解3～5分钟后,擦拭清除。

若没有清洗干净,可考虑使用有机溶剂清除。

若仍然难以清除,可使用抛光机。使用抛光机清除时可加入适当的研磨剂,以便有效地去除附着在车表的沥青、焦油等顽固污迹。但操作时要注意选择抛光机的转速和抛光盘的材质,避免抛光过度。

(5) 步骤5:冲洗及擦干。利用水枪冲去车表泡沫及污水,然后用毛巾和麂皮擦干。具体工作顺序是先用大毛巾快速擦去车身表面的浮水,然后用小毛巾擦干整车,最后用麂皮擦干玻璃、车表等处的水渍,如图2-1-30所示。

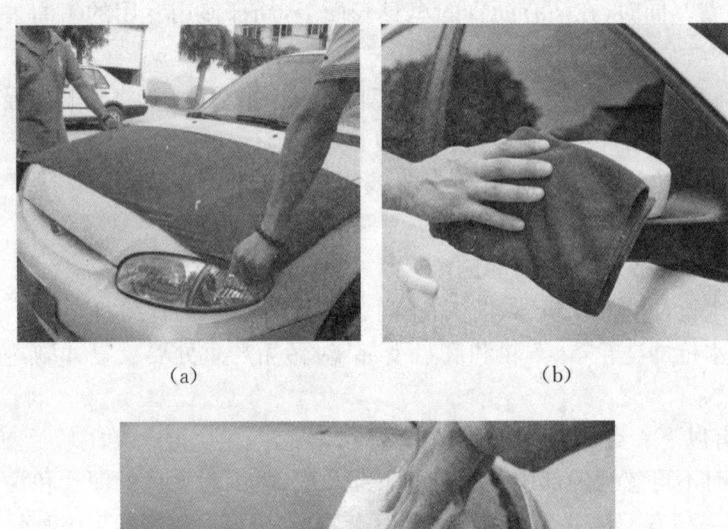

(a) (b)

(c)

图2-1-30 擦干车身

(a) 用大毛巾擦表面浮水 (b) 用小毛巾擦干整车 (c) 用麂皮擦干整车

(6) 步骤6:吹干。完成前面四道工序后,车身表面已基本清洗干净。但是有些地方不容易擦干,如发动机盖边沿及内侧、车门边沿内侧、车门把手内侧、后备箱边沿内侧、油箱盖内侧等凹进去的地方,这时要用压缩空气吹干。操作时可一手拿着压缩空气枪,一手拿着干净毛巾,边吹边擦,直到吹干。

2. 专业设备清洗

专业汽车清洗设备可分为半自动和全自动两种。

二者的共同点为:驾驶员将待洗的汽车驶入洗车机的车道中,发动机熄火,拉紧驻车制动器,紧闭车门、车窗。

二者的不同点为：半自动的专用汽车清洗设备需要人工操作洗车机的功能按钮，全自动的专用汽车清洗设备只要按下机器上的启动按钮即可全程自动操作。

3. 洗车注意事项

为保持车容整洁，应经常对汽车进行清洗，在进行汽车清洗作业时，应注意以下几点。

(1) 应选用专用洗车液，对任何车漆面均不能使用洗衣粉、洗洁精等含碱性成分的普通洗涤用品。

(2) 最好使用软水。

(3) 洗车水压不宜过高，尤其是在冲洗玻璃的时候，水压适当降低，避免冲破玻璃。

(4) 洗车各工序都应遵循由上到下的原则。

(5) 洗车各工序都应使用软毛巾或海绵。

(6) 对于沥青、油渍要及时清理，避免漆面进一步损坏。

(7) 洗车最后必须吹干，避免出现水迹斑点。

(8) 不要在阳光下洗车，避免阳光照射产生水斑。

(9) 应在冷车状态下洗车，避免汽车自带水管或油管等部件产生热胀冷缩，破坏水管或油管。

(10) 北方严寒不要在室外洗车，以防止水滴在车身上结冰。

二、汽车轮胎与轮毂清洗

附着在轮胎上污垢主要有两大类：一是水溶性污垢，如泥土、沙石等；二是非水溶性污垢，如沥青、油脂、胶质物等。

如果轮胎上附着的是水溶性污垢，可采用高压水冲洗法，洗去轮胎上的淤泥、污物等。同时，边冲洗边用刷子刷，可除去深嵌在轮胎花纹中的淤泥、沙石等。清洗时可先将夹在轮胎花纹中的沙石清除，再用高压水冲刷上面的灰尘和泥土。

如果轮胎上附着的是非水溶性污垢，应选用专用轮胎清洗剂进行清洗，它能清除轮胎上的酸性、碱性污物和其他有害物质，还可以清洁、翻新橡胶、塑料和皮革制品等。此外还有助于降低紫外线的辐射，减缓橡胶老化速度，延长使用寿命，同时兼具增黑上光功能，用后能使轮胎光亮如新。使用时将轮胎清洁增黑剂刷在轮胎的表面即可。

1. 轮胎、轮毂清洗护理施工流程

1) 材料准备

待洗轿车一辆，轮毂清洗剂，轮胎清洗剂，轮胎上光剂，擦拭棉布，长柄轮毂刷子，圆柄轮毂刷子。

2) 操作要求

合理选择清洗剂，并按照正确的清洗步骤清洗汽车车轮，达到客户满意的程度。

3) 清洗步骤

(1) 轮毂清洗有以下 4 个步骤。

步骤 1：用高压水枪冲洗车轮轮毂和轮胎，如图 2-1-31 所示。

步骤 2：喷洒轮毂清洁剂在车轮轮毂上，如图 2-1-32 所示。

步骤 3：浸泡 20 秒后，使用圆柄轮毂刷子或海绵清除轮毂上的顽固污垢，依次按要领清洁其余轮毂，如图 2-1-33 所示。

步骤 4：污点除掉之后，及时用水冲洗掉。

图 2-1-34 为清洗干净的轮毂。

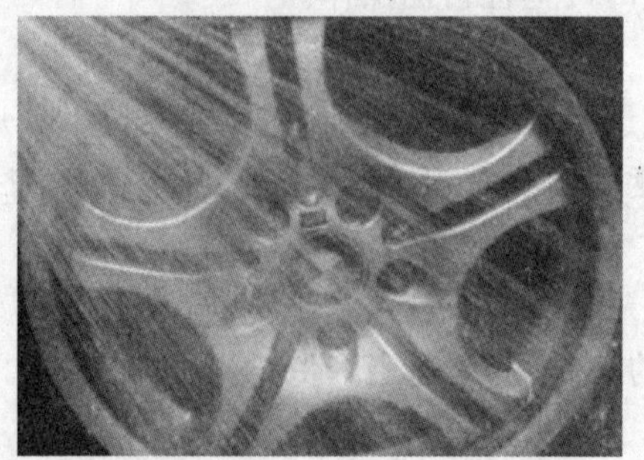
图 2-1-31 高压冲洗轮毂上的污泥

图 2-1-32 喷洒轮毂清洁剂

图 2-1-33 用轮毂刷擦拭

图 2-1-34 清洗干净的轮毂

(2) 车轮轮胎的清洗有以下 4 个步骤。

步骤 1:用高压水流冲掉轮胎上的灰尘、泥土等污垢,如图 2-1-35 所示。

步骤 2:擦干轮胎表面的水分。

步骤 3:在轮胎上直喷上适量的轮胎清洗剂,并用轮胎刷刷轮胎胎面。清洗剂附着在轮毂上或者车身上,可能会产生斑点,要立刻擦掉。图 2-1-36 为用轮胎刷清洁轮胎上的沙粒。

图 2-1-35 高压水流冲洗轮胎

图 2-1-36 用轮胎刷清洁轮胎上的沙粒

步骤 4:擦掉剩余的溶剂,涂抹过多的情况下,转动轮胎的时候会飞散。

图 2-1-37 为轮胎清洗前后的对比图,清洗后的轮胎不仅是在外观上焕然一新,在性能上也较清洗前有了很大的改善,因为附着在其上的污垢已经被清除干净。

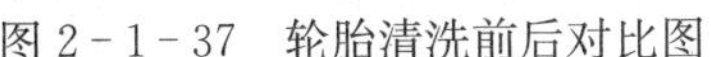
图 2-1-37　轮胎清洗前后对比图

图 2-1-38　涂轮胎上光剂

(3) 汽车轮胎的保养有以下 4 个步骤。

步骤 1:清洗干净轮胎之后,用海绵蘸取适量的轮胎上光剂。

步骤 2:在轮胎上涂上薄薄的一层,如图 2-1-38 所示。

步骤 3:涂多的地方用毛巾把多余液体擦掉。

步骤 4:确定没有多余液体,施工完成。

(4) 汽车轮胎的翻新:如果有必要进行轮胎的翻新处理,可按以下 3 个步骤进行。图 2-1-39 为其翻新过程。

图 2-1-39　汽车轮胎翻新过程

(a) 上轮胎翻新剂;(b) 喷轮胎保护剂;(c) 轮胎保护剂消失;(d) 翻新后的轮胎

步骤 1:清洁轮胎,即先用棕毛刷进行刷洗,除去轮胎表面的污泥,然后选用专用轮胎清洗剂进行彻底清洗,再用软毛巾擦干,擦干后风干 10～15 分钟或用压缩空气进一步吹干,去除表面水分。

步骤 2:上轮胎翻新剂。轮胎翻新剂可喷涂,也可直接用无纺布、软毛巾涂抹,均匀擦拭,如较脏应及时更换毛巾,直至轮胎再现黑色本色。

步骤 3:喷轮胎保护剂。将轮胎保护剂喷上之后,胎壁上形成白色泡沫,几分钟之后会自然消失,轮胎将变得非常干净。

2. 汽车轮胎清洗的注意事项

(1) 施工时,轮胎要在冷却状态下并且要通风良好,戴上保护手套才能用强酸或强碱性清洁剂清洗轮胎。

(2) 不要使用钢刷刷轮胎,易刮伤轮胎表面。

【学习评估】

序号	学习内容	评价标准			
		了解	掌握	可指导操作	可独立操作
1	汽车清洗的作用				
2	汽车清洗用品的选择与使用				
3	汽车清洗工具设备的选择与使用				
4	洗车方法				
5	汽车车表清洗作业流程及注意事项				
6	汽车车轮与轮毂清洗作业流程及注意事项				

【考核评价】

评价内容	赋分	序号	具体指标	分值	得 分		
					自评	组评	师评
仪容仪表	5	1	穿戴整洁符合工作要求	5			
工作安全	15	2	走路文明,不打闹	5			
		3	操作过程沉着冷静	5			
		4	无人员受伤及设备损坏事故	5			
工作过程	60	5	汽车清洗前检查制定清洗方案	10			
		6	正确选择清洗用品	10			
		7	正确选择清洗工具设备	10			
		8	掌握汽车车表清洗流程	15			
		9	掌握汽车轮胎与轮毂清洗流程	10			
		10	完成实训工单填写	5			

（续表）

评价内容	赋分	序号	具体指标	分值	得　分		
					自评	组评	师评
职业素养	20	11	坚持出勤，遵守规章制度	5			
		12	服从安排，积极参与	5			
		13	在规定时间内完成，认真填写数据	5			
		14	认真执行 5S	5			
综合得分				100			

任务二　车内清洗护理

【任务目标】

一、知识目标

(1) 了解汽车内饰件清洗的作用。

(2) 熟悉内饰件清洗用品的使用方法。

(3) 熟悉内饰件清洗设备和工具的使用方法。

二、技能目标

(1) 能够合理选择合适的内饰件清洗用品。

(2) 能够正确使用内饰件清洗设备和工具。

(3) 掌握车内清洗的施工流程。

【任务引入】

在某公司工作的李女士对自己新买的车爱不释手，呵护有加，每天下班后都要对爱车进行除尘护理，还时常用自购的便携工具清洗车身。一眼望去，李女士的汽车确实是一尘不染，光鲜亮丽，让人赏心悦目。可是，没过多长时间，李女士发现汽车虽然在自己的细心呵护下，外表非常整洁，但车的内饰件逐渐地不再让人满意，对于车的顶棚、仪表板的缝隙总感到束手无策，一次偶然的机会，李女士碰到了一位做汽车美容工作的同学，才知道原来汽车内饰件的清洗工作可以由汽车美容专业人士来完成。第二天，李女士便将车开到一家专业汽车美容店，进行汽车内饰件的美容作业。作为一名汽车清洗作业人员，需要针对李女士汽车内饰件的脏污情况，按照正确的施工流程，完成汽车内饰件的清洗作业，使客户满意。

【任务分析】

汽车美容时一般容易只注重汽车的外表美容，而忽视内饰的美容护理，特别是驾乘室。其实汽车内部空间的美容护理更加重要，因为驾乘人员接触最多的就是汽车的驾乘室，它的舒适与否极大地影响着驾乘人员的情绪和健康。

汽车的内部空间平时容易受到水渍、沙土、烟尘、汗渍等因素的影响，使绒布座椅、地毯及车内顶棚发霉、真皮老化，产生难闻气味，甚至产生大量的细菌，影响驾乘人员的身心健康。因此，每隔一定时间必须对汽车内饰件做一次全套的专业护理。

李女士在买车后从未对内饰件做过专业的清洗护理，内饰件的脏污较重，同时，经过施工人员仔细观察，发现汽车的绒布座椅上有一块较明显的污渍，经李女士验证，这是一块咖啡渍。要想做好汽车内饰件的清洗工作，必须了解汽车内饰件清洗用品和清洗设备的使用方法。

【任务准备】

一、汽车内饰美容的概述

汽车内饰件美容的作用如下：

1）美化内饰环境

驾乘室作为车内人员活动的空间。舒适与否会对人产生重要的生理及心理影响，美化汽车内饰能创造一个舒适的驾乘环境。

2）有助于健康

汽车内饰中的地毯、座椅、空调风口、后备箱等处，经常接触潮湿的空气或水渍，在特定的环境中，这些地方最易滋生细菌，使内饰霉变，散发出异味。这不但影响了室内空气环境，更重要的是会对健康产生威胁。汽车内饰美容可为健康提供保障。

3）延长内饰件使用寿命

驾乘室的清洁、杀菌、除臭可以有效地防止各种污物对内饰件的侵蚀，加上通过使用专门的护理品，对塑料件、真皮及纤维品进行清洁上光保护，可大大延长内饰件的使用寿命。

二、汽车内饰件清洗用品

汽车内饰件清洗用品主要用于清洗汽车内饰件，并对汽车内饰件起到保护作用，分为万用清洗剂、车内仪表板清洗剂、多功能清洗柔顺剂、全能泡沫清洗剂等，这里介绍几种常用的清洗剂。

1. 万用清洗剂

1）产品特性

万用清洗剂能去除各种玻璃、漆面及金属制品上的污垢，清洗过后不会损伤制品，在使用过程中不会滴流。

2）使用方法

(1) 充分摇匀，然后距待清洗物品约20厘米左右将泡沫均匀喷洒在物品脏污表面。

(2) 待泡沫停留1分钟左右后，硬质物品如玻璃及金属等制品应在泡沫未干前直接用干净的软布擦拭干净即可；软质物品如皮、布艺沙发等如有较脏污迹，先用软刷轻轻刷洗后再擦拭干净；地毯应用吸尘器在泡沫未干前吸干，如有较脏污迹，先用软刷轻轻刷洗后再吸干。

3）使用注意事项

(1) 主要应用于汽车风窗玻璃清洁，在使用过程，不要等到泡沫全部干后才擦拭，因为泡沫干了再擦拭会留下斑点。

(2) 喷涂时,应保持 15～20 厘米的距离,距离太近会导致泡沫集中,造成浪费,距离过远会导致泡沫喷不带理想的位置上。

(3) 喷涂后应停留 1 分钟左右(可根据泡沫干的情况而定),因为泡沫需要一定的时间溶解脏污。

2. 车内仪表板清洗剂

1) 产品特性

此类产品能保持车内人造皮革及真皮的光泽,不易沾染灰尘,一般含有柠檬香味,不会破坏漆面。

2) 使用方法

将清洗剂喷涂到物体表面上,然后用软布擦净。这种清洗剂主要适用于车门、仪表板、中控台,车内合成橡胶、塑料件,真皮制品。

注意:该类清洗剂为易燃品,因此,必须避开明火使用;应存放在阴暗干燥处,避免阳光照射或高温引起火灾。

3. 仪表板上光保护剂

1) 产品特性

如图 2-2-1 所示,此类产品含多种聚合物、防老化剂、去污剂、防干裂剂等成分,可有效防止紫外线照射,避免仪表板表面干裂、褪色,兼有清洗和保护的双重作用。

2) 使用方法

先将该保护剂摇晃均匀,然后直接喷于物体表面,再用洁净的海绵进行擦拭,或喷于海绵上直接擦拭。

图 2-2-1　仪表板上光保护剂

图 2-2-2　万能泡沫清洗剂

4. 万能泡沫清洗剂

1) 产品特性

如图 2-2-2 所示,此类清洗剂泡沫丰富,去污能力强;能迅速分解油污,快速清除油渍;可有效清洁人造革、丝绒、纤维,以及电镀制品等的表面污渍,使汽车顶棚、内壁,仪表板、座椅、地毯等内饰表面光洁如新。

2）使用方法

适用于手工清洗擦拭，可用于车内皮革、绒毛表面、仪表板、转向盘、车内侧等部位的清洗护理。使用前应摇匀，在距离清洗部位 10～20 cm 出均匀喷洒，同时让喷洒的泡沫在被清洁的表面作用 30～40 s，然后用干净的湿布、海绵或软刷擦刷，最后用干净的软布擦净即可。

5. 多功能清洗柔顺剂

1）产品特性

此类产品主要用于皮革制品的清洁与护理，清除污垢的同时能在皮革制品表面形成一层保护膜，起到抗老化、防水、防静电作用，延长皮革制品的使用寿命。能对汽车内室及后备箱各部位进行清洗翻新，并且去污力强，尤其对丝绒及地面表面可起到清洁、柔顺、还原颜色、杀菌等作用。

2）使用方法

可手工喷洒适量清洗剂至需要清洗部位，然后用软布轻轻擦拭。

6. 风窗玻璃清洗剂

1）产品特性

此类产品不含对人体有害的物质，不污染环境，具有良好的清净性，能有效地清除玻璃上的脏物、污物、条纹，玻璃明亮干净，具有良好的材料适应性，防止系统中金属部件的腐蚀，与橡胶、塑料密封件和漆膜有良好的相容性，具有良好的防冻性，适用于－20℃以上的环境。

风窗玻璃除雾剂（见图 2－2－3）主要用以去除玻璃上积累的白色雾状膜——各种内饰清洗剂、清新剂、烟等造成的静电油脂，同时可有效地去除鸟粪、油泥及尘土。因含挥发剂擦干后可很快风干，又因是水质，也可用于电镀、内饰（地毯、座椅）等的清洗。

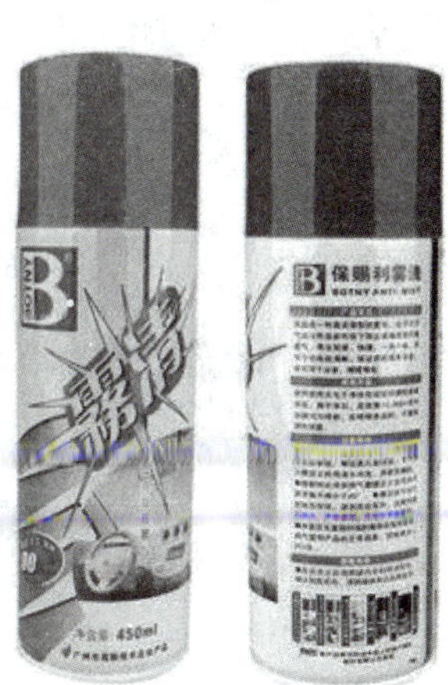

图 2－2－3　风窗玻璃除雾剂

2）使用方法

先将该清洗剂摇晃均匀，然后直接喷于风窗玻璃表面，再用洁净的海绵进行擦拭，或喷于海绵上直接擦拭。

喷于泡沫在玻璃上，用洁净的海绵进行擦拭，能确保玻璃最大程度的清晰度、能见度，确保安全驾驶。

3）使用注意事项

（1）玻璃清洁剂一般来说只用于汽车风挡玻璃外层的清洗。而不宜用于室内玻璃的清洗，除非使用说明上特别强调了可以在室内使用。

（2）玻璃清洁剂中带有一些颜色，但这些颜色只是用来与水作区别，没有实际功能。

（3）不同品牌的玻璃清洗剂最好不要混用。

三、汽车内饰件清洗设备

1. 车用吸尘器

吸尘器是一种能将尘埃、脏物及碎屑吸集起来的电器设备。用吸尘器可将内壁、地毯、座椅及缝隙中的浮尘和脏物吸除干净，且不会使尘土飞扬。

1）车用吸尘器的种类

(1) 车载微型吸尘器(见图 2－2－4)，具有小巧、灵活、实用等特点，是车主清洁内室的理想工具之一。微型吸尘器按使用电源不同分干电型和电源型两种，干电型使用两节 7 号普通电池，电源型插入车内点烟器便可使用。

图 2－2－4 微型吸尘器

(2) 便携型车载吸尘器(见图 2－2－5)，具有噪音低、体积小、重量轻、外形美观、携带方便等特点。通过电压转换器便可利用汽车电源使用，主要用于汽车内室除尘。

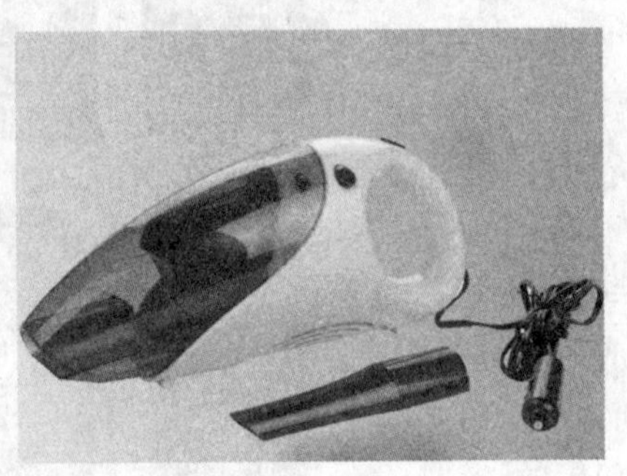

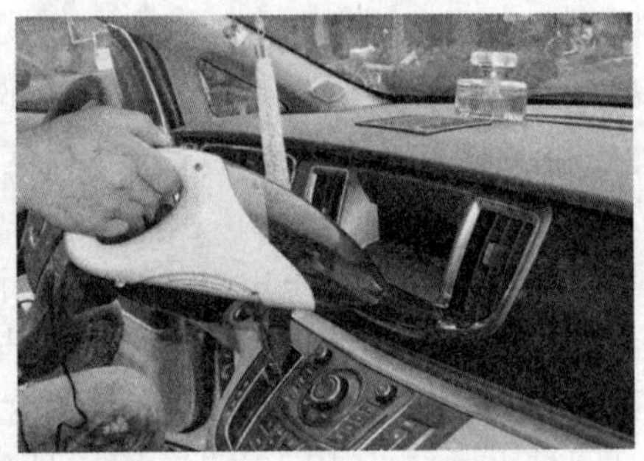

图 2－2－5 便携型车载吸尘器

(3) 专业型吸尘器一般为吸尘吸水机，如图 2－2－6 所示。它集吸尘、吸水于一体，配有适于汽车内室结构的专用吸嘴，操作简单，吸力大，并可与内室蒸汽机配套使用。

图 2－2－6 专业型吸尘器(吸尘吸水机)

图 2－2－7 吹干机

2. 吹干机

吹干机，如图 2－2－7 所示，实际上就是一种吹风机，有加热装置时可以吹出热风，提高干燥效率；若没有加热装置，吹出的是凉风。

3. 地毯脱水机

地毯脱水机，如图 2－2－8 所示，以地毯清洗脱水为主，对其他待清洗物品，如座套、坐垫等，在清洗后也可以用它进行脱水处理。

4. 蒸汽清洗机

蒸汽清洗机（见图 2－2－9）是一种通过高温蒸汽对汽车内饰进行清洗的设备，可对丝绒、化纤、塑料、皮革等不同材料进行清洗，如图 2－2－10 所示。

图 2－2－8　地毯脱水机

图 2－2－9　蒸汽清洗机

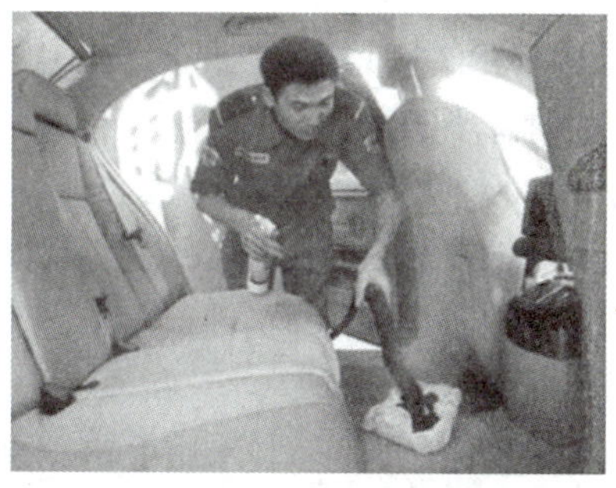

图 2－2－10　蒸汽清洗机的使用

蒸汽清洗机不仅具有较强的去污功能，而且还具有杀菌消毒的作用，可以清除顽固的污渍、油渍，完全消除细菌、螨虫、微生物及病原体，特别是对带有异味的污垢有很强的清洗作用，能使皮革恢复弹性，使丝绒化纤还原至原有光泽，是汽车内室美容的首选设备。

四、内饰件清洁与护理的基本方法

1. 内饰件的整体清洗准备

1）全车内部除尘

专业除尘一般采用吸尘吸水机进行操作，除尘时应遵循从高到低的原则，即首先对顶棚进行除尘，然后依次是仪表台、座椅、车门内侧、地毯及后备箱，如图 2－2－11 所示。

图 2－2－11　全车内部除尘（后备箱）

2）汽车内饰蒸汽预洗

汽车内饰蒸汽预洗也称全车桑拿（见图 2－2－12），其目的是在内饰清洗前，使脏物增

图 2－2－12　汽车内饰蒸汽预洗

加活性，以便在清洗过程中迅速脱离载体。蒸汽预洗的操作方法是：先在蒸汽清洗机内加入适量清水，待预热完成后，对内饰除顶棚、仪表及操作件以外的部位进行蒸汽预洗。

2. 内饰件的清洗步骤

1）整理随车物品

接车后提醒车主把车上贵重物品随身带走，并与车主一起盘点车上物品，记住车上主要饰品或用品的摆放位置，以便清洗后按原位摆放。用专用收纳袋收好客户随车物品，并妥善保管，谨防物品缺失造成不必要的麻烦。

2）除泥去垢

用清水或清洗剂把门边框、门槛条、门铰链、脚踏板等边沿死角的泥巴、污垢清洗干净，同时降下玻璃。

3）内室除尘

把仪表台、中控区、储物盒、储物箱、凹槽、边角、椅缝的尘灰吹除，再用吸尘器把坐椅，地毯上的灰尘清除干净。

4）安全保护

根据不同车型，采用毛巾、麂皮、塑料薄膜对音响区、车载电话等电子电器产品进行安全保护。车上的电子、电器用品、电动控制开关等如果潮湿、进水将引起故障或烧毁。

5）清洗顶棚

汽车顶棚通常是由化纤、丝绒、纯毛(高档车)等材料做成。清洗时对顶棚材料、纹路、洁净情况的判断是技师应具备的能力。顶棚清洗应使用绒毛清洁柔顺剂，从前往后，先往顶棚喷上少许绒毛清洁剂、湿润半分钟，然后把干净的毛巾折叠成四方形，顺其纹路方向擦拭。特别脏的地方可以反复进行。

6）仪表台的清洁与护理

(1) 首先将专用清洗剂喷于仪表台表面，然后用湿毛巾擦拭，再用干毛巾擦干。

(2) 对于仪表台上凹槽等难以清洁处，可在擦上清洁剂后用非常柔软的尼龙刷子刷出污垢，也可以一边用刷子刷出污垢，一边用吸尘器来吸(这时不需要用清洁剂)。

(3) 用同样的方法还可清洗转向盘、变速操纵杆及驻车制动杆。

图 2-2-13　仪表台上光保护剂

(4) 为仪表板上光保护剂并进行护理。

仪表台上光保护剂(见图 2-2-13)有以下性能特点。

① 含多种聚合物、防老化剂、去污剂、防干裂剂等成分。

② 国际最新配方，可有效防止紫外线照射，避免仪表台表面干裂、褪色。

③ 兼有清洗和保护的双重作用。

仪表台上光保护剂的使用方法是：先将该保护剂摇晃均匀，然后直接喷于物体表面，再用洁净的海绵进行擦拭，或喷于海绵上直接擦拭即可，直至仪表台擦亮为止。

7）清洗中控区

中控区的清洗要特别的细心。这个区域边角缝隙特别多，而且是音响、电话、空调等各种控制开关的分布区域。在操作中不允许直接对其喷清洗剂，而应把清洗剂喷在毛巾或软布上，轻轻擦拭干净。一些不易下物的角落可以使用棉签进行清洁。

8）座椅的清洁与护理

(1) 更换清洗座套。

(2) 使用长毛刷子与吸力强的吸尘器配合，一边刷座椅表面，一边用吸尘器把污物吸出来。

(3) 用毛刷清洗较脏的局部，然后用干净的毛巾沾少量中性清洗剂，在半湿的情况下，全面擦拭座椅表面。

(4) 用吸尘器再对座椅清洁一遍，消除多余的水分，尽快使座椅干爽起来。

(5) 清洁真皮座椅时，应先将万能清洗剂喷于其表面，用湿毛巾进行擦拭，再用干毛巾擦干即可。真皮座椅如需要进行护理，可将先真皮护理剂喷洒在海绵上，然后像打蜡一样将护理剂在座椅表面涂抹均匀，10 分钟后用干毛巾擦干即可。

9）清洗车门板

车门板的清洁应该从上到下，注重每一个细节，门边储物盒都清洗干净，门边上的玻璃升降器开关、后视镜开关要先用毛巾擦干净，然后用气枪吹干。

10）清洗地毯(地胶)

原车地毯有许多是用化纤、丝绒做成的，因此地毯的清洗首先应用专用刷头的吸尘器进行清洁，然后喷上万能泡沫清洗剂，用毛巾擦拭干净。如果是地胶的话，那就更好清洗了，直接喷上全能水用刷子，刷干净即可。

11）清洗后备箱

后备箱用绒毛做衬的部分用多功能绒毛清洁柔顺剂清洗，对于用皮塑做衬的部分主要采用真皮的清洗方法进行清洗。同时为了整体效果，应把行李箱边沿，水槽的污垢清洗干净。有异味应做异味消除处理。

12）上光保护

仪表盘、方向盘多为塑料和皮革制品，存在较多细条纹，多为灰尘粘附，容易清除。直接使用皮革塑料清洁上光处理，只需轻轻擦拭，即可得到一个干净光亮的表面，同时达到滋养、保护的作用。

13）消毒除味

由于车辆在行驶中，经常处于封闭与半封闭状态中，细菌和异味会吸附在内室的各个角落，会对乘车都的健康造成危害，异味消除剂在有效消除车内异味的时候，并有消毒、杀菌性能。

14）清洗全车玻璃

(1) 把半湿润的专用毛巾折成方形，从上到下或从左到右呈直线型擦洗玻璃内、外两侧。

(2) 把干的专用毛巾折成方形，从上到下或从左到右把玻璃抛亮。

(3) 如玻璃还没清洗干净，应喷上玻璃保亮剂，重复第二道工序，直到玻璃干净为止。

(4) 后挡风玻璃是最不方便清洗的，也是最容易被遗忘的。最好有两人配合，一个擦洗里面一个在外指点。

15）复查

专业技师在交车前应做好复查工作。

(1) 检查第 4～16 项施工,是否有遗漏。

(2) 检查车内清洗是否干净、整齐。

(3) 检查施工工具,是否遗留在客户车内。

16) 物品归位

将接车后,登记在册的随车物品或饰品,认真、负责的按原样摆放整齐,并确保随车物品或饰品是否到位、完好。

17) 验收

当车辆施工完成后,主管技师、业务主管应对质量进行验收。

验收标准主要有以下 4 项:

(1) 边框无尘、内饰无灰。

(2) 表里干净、上光均匀。

(3) 玻璃光亮、气味清新。

(4) 物品齐全、客户放心。

【任务实施】

一、车内全面美容操作流程

1. 清洁前准备

(1) 用品准备:万用清洁剂、仪表盘清洁剂、人造革橡胶护理剂、真皮护理剂、除臭剂。

(2) 设备准备:吸尘吸水机、蒸汽清洗机、喷壶、海绵、毛巾。

(3) 车辆准备:轿车一辆。

2. 操作步骤

(1) 步骤 1:车室吸尘(见图 2-2-14),用吸尘吸水机,按照从上到下的顺序,依次对顶棚、仪表台、座椅、车门内侧、地毯,后备箱进行吸尘。

图 2-2-14　内室除尘

吸尘吸水机使用方法:

① 吸尘器在首次使用前,应先将使用说明书仔细看一遍,然后对照说明书检查一下各种附件是否齐全,再按说明书中讲述的步骤和方法将吸尘器各部分安装好。

② 吸尘器在起动前,应先核对一下电源的电压和频率,当确认相符后,即可接通电源试用。试用中不应有异常噪音,使用 10 分钟左右电机没有过热现象,方可投入正常使用。

③ 每次用完以后,先断开电源,然后将集尘袋中的灰尘清除干净,最后将各零件拆开并清理干净收好。

使用吸尘器的注意事项:

① 不要用吸尘器吸金属碎屑。

② 清理尘埃时，不要将手放在吸风口附近。

③ 电线绝缘层要保护好。

④ 用完后，要清理干净机器内部的灰尘、杂物。

(2) 步骤 2:蒸汽预洗，如图 2-2-15 所示，在蒸汽清洗机中加入适量清水，对车内除顶棚、仪表区以外的部位进行蒸汽预洗，以增加脏物活性，使之在清洗过程容易从载体上分离。

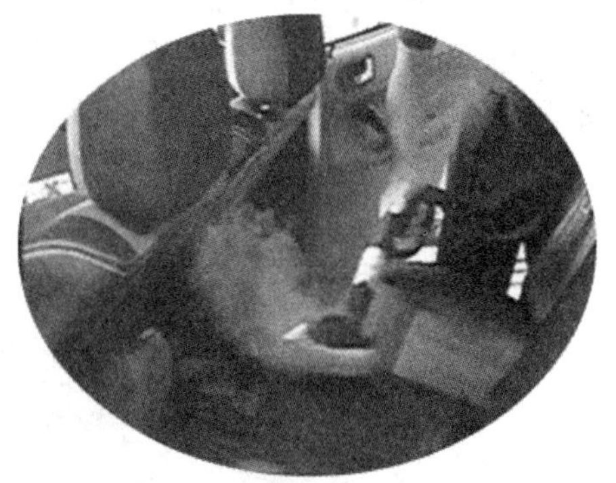

图 2-2-15　蒸汽预洗

蒸汽清洗机的使用方法：

① 注水。利用量筒，漏斗向蒸汽壶中注入适量的水，注水量应在 0.6～1.5 L 之间。

② 预热。插上电源，开启开关按钮，预热 10 分钟左右，待工作指示灯亮起后便可使用。

③ 清洗。选择适合内室结构的蒸汽喷头，并用半湿毛巾包裹，选择合适的温度，然后将蒸汽喷嘴对准需清洁部位，按动蒸汽扳机即可进行清洗。

④ 关机。关闭清洁机时，先松开扳机，然后切断电源即可。

注意：蒸汽的温度不宜过高，温度过高可能会加快车室内皮革老化。还可能烫伤施工人员，同时还会缩短蒸汽机的使用寿命。

(3) 步骤 3:顶棚清洗，如图 2-2-16 所示，将万用清洁剂稀释后装入喷壶中，对顶棚分片均匀喷洒，然后用浸湿后拧干的毛巾均匀擦拭，最后用干毛巾擦拭一遍。

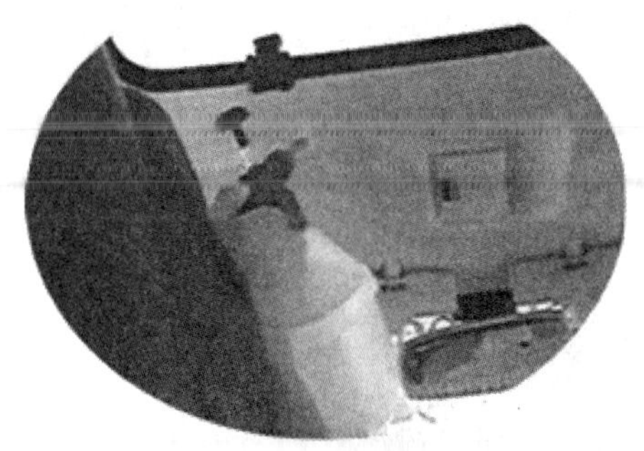

图 2-2-16　顶棚清洗

图 2-2-17　仪表盘清洗与护理

注意：毛巾一定要折叠成方形，虽然看起来这是个细节，但他对丝绒化纤部分的清洗效果影响很大。因为毛巾揉成一团，力度就不一，效果也就不一样了。

(4) 步骤 4:仪表盘清洗与护理，如图 2-2-17 所示，将仪表盘清洁剂喷于仪表盘表面，用湿毛巾擦拭，再用干毛巾擦干。清洗完毕后进行护理作业，将人造革橡胶护理剂喷在海绵块上，均匀抹在仪表台表面上，2 分钟后用干毛巾擦干即可。

(5) 步骤 5：真皮座椅清洁与护理，如图 2-2-18 所示，将万用清洁剂喷于座椅表面，用湿毛巾擦拭，再用干毛巾擦干。清洗完毕后进行护理作业，将真皮护理剂先涂抹在海绵上，然后像打蜡一样旋转涂于座椅表面，10 分钟后用干毛巾擦干即可。

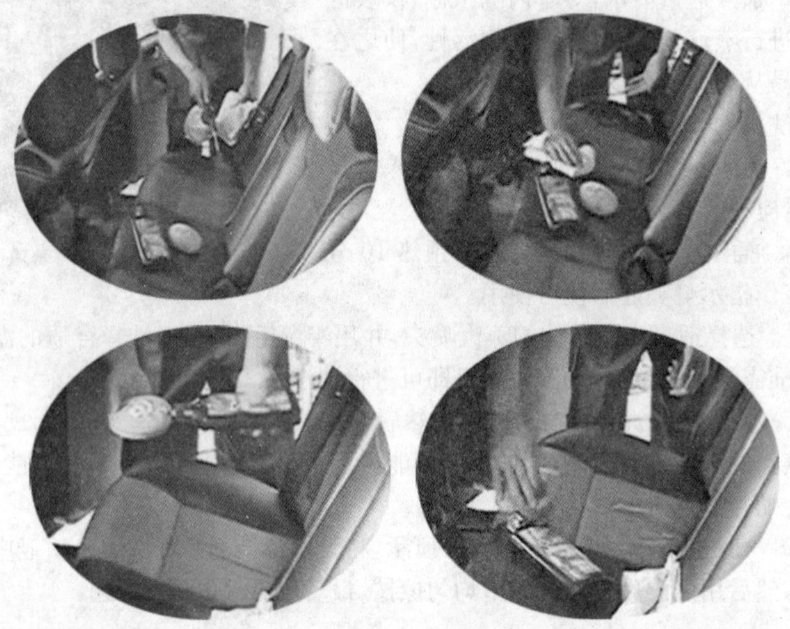

图 2-2-18　真皮座椅清洁与护理

(6) 步骤 6：车门内侧清洗，将万用清洁剂对车门内侧均匀喷洒(见图 2-2-19)，然后用干毛巾擦干即可。根据车门内壁不同材料用人造革护理剂或真皮护理剂进行护理，先将护理剂喷在海绵块上，均匀涂在车门内侧表面，2 分钟后用干毛巾擦干。

图 2-2-19　喷洒清洁剂

(7) 步骤 7：地毯清洗，如图 2-2-20 所示，将万用清洁剂喷于地毯表面，用湿毛巾擦拭，再用干毛巾擦干即可。

(8) 步骤 8：后备箱清洗，如图 2-2-21 所示，将万用清洁剂喷于后备箱覆盖物表面，3 分钟后用干毛巾擦干即可。

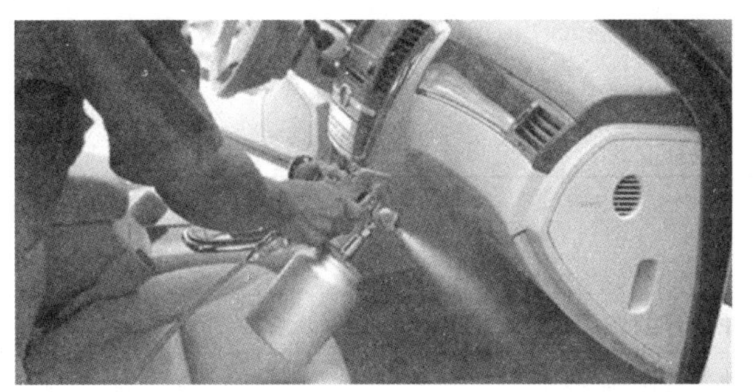

图 2-2-20　地毯清洗

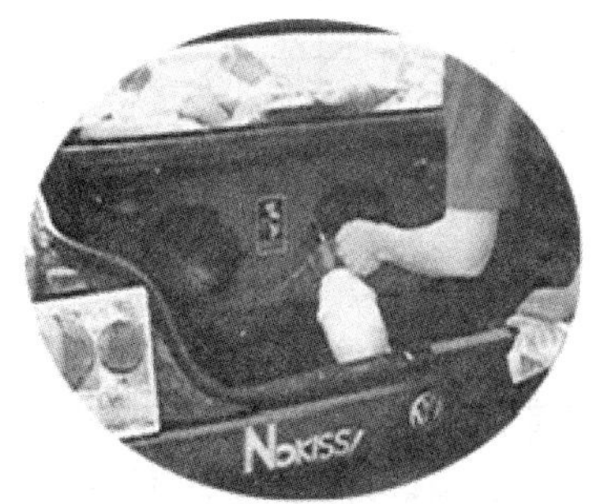

图 2-2-21　后备箱清洗

注意:清洗汽车内饰时必须严格按照清洗顺序进行,从上到下、由里到外进行清洗。若先清洗座椅、地毯等,再清洗顶棚,此时,清洗顶棚的过程中会把原本已经清洗干净的座椅、地毯等弄脏,又需要重新清洗,会导致浪费工时及清洁剂。

(9) 步骤 9:车内净化,如图 2-2-22 所示,先用蒸汽清洗机对内室进行高温杀菌消毒,然后向内室喷洒除臭剂,净化车内空气。(车内消毒、空气净化将在任务三进行详细介绍。)

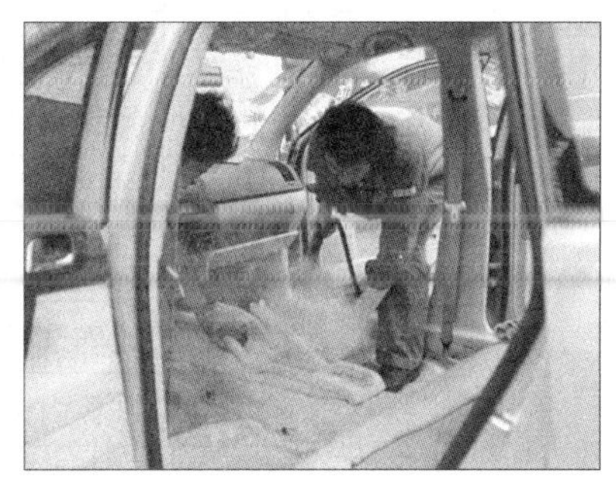

图 2-2-22　车内净化

二、车内清洗护理注意事项

(1) 使用适当的清洁剂,切勿随意混合或加温使用内饰清洁用品。

(2) 使用不熟悉的产品应先测试。

(3) 不要用水冲洗车身内部。

(4) 车饰件上有特殊的污渍应选用专用清洁剂进行清洗。

(5) 清洁作业时,擦拭方向要求后期只能单向运动,以便保持光线漫射面一致。

(6) 如有需要,可对清洗过的较难干燥的饰件进行烘干处理,有利于防止发霉。

【学习评估】

序号	学习内容	评价标准			
		了解	掌握	可指导操作	可独立操作
1	汽车内饰件美容的作用				
2	汽车内饰件清洗用品的特性				
3	汽车内饰件清洗用品的使用方法				
4	车用吸尘器的作用				
5	车用吸尘器的使用方法				

【考核评价】

评价内容	赋分	序号	具体指标	分值	得　分		
					自评	组评	师评
仪容仪表	5	1	穿戴整洁符合工作要求	5			
工作安全	15	2	走路文明,不打闹	5			
		3	操作过程沉着冷静	5			
		4	无人员受伤及设备损坏事故	5			
工作过程	60	5	正确选择清洁用品	10			
		6	正确选择清洁设备	10			
		7	掌握内饰件清洁与护理的基本方法	10			
		8	掌握车内全面美容操作流程	15			
		9	掌握车内清洗护理注意事项	10			
		10	完成实训工单填写	5			
职业素养	20	11	坚持出勤,遵守规章制度	5			
		12	服从安排,积极参与	5			
		13	在规定时间内完成,认真填写数据	5			
		14	认真执行 5S	5			
综合得分				100			

任务三　车内消毒护理

【任务目标】

一、知识目标

(1) 了解汽车车内污染的来源、危害及治理方法。

(2) 熟悉汽车车内消毒的方法。

(3) 熟悉汽车车内消毒设备及工具的作用。

二、技能目标

(1) 能够合理选择合适的车内消毒用品。

(2) 能够正确使用车内消毒设备及工具。

(3) 能够对汽车内部进行正确的消毒操作。

【任务引入】

经过内饰清洗后，李女士的车焕然一新，令李女士欣喜不已。同时，在施工人员的提议下，李女士又进行了车内消毒的作业项目。

【任务分析】

内饰清洗只是内饰美容的第一步，也只是最表面的一步。一辆车若要达到真正清洁的目的，经常对车内进行杀菌消毒是必不可少的。

李女士的汽车刚做完内饰清洗，且买车后从未进行车内杀菌消毒工作，因此，可以先在专业美容装饰店做专业的杀菌消毒作业，然后再购买一些便携式的杀菌消毒用品或设备供日常使用。

【任务准备】

一、车内污染的概述

1. 车内污染的来源

图 2-3-1 列举了车内空气污染的来源，总结起来，主要有以下几个方面。

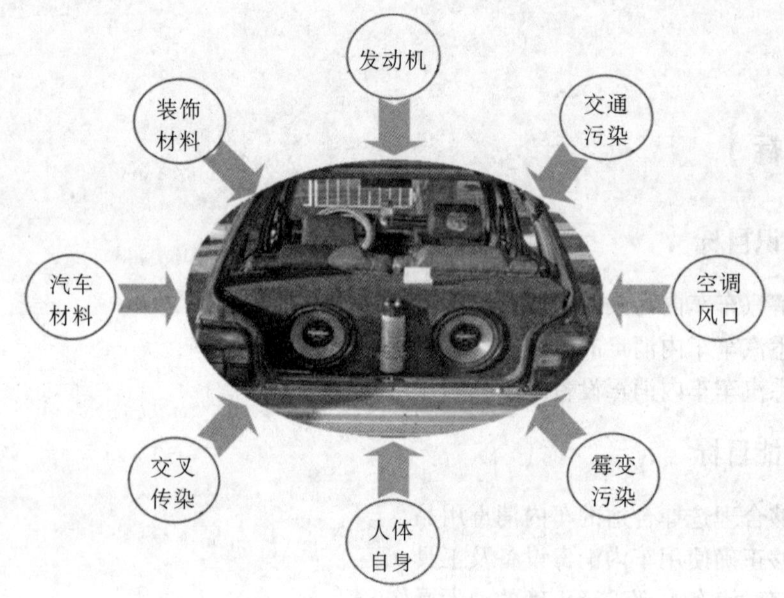

图 2-3-1 车内污染的来源

1）汽车内装饰材料

新车内装饰材料中含有有毒气体，主要包括苯、甲醛、丙酮、二甲苯等，尤其是内部装饰豪华的轿车更容易产生污染，其内部装饰选用的真皮、桃木、电镀、金属、油漆、工程塑料等材料如果处理不当，就会辐射出有害物质。这些有害物质在不知不觉中会使人出现头痛、乏力等中毒症状。

2）发动机

汽车发动机产生的一氧化碳、汽油味，均会使车厢内的空气质量下降。

3）车用空调蒸发器

车用空调蒸发器若长时间不进行清洗护理，就会在其内部附着大量污垢，所产生的胺、烟碱、细菌等有害物质弥漫在车内狭小的空间里，导致车内空气质量差，甚至缺氧。

4）人体自身污染

车内空间小，空气流速慢，缺少新风量，乘车人呼出的气体滞留在车内，当空气中二氧化碳浓度达到 0.5%时，人就会出现头痛、头晕等不适感。二氧化碳的浓度与时间与车内人数成正比，再加上人体的坏死细胞（头皮屑）漂留在车内，更容易造成污染。

5）乘客的交叉污染

在车厢内的拉手、背扶手、车窗等部位，都存有乙型肝炎表面抗原阳性的汗液、唾液等。

2. 车内污染的危害

车内污染物主要有甲醛、苯、甲苯或二甲苯、TVOC 等，这些污染物对人体伤害非常大，为车内人员营造洁净健康的车内空间已成为当务之急。

1）甲醛

甲醛是原浆毒物，能与蛋白质结合，吸入高浓度甲醛后，会出现呼吸道的严重刺激和眼刺痛、头痛以及支气管哮喘等症状。合成树脂、表面活性剂、塑料、橡胶、皮革等材料以及消毒、熏蒸和防腐过程中均要用到甲醛。

2）苯

苯易挥发，是工业上应用很广的原料。高浓度苯对中枢神经系统有麻醉作用，会引起急性中毒；长期接触苯对造血系统有损害。处于苯浓度较高的环境中，会引发白血病。

3）甲苯或二甲苯

甲苯或二甲苯可经呼吸道和消化道吸收，经皮肤吸收。吸入较高浓度蒸气后有头晕、头痛、恶心、呕吐、四肢无力、意识模糊、步态蹒跚，重症者有躁动、抽搐或昏迷；并伴有眼和上呼吸道刺激症状，可出现眼结膜和咽部充血。直接吸入液体后可出现肺炎、肺水肿、肺出血及麻醉症状。甲苯或二甲苯超标会导致障碍性贫血、生殖功能受影响，以及胎儿先天性缺陷。

4）TVOC

TVOC 是空气中有机污染物影响较为严重的一种，能引起机体免疫水平失调，影响中枢神经系统功能，出现头晕、头痛、嗜睡、无力、胸闷等症状，还可能影响消化系统，出现食欲不振、恶心等，严重时甚至可损伤肝脏和造血系统，出现变态反应等。

3. 车内污染的治理

1）治理源头

(1) 汽车生产厂家应选用环保材料，新车应有一定的污染释放期，确保进入销售市场的汽车能够达到环保要求。

(2) 加强汽车装饰市场的管理，禁止销售、安装会产生空气污染的装饰品及施工材料。

(3) 国家应尽快制定、颁发相关标准。

2）积极预防

(1) 购买新车后，应尽可能地保持车内外空气的交换，以便尽早让车内的有害气体挥发、释放干净。

(2) 进入车内后，应尽快打开车窗并开启外循环通风设施，放入新鲜空气，不能在封闭车窗、车门的状况下长时间行车，更不能在封闭的车内睡眠或长时间休息。

(3) 在开启空调时，使用车内外循环模式，尽量避免长时间使用车内自循环模式，另外要定期清洗车内空调，尽量保持车内空气新鲜。

(4) 尽量选择开阔、空气流动的路线行车。

(5) 根据车外空气状况，及时调整车内空调循环系统。在堵车严重时，或跟随尾气排放可能超标的车辆行驶时，应当把空调开关暂时调到车内自循环模式，开窗行驶时的车辆应暂时关闭车窗。

3）杀菌消毒

车内杀菌消毒的方法主要有：臭氧消毒、负离子消毒、光触媒消毒、碳制品（活性炭及竹炭）消毒、化学消毒等。

二、车内消毒方法

1. 臭氧消毒

1）臭氧消毒的功能

臭氧的主要功能：杀菌、解毒、保鲜、漂白、除臭。

2）臭氧消毒的特点

臭氧消毒灭菌的特点：高效性、高洁性、方便性、经济性。

3）臭氧消毒的原理

臭氧是一种强氧化剂，灭菌过程属于化学氧化反应，其消毒原理如图 2-3-2 所示。臭氧灭菌有以下 3 种形式：

（1）臭氧能氧化分解细菌内部葡萄糖所需的酶，使细菌死亡。

（2）直接与细菌、病毒作用，破坏它们的细胞器和 DNA、RNA，使细菌的新陈代谢受到破坏，导致细菌死亡。

（3）透过细胞膜组织，侵入细胞内，作用于外膜的脂蛋白和内部的脂多糖，使细菌发生通透性畸变而溶解死亡。

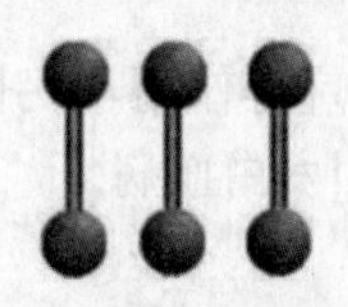

氧分子

氧分子转化为臭氧分子

通过电荷的改变产生臭氧

图 2-3-2　臭氧消毒原理

4）臭氧消毒设备

臭氧消毒设备的工作原理是：在通电后，消毒器将空气（氧气）激活后产生气体等离子，经激发、电离、分解、复合生成臭氧，利用臭氧极强的氧化、催化和分解作用进行快速杀菌。

臭氧消毒设备可对汽车内部空间及汽车地毯、椅套等物品表面消毒，还可对空调管道进行消毒处理，其结构如图 2-3-3 所示。

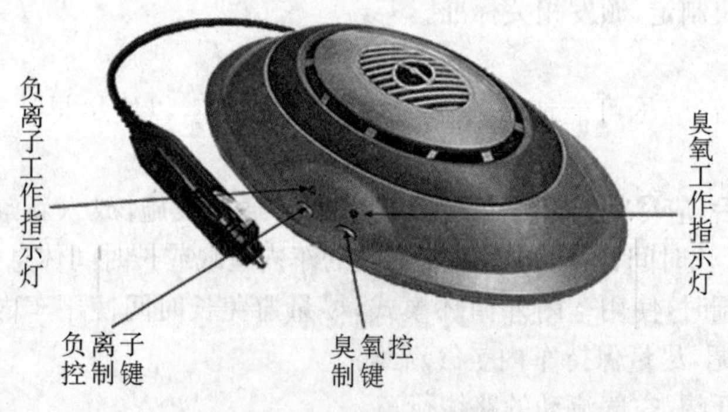

图 2-3-3　消毒器

5）臭氧消毒的优缺点

臭氧消毒的优点：臭氧是一种广谱杀菌剂，可杀灭细菌滋生体和芽胞、病毒、真菌等，并可破坏肉毒杆菌毒素。臭氧对空气中的微生物有显著地杀灭作用，采取 30 mg/m^3 浓度的臭氧，作用 15 分钟，对天然菌的杀灭率到达 90%以上，能够除异味，净化环境，使空气清爽。

臭氧消毒的缺点：臭氧为强氧化剂，对多种物品有破坏，浓度越高对物品破坏越重，可使铜片涌现绿色锈斑、橡胶老化，变色，弹性减低，以至变脆、断裂，使织物漂白褪色等。如果长时间使用臭氧消毒会使车内橡胶老化。而且汽车装饰美容店的臭氧机质量良莠不齐，每次消毒的价格也高低不等，很难做到统一化。

6）注意事项

(1) 臭氧不能瓶装贮备，只能现场消费。臭氧在常温下为爆炸性气体，有特臭气味，为已知最强的氧化剂。臭氧在水中的溶解度较低，仅为3%。臭氧稳固性差，在常温下可自行合成为氧气。

(2) 臭氧对人有毒，国家规则大气中其许可浓度为0.2 mg/m^3，故消毒必需在无人条件下进行。消毒后必须在室内臭氧浓度降低至国家许可浓度以下，人员才可进入，一般消毒后至少30分钟能进入。

(3) 运用时应注重，臭氧对人体呼吸道黏膜有刺激，空气中臭氧浓度达1 mg/lm^3 时，即可嗅出，达2.5～5 mg/lm^3 时，可引起脉搏减速、疲惫、头痛，人若停留1小时以上，可发作肺气肿，以致死亡。

2. 光触媒消毒

光触媒在光的照射下，会产生类似光合作用的光催化反应，产生出氧化能力极强的自由氢氧基和活性氧，具有很强的光氧化还原功能，可氧化分解各种有机化合物和部分无机物，能破坏细菌的细胞膜和固化病毒的蛋白质，可杀灭细菌和分解有机污染物，把有机污染物分解成无污染的水(H_2O)、二氧化碳(CO_2)和其他无害物质，因而具有极强的杀菌、除臭、防霉、防污自洁、净化空气功能。

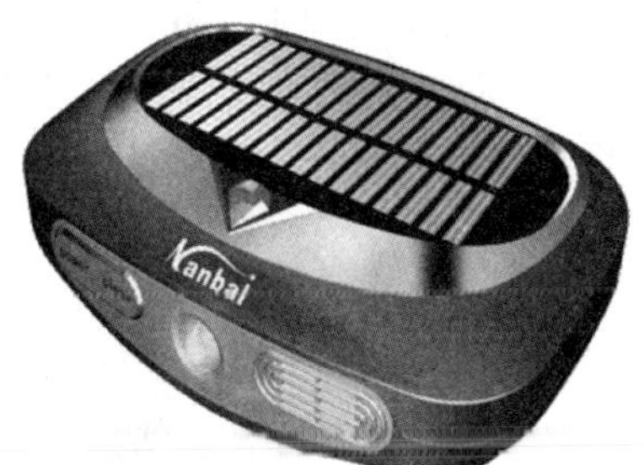

图2-3-4　光触媒消毒器

1）功能

光触媒消毒器(见图2-3-4)具有抗菌、杀菌、空气净化、除臭、防霉防藻、防污自洁、防老化等功能。

2）应用原理

光触媒的应用原理如图2-3-5所示。

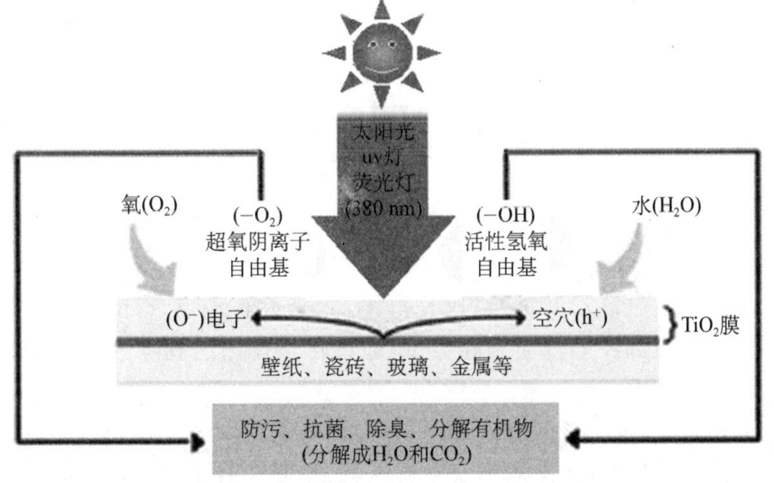

图2-3-5　光触媒的应用原理

3）特点

（1）消毒彻底。光触媒的作用是分解污染物而不是吸附污染物。

（2）运用广泛。能对室内几乎所有的细菌、病毒和有机污染物起到强效分解作用。

（3）安全环保。最终产物是二氧化碳和水，对人体无害。

（4）使用方便。无须换滤芯，经济实用，不费电。

4）缺点

光触媒主要成分为纳米二氧化钛。二氧化钛只有在紫外线的照射下才能产生作用，而紫外线对人体有一定的伤害。有些车贴的太阳膜会阻隔掉紫外线，因此会影响光触媒消毒的效果。

3. 其他消毒方式

1）负离子消毒

负离子是指带一个或多个负电荷的离子。当原子外层的电子运动的速度加快到一定程度时，会逸出轨道与其他中性原子结合，这一原子“俘获”电子之后负电荷量增加，呈现负极性，称之为“负离子”。而失去电荷的原子负电荷量减少，呈现正极性，称之为“正离子”。

（1）负离子消毒的作用有：清新空气、消除烟尘和杀菌消毒、除臭、保鲜、增强抗病能力、改善肺功能、改善睡眠、防病治病等。

（2）负离子消毒设备种类繁多，可以有针对性地选择使用。图2-3-6列出了不同用途的负离子消毒设备。

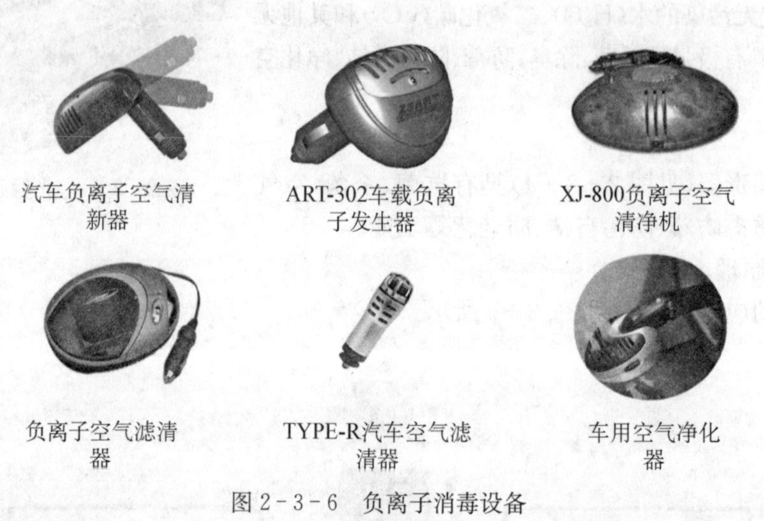

图2-3-6 负离子消毒设备

（3）负离子消毒的优点是使用简单，缺点是空气净化过程缓慢，杀菌不彻底。

2）化学消毒

化学消毒主要包括过氧乙酸消毒、戊二醛消毒、来苏水消毒、84消毒液消毒等，主要是利用一些消毒剂对汽车部件进行喷洒和擦拭，通过化学作用达到除去病菌的目的。目前市场上常见的化学消毒液主要有过氧乙酸和84消毒液。

化学消毒的优点是：这种杀菌方法操作简单易行，杀灭病菌、消毒比较彻底。

化学消毒的缺点是：消毒后车舱内会留有气味，需要开窗通风一段时间。消毒容易留下化学残留物，造成潜在的危害，同时对汽车部件也有一定程度的损害。化学消毒液一般都具有腐蚀性和漂白性，使用时需要小心汽车内饰和金属部件。

3）竹炭消毒

竹炭对车主来说是目前最有效、最安全，也是最容易实现的方法。因为竹炭具有孔隙多的特点，对甲醛等有害物质具有很强的吸附作用，而且竹炭属于物理方法，不会产生二次污染。

（1）竹炭具有吸附分解、自动调湿作用、远红外线作业和负离子作用。

车用竹炭产品主要有竹炭除味包和竹炭靠垫，如图 2-3-7 所示。

图 2-3-7　竹炭产品

（2）竹炭消毒的缺点是杀毒较慢、不彻底。

4）蒸汽消毒

蒸汽既可消毒，又可除污，有独特的热分解功能，能迅速地化解泥沙和污渍的粘黏性质，让其脱离附着的汽车表面达到清洗的目的。

蒸汽消毒的缺点是操作复杂，消毒时间过长，车内污染严重时使用效果不太理想。由于蒸汽可能会对车内的电子系统产程不良影响，因此目前用得不多。

【任务实施】

在专业美容店内常用的专业消毒方法有专业臭氧消毒、专业光触媒消毒。专业人员将这两种消毒方法介绍给李女士后，李女士选择了臭氧消毒方式。

一、臭氧消毒

1. 对汽车内部空间及物品表面消毒

（1）将臭氧消毒设备放置在汽车旁边 1 米左右处，避免与车门碰撞。

（2）接通电源，根据使用说明书的指导，将时间开关旋转至车型对应的消毒时间。

（3）打开电源开关，指示灯亮后，机器开始工作。

（4）手持导气管，首先将车内比较隐蔽的局部厢体空间进行消毒，然后将导气头放在车内中部半空位置即可。

（5）达到设定的消毒时间后，消毒机将自动停止工作。

（6）关上车门，待达到说明书要求的消毒时间后，整个消毒过程完成。

（7）最后打开车门通风 1～2 分钟。

2. 对汽车脚垫、椅套等物品消毒

(1) 将脚垫、椅套取出洗净后放在装满水的水桶中。

(2) 在消毒器的导气头上插上导气管,将导气管放在水桶的底部。

(3) 接通消毒器的电源,将开关旋至说明书规定的时间,打开开关。

(4) 待消毒机停止运行,消毒过程完成,取出消毒物,看是否还有可感的异味。若有,则延长消毒的时间。

3. 汽车空调管道的消毒处理

(1) 按照汽车内部空间及物品表面消毒的方法消毒器。

(2) 将导气管放在汽车空调的进气口位置,起动汽车并打开汽车空调的内循环装置。

(3) 待达到消毒的时间后,拿出导气管,继续让汽车空调运行几分钟以全面消毒。

4. 全面消毒

(1) 将消毒器堆放在汽车旁边 1 米左右处,避免与车门碰撞。

(2) 手持导气管,将导气头放在车内半空位置,打开车内比较隐藏的局部厢屉空间,关闭所有车窗,再打开车内空调,使车门空气循环流程,然后退到车外。

(3) 轻轻关上车门,稍微留点缝隙,以不压扁导气管为准,如图 2-3-8 所示。

图 2-3-8 全面消毒

(4) 接通消毒器电源,根据使用说明书的指导,将时间开关旋至与车型对应的消毒时间。

(5) 打开电源开关,指示灯亮后,机器开始工作。

(6) 达到设定的消毒时间后,消毒器将自动停止工作,整个过程完成。

(7) 最后打开车门通风 1~2 分钟。

5. 注意事项

(1) 应使用交流 220 V、50 Hz 的电源,不可使用其他电源。

(2) 消毒器内部有高压电,不可自行拆除机壳,以免发生危险。

(3) 要注意不得将水溅到机体上,且不得将该消毒器放置在潮湿的地方,以免发生火灾或触电。

(4) 电源线或插头破损时,应及时更换。

二、光触媒消毒

1. 自喷型车用光触媒净化剂

(1) 喷涂部位:座椅、行李箱、车门饰板、窗帘布、顶棚、装饰品、仪表板、脚垫。

(2) 清洁喷涂表面:将被喷涂表面清洗干净,并保持干燥,同时遮盖无须喷涂的部位。

(3) 喷涂:将产品充分摇匀,然后喷射于喷涂部位,喷射最佳距离为 30~40 cm。

(4) 干燥:自然干燥或吹风干燥均可,不同产品自然干燥时间不尽相同,操作时应仔细阅读产品说明书。

(5) 使用及储存注意事项有以下 3 条:

① 喷涂后,在涂膜未完全固化前请勿用力擦洗。

② 应存放干燥阴凉处，避免高温及受冻。

③ 罐内有压力，请勿靠近明火或撞击容器。

2. 施工型车用光触媒净化剂

(1) 喷涂部位：座椅、行李箱、车门饰板、窗帘布、顶棚、装饰品、仪表板、地毯。

(2) 清洁喷涂表面：将被喷涂表面清洗干净，并保持干燥，同时遮盖无须喷涂的部位。

(3) 准备喷涂设备：连接空气压缩机、喷枪等设备，并进行必要的调试，再将光触媒净化剂加入喷枪储液罐。

(4) 喷涂：将喷枪对准喷涂部位进行喷涂，喷口距喷射表面 30～40 cm。

(5) 干燥：自然干燥或吹风干燥均可，不同产品自然干燥时间不尽相同，操作时应仔细查阅产品说明书。

(6) 施工注意事项有以下 2 条：

① 车内精密仪器禁止喷涂，并在喷涂其他部位时用挡板遮盖，以免对仪器造成损害。

② 为避免因喷涂不均匀或涂层过厚而产生斑痕，影响车体美观及玻璃清晰度。喷涂时如将喷剂误喷在上述禁止喷涂的部位，应在喷剂未干时，用细软的湿毛巾仔细抹去；若干透，可用细软的湿毛巾加少许牙膏仔细抹去。

【学习评估】

序号	学习内容	评价标准			
		了解	掌握	可指导操作	可独立操作
1	车内污染的来源				
2	车内污染的危害				
3	车内污染的治理				
4	车内消毒方法				
5	臭氧消毒作业流程及注意事项				
6	光触媒消毒作业流程及注意事项				

【考核评价】

评价内容	赋分	序号	具体指标	分值	得　分		
					自评	组评	师评
仪容仪表	5	1	穿戴整洁符合工作要求	5			
工作安全	15	2	走路文明，不打闹	5			
		3	操作过程沉着冷静	5			
		4	无人员受伤及设备损坏事故	5			

（续表）

评价内容	赋分	序号	具体指标	分值	得分		
					自评	组评	师评
工作过程	60	5	掌握汽车内部空间及物品表面消毒操作要领	10			
		6	掌握汽车脚垫、椅套等物品消毒操作要领	10			
		7	掌握汽车空调管道的消毒处理操作要领	10			
		8	掌握全面消毒操作要领	10			
		9	掌握臭氧消毒、光触媒消毒作业流程	15			
		10	完成实训工单填写	5			
职业素养	20	11	坚持出勤，遵守规章制度	5			
		12	服从安排，积极参与	5			
		13	在规定时间内完成，认真填写数据	5			
		14	认真执行 5S	5			
综合得分				100			

项目三

汽车漆面美容护理

任务一　新车开蜡护理

【任务目标】

一、知识目标

(1) 了解新车开蜡的必要性。
(2) 了解封漆蜡、开蜡水的特性和种类。
(3) 掌握封漆蜡、开蜡水的识别和选用。

二、技能目标

(1) 掌握新车开蜡的操作要领。
(2) 能够正确选择开蜡水。
(3) 能够按照正确流程对新车进行开蜡。

【任务引入】

赵女士一周前刚买了一辆新车，才开了一次，一直停放在家里的车库，却发现车身很容易脏污，并且不太容易清理。一位朋友告诉她是因为买车时，没有进行新车开蜡处理，所以车表无光泽，且容易脏污不好清理。于是她来到一家汽车美容店进行新车开蜡。作为一名专业汽车美容人员，需要根据赵女士的汽车封漆蜡的种类，选择合适的开蜡水，按照正确的施工流程，完成汽车开蜡作业，使客户满意。

【任务分析】

新车开蜡是新车启用时首先要做的汽车美容作业。不同厂家采用的封漆蜡不同，必须使用相应的开蜡水，才能保证在不伤害漆面的情况下完成开蜡作业。因此，需要专业汽车美容人员掌握不同开蜡水的选择原则，以及新车开蜡的流程。

【任务准备】

一、新车开蜡的目的

为了避免在运输(尤其是海运)过程中或露天停放时的风吹日晒以及粉尘、烟雾等侵蚀，在出厂前对汽车漆面喷涂了一层专用防护蜡——封漆蜡，以防漆面受侵蚀、氧化。新车开蜡就是指除去车漆表面封漆蜡的过程。

二、封漆蜡和开蜡用品

1. 封漆蜡

封漆蜡对车漆表面可以起到长达一年的保护作用。在新车交付正常使用时，新车的这层保护蜡必须先除去，然后重新进行清洗、上光蜡处理。

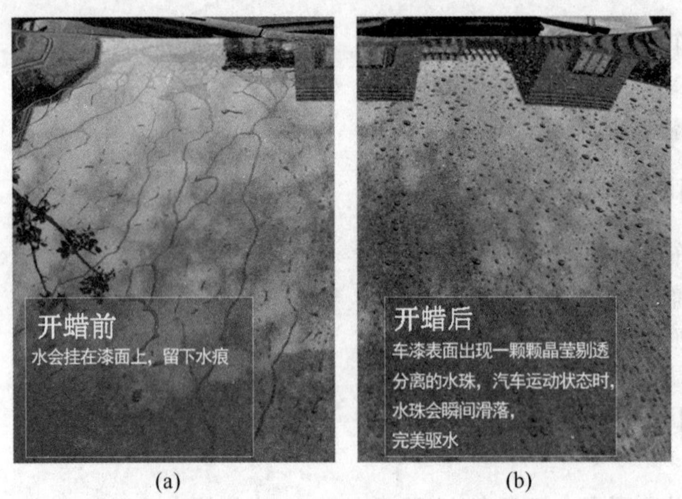

(a) (b)

图 3-1-1 新车开蜡前后驱水试验

除去封漆蜡原因主要有以下 3 条：

(1) 封漆蜡不同于上光蜡，该蜡没有任何光泽，透气性差，严重影响汽车美观。

(2) 汽车在使用中，封漆蜡易黏附灰尘，不易清洗，且驱水功能差，存在一定的安全隐患。

(3) 封漆蜡在车漆表面长期停留会演变成有害物质而腐蚀车体。

封漆蜡的蜡层表面厚且干硬，用一般方法不易去除，因此，车主在购车后，应到专业的汽车美容店除去此蜡层，并重新上光蜡。

2. 开蜡用品

新车开蜡要使用专用的开蜡水，且根据不同的封漆蜡选用合适的开蜡水，绝对不能用其他溶剂代替。开蜡水是新车开蜡作业最重要的用品，具有较强的溶解能力和去油污能力，一般在喷上开蜡水几分钟内，就可以将新车表面蜡层完全溶解，而且不腐蚀漆面及塑料、橡胶件。

新车开蜡用品主要有油脂开蜡水、树脂开蜡水、强力脱蜡洗车液等，应根据车身表面喷涂的不同封漆蜡合理选用。

1）油脂开蜡水

油脂开蜡水，如图 3-1-2(a)所示，用于喷涂油脂封漆蜡的车身表面开蜡。该开蜡水有非生物降解型和生物降解型两种。

(1) 非生物降解型，主要原料提炼于石油，是强碱性药剂，使用时应注意劳动保护。

(2) 生物降解型，主要原料从橙皮中提取，对环境无污染，不用稀释，可直接使用。

2）树脂开蜡水

树脂开蜡水用于喷涂树脂封漆蜡的车身表面开蜡。该开蜡水含有一种树脂聚合物的溶解元素，所以它能溶解树脂蜡。该用品不含腐蚀剂，不会侵蚀风窗玻璃、电镀及铝合金件。在使用时必须用水以 1∶3 左右的比例稀释，最好用热水，因为其中的表面活性剂在加热的情况下效果最佳。

3）强力脱蜡洗车液

强力脱蜡洗车液，如图 3-1-2(b)所示，用于喷涂硅油保护蜡的车身表面开蜡。该洗车液属于生物降解型产品，主要原料提炼于橙皮，并含有阴离子表面活性剂，泡沫丰富，分解性较好，成本也较高。

(a) (b)

图 3-1-2 开蜡水

(a) 油脂开蜡水 (b) 强力脱蜡洗车液

【任务实施】

一、新车开蜡

1. 材料准备

涂了封漆蜡的新车 1 辆，清洗机 1 台，手动喷壶 1 个或气动喷雾器 1 个，毛巾 1～2 块，开蜡水，洗车液，水。

2. 操作要求

根据封漆蜡的种类，合理选择开蜡水，并按照正确的操作步骤进行开蜡，达到客户满意

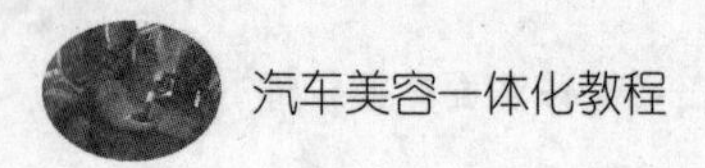

的程度。

3. 开蜡步骤

(1) 步骤1:冲洗车身。开蜡前,应先用清洗机将车身漆面冲洗干净,以免操作时因车体带有沙粒对漆面造成划痕。

注意:因为开蜡后需彻底清洗车上再上蜡,为避免清洗剂浪费,因此第一次冲洗车身不用清洗剂。水压不要高于7 MPa,水压太高,可能会导致漆面或玻璃受到损伤。

(2) 步骤2:调配开蜡水。首先要判明车漆表面的封漆蜡种类,选择相应的开蜡水,按比例将开蜡用品稀释,然后装入手动喷壶(见图3-1-3)或气动喷雾器(见图3-1-4)中待用。

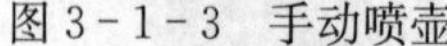
图3-1-3　手动喷壶

图3-1-4　气动喷雾器

注意:一定要根据封漆蜡选择对应的开蜡水,因为不同的开蜡水功效不尽相同,选错了开蜡水不仅达不到开蜡的效果,反而会导致车漆受到损伤。

(3) 步骤3:喷开蜡水。将调配好的开蜡水装于手动喷壶或气动喷雾器内,均匀地喷洒于车身表面。

注意:喷开蜡水时,应尽量均匀,避免产生水流,导致浪费。

(4) 步骤4:擦拭。等待6～7分钟,至开蜡水渗透封漆蜡层,封漆蜡溶解后,用半湿的毛巾对车身进行擦拭。擦拭时注意车牌、车标内空隙及油箱盖周围、车身的边缘或转角部分,车门、车窗密封橡胶条的边缝、车牌、车灯、车门边框等处残存的车蜡。

(5) 步骤5:用清洗剂清洗车身。使用冷水高压清洗机冲洗车身表面,然后喷上清洗剂进行清洗,最后再用高压水冲净车身,擦干即可。

二、新车开蜡注意事项

(1) 在开蜡前不要使用洗车液,以免造成不必要的浪费。

(2) 一定要选用合适的新车开蜡水进行开蜡,不可使用其他溶剂来代替专用开蜡水,虽然有些溶剂也可以洗掉新车的保护蜡,但效果不是很好,如果使用不当还会带来不必要的麻烦。

(3) 喷洒开蜡水时要尽可能均匀,不能忽视车牌、车标内空隙及油箱盖钥匙孔周围、车身的边缘或转角部分。

(4) 喷上开蜡水后，要等待几分钟，待开蜡水完全渗透封漆蜡层并使其溶解后，才能用毛巾擦拭。一般使用半湿毛巾，不可太干也不可太湿，湿度不合适会影响开蜡效果。

(5) 清洗及擦干车身要按洗车操作规程进行，因为车身表面经开蜡水开蜡后，仍会有部分车蜡及杂质残留。

【学习评估】

序号	学习内容	评价标准			
		了解	掌握	可指导操作	可独立操作
1	新车开蜡的目的				
2	封漆蜡的作用				
3	开蜡用品的作用与选择				
4	新车开蜡作业流程及注意事项				

【考核评价】

评价内容	赋分	序号	具体指标	分值	得　分		
					自评	组评	师评
仪容仪表	5	1	穿戴整洁符合工作要求	5			
工作安全	15	2	走路文明，不打闹	5			
		3	操作过程沉着冷静	5			
		4	无人员受伤及设备损坏事故	5			
工作过程	60	5	新车开蜡前判断封漆蜡的种类	10			
		6	正确选择开蜡水并调配	10			
		7	正确开展新车开蜡作业流程	35			
		8	完成实训工单填写	5			
职业素养	20	9	坚持出勤，遵守规章制度	5			
		10	服从安排，积极参与	5			
		11	在规定时间内完成，认真填写数据	5			
		12	认真执行5S	5			
综合得分				100			

任务二　车表打蜡护理

【任务目标】

一、知识目标

(1) 熟悉车表打蜡护理用品的分类和特性。
(2) 熟悉车表打蜡护理用品的使用方法。
(3) 熟悉车表打蜡护理的注意事项。

二、技能目标

(1) 能够合理选用合适的打蜡护理用品。
(2) 掌握车表打蜡工具和设备的使用方法。
(3) 掌握车表打蜡护理的施工流程。

【任务引入】

前段时间李先生买了一辆新车,靓丽的车身一直是李先生引以为豪的。最近,李先生发现爱车没有以前那么光洁照人了,仔细一看,发现不仅车漆没有了以往的光泽,漆面还有很多细痕,虽然不深,但足以影响美观。于是,李先生把爱车开到一家汽车美容店进行打蜡护理。作为一名专业汽车美容人员,需要针对李先生的汽车漆面状况,按照正确的施工流程,先清除车表氧化层、划痕等缺陷,再对车表进行打蜡护理,使客户满意。

【任务分析】

汽车车漆长期与空气、酸雨等直接接触,加之行驶中产生的静电层和交通膜,如果长时间得不到及时护理,极易使车身漆面发生氧化腐蚀。此外,在紫外线的照射下,漆膜不断地向空气中蒸发油分达到保护自身的目的,时间长了漆面的油分会损失过度,漆面的亮度和深度都大大降低,使漆面慢慢发白,形成氧化层。同时,飞快转动的车轮卷起的沙砾、路边的树枝等,都会在车漆表面留下条条细痕,使车漆失去光泽。

【任务准备】

一、车表打蜡护理概述

1. 车表打蜡护理的作用

1）防水作用

汽车经常暴露在空气中，免不了受到风吹雨淋，车蜡能使车身漆面上的水滴附着减少60%～90%，高档车蜡还可以使残留在漆面上的水滴进一步平展，呈扁平状，最大限度地减少水滴因强烈阳光照射时的聚焦作用造成的漆面暗斑、侵蚀和破坏。

2）抗高温作用

车蜡的抗高温作用是对来自不同方向的入射光产生有效反射，防止入射光线穿透透明漆，导致底色漆老化变色，延长漆面的使用寿命。

3）防紫外线作用

车蜡的防紫外线作用与抗高温作用是并行的，只不过在日光中的紫外线较容易折射进入漆面，防紫外线车蜡充分地考虑了紫外线的特性，使其对车表的侵害最大限度地降低。

4）防静电作用

汽车静电的产生主要有两种：一是化纤、丝毛织物如地毯、座椅、衣物等摩擦产生的；二是由于汽车在行驶过程中，空气中的尘埃与车身漆面相互摩擦产生的。无论是哪种原因产生的静电，都对驾乘人员带来诸多不便，甚至造成伤害。车蜡的防静电作用主要是隔断空气及尘埃与车身漆面的摩擦。通过打蜡，不但可有效防止车表静电的产生，还可大大降低带电尘埃对车表的附着。

5）上光作用

上光是车蜡的最基本作用之一，经过打蜡的车辆，都能不同程度地改善其漆面的光洁程度，使车身恢复亮丽本色。

6）研磨抛光作用

当车身漆面出现浅划痕时，可使用研磨抛光蜡，若划痕不是很严重，抛光和打蜡作业可一次完成。

7）防刮伤作用

车身表面打蜡后，形成的蜡膜具有一定的硬度和厚度，可以防止细微的划伤。

8）防氧化作用

打蜡后车身表面形成一层蜡膜，可以较好地防止漆面油分的损失，不容易形成氧化层。

2. 车表漆面研磨、抛光与打蜡

漆面研磨是通过研磨/抛光机，配合研磨剂在车漆表面高速旋转发生摩擦，以去除漆面氧化层、轻微划痕等缺陷所进行的作业。

漆面抛光是紧接研磨的第二道工序，车漆表面经研磨后会留下细微的打磨痕迹，漆面抛光就是去除这些痕迹所进行的作业。通过研磨、抛光可以解决车漆表面氧化层、条纹、污染和褪色等影响漆面外观的问题。

打蜡是在车漆表面涂上一层蜡层保护，并将蜡层打磨出光泽的护理作业。

二、研磨、抛光用品的选择与使用

1. 研磨剂

漆面研磨剂是一种含有摩擦材料的研磨用品，研磨剂属于修复性护理的产品。它主要用来去除氧化、微划痕等不同程度的车漆损伤。其选用原则有两大方面：一是根据损伤的情况，应选用不同功效的研磨剂；二是根据车漆的性质来选用研磨剂的种类。

根据使用范围不同，研磨剂分为普通型研磨剂和透明漆研磨剂。

(1) 普通型研磨剂：普通型研磨剂中作为摩擦材料的一般都是坚固的浮岩。根据浮岩颗粒的大小，分为深切、中切和微切三类，如图 3-2-1 所示，其性能及用途如表 3-2-1 所示。

普通型研磨剂主要用于治理普通漆的不同程度的氧化、划痕、褪色等漆膜缺陷。

注意：坚硬浮岩如用在透明漆上很快就会把透明漆层打掉，因此，它们不适合透明漆的研磨。

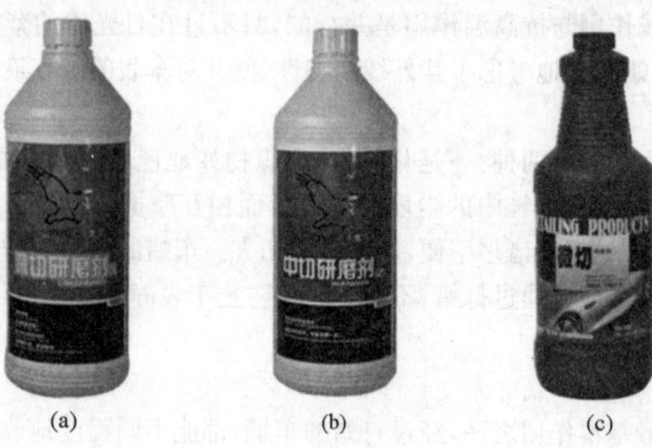

(a) (b) (c)

图 3-2-1　普通型研磨剂

(a) 深切　(b) 中切　(c) 微切

表 3-2-1　普通型研磨剂性能及用途

名称	性能和用途
普通深切研磨剂	不同传统的强力研磨材料，配以氨化合物的深切型研磨剂具有传统工艺的优势，加上化学切割的功效，适用于大面积车漆研磨工作，是漆房、修理厂及做深划痕的汽车美容店的必备产品。
普通中切研磨剂	选用特殊材料制成，不易粘在切盘上，是国内大部分小型汽车的理想研磨材料。适用于去除各种普通漆的严重氧化、中度划痕、擦伤等。
普通微切研磨剂	选用特殊材料制成，不易粘在切盘上，是国内大部分小型汽车的理想研磨剂，适用于各种普通漆的去氧化和划痕。

(2) 透明漆研磨剂：透明漆研磨剂中的摩擦材料为微晶体颗粒和合成磨料，它们具有一定的切割功能，但不像浮岩颗粒那么坚硬。

根据切割方式不同，透明漆研磨剂可分为物理切割式、化学切割式和多种切割式的研磨剂。

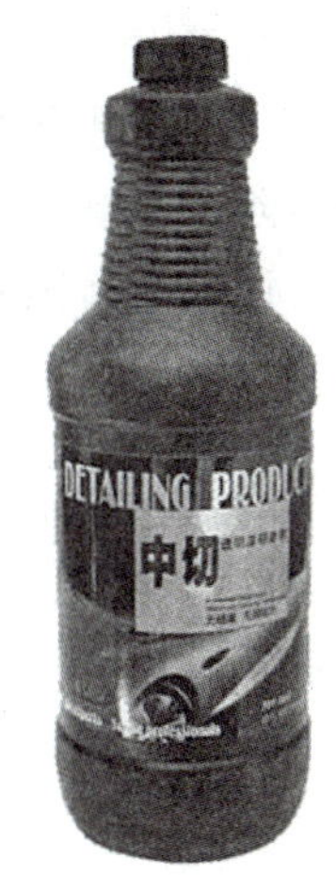

图 3－2－2　PROSTAFF 水晶透明漆中切研磨剂

① 物理切割式研磨剂，有浮岩型和陶土型两种。

特点：材料坚硬，切割速度快，利用颗料与漆层摩擦产生高热，去除表面的瑕疵，但操作过程中颗粒体积不会因切割的速度和粒度而发生变化。

② 化学切割式研磨剂，有微晶体型。

特点：可通过摩擦产生的热量逐步化解微晶体颗粒，使其体积在操作过程中逐步变小，产生极热高温而去除氧化层，同时溶解表面漆层凸出的部分，填平凹处的针眼。

③ 多种切割式研磨剂，主要是是中性研磨剂。

特点：中性研磨剂是目前市场上最佳的漆面护理研磨材料，内含陶土及微晶体两种切割材料，适合各类汽车漆面，而且便于操作，速度快，研磨力度小、既有物理切割作用，又具有化学溶解填补功能，利用两种材料与漆层摩擦产生热量，去除氧化层，同时迅速溶解漆层凸点，填补凹处而起到双重效果，以达到符合抛光要求的表面基材。

2. 抛光剂

如果说洗车是车身护理最重要的一步，研磨和清洁是最为关键的一步，抛光则是车体护理最具有艺术性的一步，一辆车做得有多新、多光滑、多亮和能保持多久的主要秘密都来源于此。

图 3－2－3　抛光剂

抛光剂(见图 3－2－3)其实是一种研磨剂，是一种含颗粒更细的摩擦材料的研磨剂。

车身抛光的作用主要有以下 3 条：

(1) 消除研磨造成的细微划痕。

(2) 修理车漆的轻微损伤，包括酸点、石灰和水泥点及虫体、鸟屎、漆点等。

(3) 为还原、打蜡做好准备。

抛光质量的好坏直接影响车漆外观效果及耐腐蚀能力，甚至能影响汽车本身的价值。抛光剂按摩擦材料颗粒或功效的大小不同可分为微抛、中抛和深抛三种，如表 3－2－2所示。

表 3－2－2　抛光剂的分类及其用途

名　称	用　途
微抛光剂	微抛光剂是用于去除极细微的车漆损伤，一般指刚刚发生的环境污染及酸性侵蚀，但这类的轻微损伤目前可使用含抛光剂的蜡来取代微抛。
中抛光剂	中抛光剂主要用来处理不同程度的浅丝划痕，适用于透明漆的抛光。
深抛光剂	深抛光剂像中抛光剂一样，用来处理不同程度的浅丝划痕，适用于普通漆的抛光。

3. 还原剂

“还原”是介于抛光与打蜡之间的一道工序，还原剂可使研磨和抛光等工作成果再上一个台阶。还原剂中有些产品又称“增光剂”(见图 3-2-4)。

还原剂与抛光剂本质的区别在于还原剂含蜡(或上光剂)，而抛光剂不含蜡(或上光剂)。

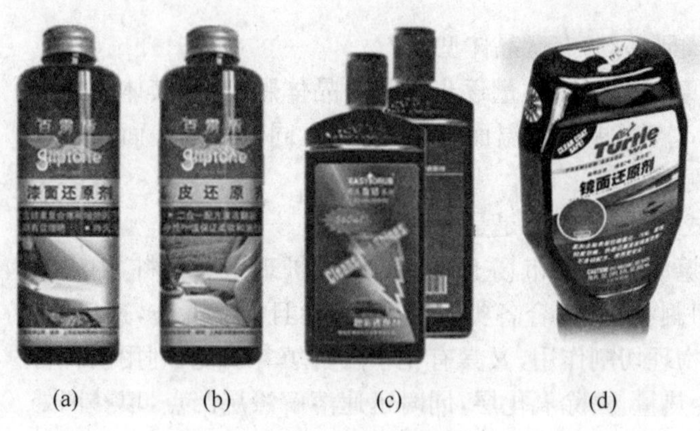

(a) (b) (c) (d)

图 3-2-4 还原剂

(a) 漆面还原剂 (b) 真皮还原 (c) 色彩还原 (d) 镜面还原剂

还原剂与抛光剂在使用上的区别有以下 5 条：

(1) 因抛光剂不含蜡，使用抛光剂可切实地检验出抛光的质量。

(2) 因还原剂加入了蜡或上光剂，在抛光功效上比纯抛光剂要差些。

(3) 还原剂实际上是一种集抛光和打蜡为一体的二合一产品，可以缩短工作时间。

(4) “还原”是上蜡前的一道工序，可以进行一步完善抛光的效果。

(5) 还原剂虽然有蜡的效果，但还原剂一般保持时间不长，接触几次水后就会流失。要取得长久保持的效果，还原剂上还应再加一层高质量的蜡。

4. 研磨与抛光用品正确选用

目前，市面上出售的汽车研磨(抛光)用品其包装及型号多种多样，选用时应注意以下六点：

1) 面漆种类

常见的面漆有风干漆与烤漆两种，其表面都可作研磨(抛光)处理，但其所用的研磨(抛光)用品是不一样的，因为面漆本身所含溶剂不同，用错研磨(抛光)用品会造成漆膜变软、裂口及变色等问题。此外，纯色漆与金属漆所使用的研磨(抛光)用品也应区分清楚。金属漆所专用的研磨(抛光)用品不但可增加漆面亮质，而且能使金属的闪光效果更清澈，更富立体感。

2) 面漆颜色

深颜色漆与浅颜色漆所用的研磨(抛光)用品不能混用。深颜色漆若用了浅颜色漆的研磨(抛光)用品会使漆膜颜色变淡，出现“雾影”；反之，漆膜颜色变深，出现“花脸”，严重影响外观。

3）研磨剂与抛光剂

研磨时先用研磨剂进行研磨，然后再用抛光剂进行抛光。如果颠倒使用不但导致抛光剂浪费，而且达不到应有的研磨效果。

4）机器用品与手工用品

机器用研磨（抛光）用品必须配合专用研磨/抛光机使用才能达到预期的效果；手工用品则是用棉布或海绵直接手涂研磨（抛光）。机器用品用于手工操作费工费时，且效果极差；手工用品用机器操作则造成严重浪费。

5）漆膜保护增光剂与镜面处理剂

漆膜保护增光剂含有许多成分，可在漆面上形成一层保护膜，抵御外界紫外线、酸雨、静电粉尘、水渍等的侵害，同时也可以增亮漆膜光泽；而镜面处理剂是对漆面进行增光处理的专用剂，其保护作用不如保护增光剂。

6）含硅产品与不含硅产品

含硅产品在修理厂尽量避免使用，因为漆膜一旦粘有硅质，漆面修补是很难处理的。

三、车表打蜡用品的选择与使用

1. 车蜡的分类

1）按物理状态分类

汽车蜡按其物理状态的不同可分为固体蜡、半固态蜡、液体蜡和喷雾蜡 4 种，如图 3－2－5所示。这些汽车蜡的黏度越大光泽越艳丽、持久性越强，但去污性越弱，而且打蜡操作越费力。相反，黏度越小的汽车蜡越便于使用，但持久性越弱。

(a)　(b)　(c)　(d)

图 3－2－5　车蜡的分类（按物理状态分类）

（a）固体蜡　（b）半固态蜡　（c）液体蜡　（d）喷雾蜡

2）按作用分类

汽车蜡按其作用不同，可分为防水蜡、防高温蜡、防静电蜡及防紫外线蜡等，如图 3－2－6 所示。

3）按装饰效果分类

汽车蜡可分为无色上光蜡和有色上光蜡，如图 3－2－7 所示。无色上光蜡主要以增光为主，有色上光蜡主要以增色为主。

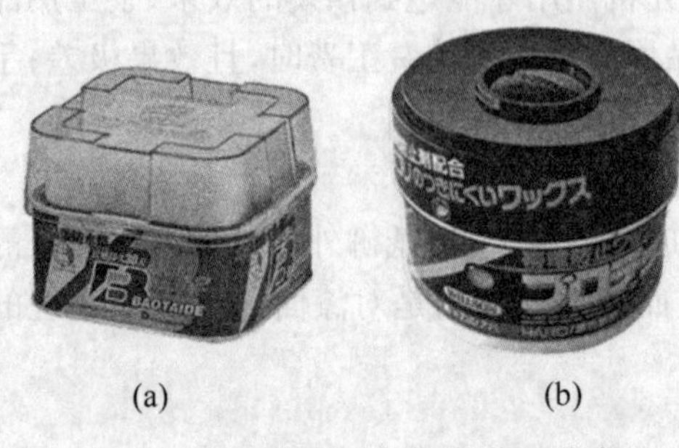

(a) (b)

图 3-2-6 车蜡的分类(按作用分类)
(a) 防水蜡 (b) 防静电蜡

(a) (b)

图 3-2-7 车蜡的分类(按装饰效果分类)
(a) 无色上光蜡 (b) 有色上光蜡

4) 按功能分类

汽车蜡按其主要功能分为上光蜡和抛光研磨蜡两种,如图 3-2-8 所示。国产上光蜡的主要添加成分为蜂蜡、松节油等,其外观多为白色或乳白色,主要用于喷漆作业中表面上光。国产抛光研磨蜡主要添加成分为地蜡、硅藻土、氧化铝、矿物油及乳化剂等,颜色有浅灰色、灰色、乳黄色及黄褐色等多种,主要用于浅划痕处理及漆膜的磨平作业,以清除浅划痕、橘纹、填平细小针孔等。

(a) (b)

图 3-2-8 车蜡的分类(按主要功能分类)
(a) 上光蜡 (b) 抛光蜡

5) 按产地分类

汽车蜡按其不同产地,大体分为国产蜡和进口蜡。目前,国产汽车蜡基本上都是低档蜡,中高档汽车蜡,绝大部分为进口蜡。

2. 车蜡的正确选用

(1) 根据车辆档次选择,即高级轿车应选用高档车蜡;进口轿车最好选用进口车蜡;普通车辆选用普通的珍珠色和金属漆系列车蜡。

(2) 根据车身颜色选择,即白色、黄色和银色等颜色的车身应选用浅色系列的车蜡;红

色、黑色和深蓝等颜色的车身，应选用深色系列的车蜡，以掩盖车身表面的细小划痕，使车身显得更加光滑、漂亮。

(3) 根据运行环境选择，即沿海地区应选用防盐雾功能较强的车蜡；化学工业区应远用防酸雨功能较强的车蜡；多雨地区应选用防水性能优良的车蜡；夏天应选用防紫外线、抗高温性能优良的车蜡；行驶环境较差应选用保护作用突出的树脂车蜡。

四、车表打蜡设备的选择与使用

1. 研磨机

1) 研磨机的种类

研磨机按转速可分为高(中)速研磨机和低速研磨机，如图 3-2-9 所示。高(中)速研磨机转速可调，市场上常见的有 1 750～3 000 r/min 高速研磨机和 1 200～1 600 r/min 中速研磨机，低速研磨机一般为单速 1 200 r/min，转速不可调。

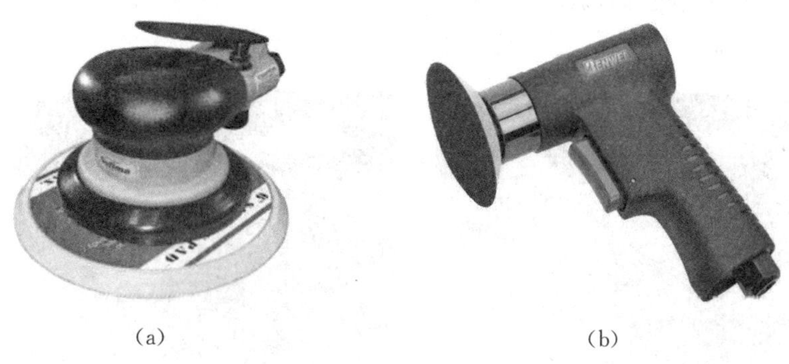

(a) (b)

图 3-2-9 研磨机

(a) AT-7063 高(中)速研磨机 (b) BWS-6343M 低速研磨机

2) 配套材料

研磨机的主要配套材料是研磨盘。根据装盘方式可分为吸盘式研磨盘和紧固式研磨盘，如图 3-2-10 所示。

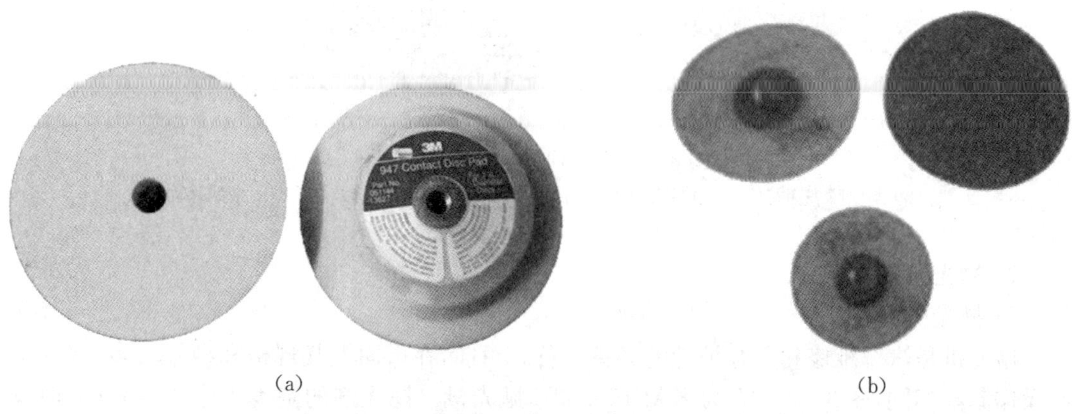

(a) (b)

图 3-2-10 研磨盘

(a) 吸盘式研磨盘 (b) 紧固式研磨盘

研磨盘的材料有全毛、混纺毛和海绵3种。不同的研磨盘材质的材料有着明显的区别，如海绵研磨盘是黄色的，质地硬；抛光盘是白色的，质地软且细腻。研磨盘的厚度和形状也不一样，美式的一般1～1.25英寸厚，直径7～10英寸，有平底和波纹底两种；欧式的研磨盘直径小，一般6英寸，但厚度则有2英寸，同样也有平底和波纹底两种。波纹盘的优点是可减少飞溅。

3）研磨目的

研磨的目的是修复划痕、去除氧化膜、网纹及无法清洗掉的污渍，使汽车漆膜表面相对平整光滑。研磨时应根据划痕严重程度选择合适的研磨剂，剂颗粒较抛光剂的大一些，可将车身表面不平漆面或粗粒磨去，使车身表面漆膜平滑细腻、漆层变薄。

4）使用方法

如图3-2-11所示，研磨机的使用方法有以下4步：

（1）先将研磨机启动，然后再与车表漆面接触。

（2）研磨机与车表漆面应平行，不能倾斜。

（3）两手抓牢研磨机并轻轻下压，用力应均匀。

（4）研磨机不能长时间在一个位置工作，要来回移动。

图3-2-11　研磨机的使用方法

(a) 与涂膜表面接触　(b) 错误的操作方式　(c) 轻轻下压，用力均匀　(d) 来回移动

2. 抛光机

1）抛光机简介

抛光机是汽车维修和美容护理的必备设备。目前，在市面上其规格和型号较多，但其基本操作基本相同，图3-2-12为RAP150.03E抛光机。抛光剂的基本操作较为简单，但操作要领很重要，需要考虑被抛光物的实际情况和环境条件。否则，会影响抛光效果。常见抛光机的技术参数如表3-2-3所示。

图 3-2-12　RAP150.03E 抛光机

表 3-2-3　常见抛光机的技术参数

技术参数 \ 产品型号	RAP180.03E 抛光机	RAP150.03E 抛光机	RAP80.02E 抛光机
功率/W	1 500	1 050	500
转速(r/min)	500～2 650	900～2 500	750～2 300
抛光轮直径/mm	180	150	80
重量/kg	3.1	2.7	1.6

2）配套材料

目前抛光机所用的抛光盘有 3 种：羊毛盘、粗质海绵盘、柔软海绵盘。羊毛盘和粗质海绵盘使用于抛光研磨场合，而柔软海绵盘的抛光面大都做成凹凸有序的波浪形，有利于精细抛光，形成光着如镜的抛光漆面。抛光作业时切记区分使用。

3）抛光目的

研磨后，应选用抛光剂进行全车抛光，以除去漆面上更细小的划痕及研磨所遗留的研磨痕等，使漆面达到光洁如镜的程度，其抛光方法与研磨大致相同。

抛光之后在漆面涂一层还原剂，起密封和增亮作用。

4）使用方法

(1) 根据抛光机类型选择配套的抛光盘。

(2) 安装抛光盘。

(3) 右手抓住抛光机后把手，左手抓住抛光机前把手。

(4) 打开电源开关，抛光盘旋转，双手握紧抛光机手柄，左手向下稍稍施力，开始抛光。

(5) 前后左右移动抛光机进行抛光，抛光一般以打圈的形式进行。

(6) 抛光完毕，关闭电源开关，将抛光机向上抬起。

3. 研磨抛光机

研磨抛光机是一种集研磨和抛光为一体的设备。安装研磨盘时可以进行研磨作业，安装抛光盘可进行抛光作业，俗称为抛光机。

1）研磨抛光机的分类

研磨抛光机的分类如图 3-2-13 所示。

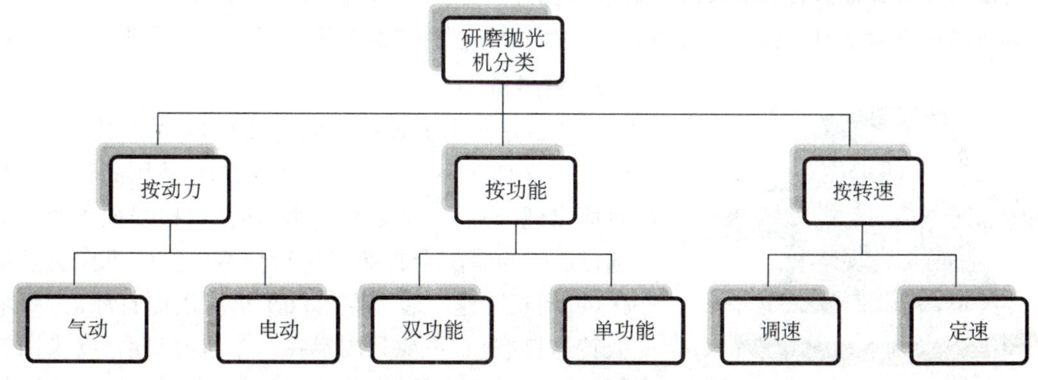

图 3-2-13　研磨抛光机的分类

2）研磨抛光机的结构

研磨抛光机主要由机体、电动机、托盘、横手柄、直手柄、开关及配套材料组成，如图3-2-14所示。

图3-2-14　研磨抛光机

3）研磨抛光机的工作原理

电动机带动安装在抛光机上的海绵或羊毛抛光盘调整旋转，由于抛光盘和抛光剂共同作用，与被抛平面进行摩擦，进而可达到除去漆面污染、氧化层、浅划痕的目的，并可提高漆面光亮度。

4. 研磨机和抛光机使用注意事项

(1) 研磨机和抛光机开机或关机时决不能接触工作表面。

(2) 作业时，右手紧握直把，左手紧握横把，由左手向作业面垂直用力，转盘与作业面保持基本平行。

(3) 在研磨机或抛光机完全停下之前，不要放下研磨机或抛光机。

(4) 不要太靠近边框、保险杠和其他可能咬住转盘外沿的部位进行作业。

(5) 应时刻注意研磨机的电线，防止将电线卷入机器。

(6) 研磨时，应注意不要让灰尘飞到脸上，而应使其落向地板。

(7) 研磨作业完后，必须彻底清洁抛光研磨残渣，并用压缩空气吹净边缝部位，然后进行精细抛光。

(8) 对于边.角.棱.突起部分以及漆膜有可能被磨穿的部位，应事先以纸胶带贴好，待机械抛光完，取去胶带，再用手工进行局部抛光。

(9) 对于有划痕的车漆表面，须用砂纸打磨时要使用汽车美容砂纸（如1500♯～2000♯），并且要注意打磨的深度。对于局部较严重的划痕，在研磨抛光前应该先用专用的美容砂纸结合着水对其进行打磨，然后才用粗中细三种研磨剂进行研磨抛光作业。

5. 打蜡机

图3-2-15　打蜡机

打蜡机是汽车美容护理设备最基本、最常用的设备，如图3-2-15所示，其主要以电为动力，使用简单。当车漆表面出现微划痕、中划痕或水渍时，可根据视察的严重来选择适应的蜡配合打蜡机进行修复。打蜡机像研磨机一样，可调其转速。通常要求汽车车漆表面打漆时，要求先低转速打磨，且不要只固定在一个位置打磨，要来回打磨，并每过2～3分钟，用手面轻触打磨部位是否发烫，如

发烫应洒点水，再继续打磨。打蜡机可分为普通轨道打蜡机和离心式轨道打蜡机。

普通轨道打蜡机由于转盘较小、使用材料较差、扶把不容易平衡等缺点，一般用于非专业美容场所。

离心式轨道打蜡机的旋转方式是模拟手工操作，但比手工操作要快得多，是专业汽车美容人员常用机型。

1）配套材料

（1）打蜡盘套，如图 3－2－16 所示，其用途是把蜡涂在车体上，其结构为外层毛巾套，底层是皮革，皮革是起防渗作用。

（2）抛蜡盘套，其用途是将蜡抛出光泽，材料有三种：全棉制品、全毛或混纺制品、海绵制品。

2）打蜡方法

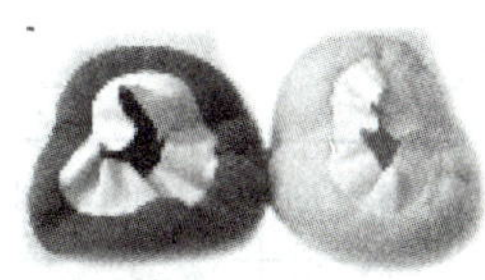

图 3－2－16　打蜡盘套

上蜡分为手工上蜡与机械上蜡（使用打蜡机）两种。目前市场上较多运用手工上蜡，这种方法简单易行，可控性强，对于边角等容易处理，机械上蜡则突出效率高的特点。

图3－2－17　KP600 打蜡机的使用方法

（1）手工打蜡：将适量车蜡涂在海绵块上，然后在车身表面作直线状往复涂抹，不可将蜡液倒在车身上乱涂抹。一次作业要连续完成，不可涂涂停停。车蜡在车身上涂抹 5～10 分钟后，待车蜡渗透于面漆内，再用麂皮均匀擦拭，将蜡层擦得如镜面般光滑为止。手工打蜡便于掌握均匀度，不会出现一圈一圈的痕迹，但耗时较长。

（2）机械打蜡：将车蜡涂在打蜡机海绵上，具体涂布过程与手工相似，值得注意的是在边、角、棱处的涂布应避免超出漆面，而在这方面手工涂布更容易把握。

电动圆盘式打蜡机（见图 3－2－17），打蜡时间短、效率高，可快速将车蜡在车身上打匀，但操作技术要求很高，若操作不当，车身表面易出现圈痕。

【任务实施】

车身打蜡需要按照研磨、抛光、上蜡、抛蜡的流程进行。

一、研磨与抛光施工作业流程

1. 材料准备

需进行打蜡护理的车辆，清洗剂、研磨剂、抛光剂，汽车清洗工具、喷壶、毛巾。

2. 设备准备

研磨机、抛光机。

3. 研磨、抛光步骤

（1）步骤 1：漆面清洗，将车身清洗干净，对有封漆蜡的车身必须进行开蜡处理；若有必要应进行特种清洗，将顽固污渍去除彻底，并吹干车身。

(2) 步骤 2：选择研磨剂，根据漆面质量及状况，如厚度、硬度、耐磨性、污染程度等合理选择研磨剂，应优先选用微切型研磨剂，表 3-2-4 为对应的研磨技术参数。如果漆面缺陷严重，则需选用中切或深切型研磨剂。使用深切型研磨剂后，还应使用中切或微切型研磨型对漆面进行进一步研磨。

表 3-2-4　研磨技术参数

研磨类型	研磨材料	抛光盘	力度	转速 r/min	方　法
重磨	深切研磨剂	粗羊毛轮	稍重	1 500	2～3 分钟后用水冲洗
中磨	中切研磨剂	粗羊毛轮	稍轻	1 800	2 分钟后用水冲洗
轻磨	微切研磨剂	粗羊毛轮	较轻	2 000	1～2 分钟后用水冲洗

(3) 步骤 3：准备研磨机和研磨盘，根据所要处理漆面的状况选择合适的研磨机和研磨盘。

研磨盘的选用要依据漆面状况、所选用的研磨剂及厂家对研磨盘的分类。一般若不很熟练，可选用细一些的研磨盘试抛，如果处理效果不明显，再改用粗一些、研磨能力强、功效大的抛光盘。

(4) 步骤 4：涂抹研磨剂，先将研磨剂摇晃均匀，然后倒在漆面上，用研磨盘将研磨剂涂抹均匀。也可以先把研磨剂倒在研磨盘上，再通过研磨盘进行涂抹漆面，使研磨剂均匀附在漆面上。

(5) 步骤 5：研磨，用海绵研磨盘将研磨剂均匀涂抹在待研磨漆面上，保持抛光盘平面与待研磨漆面基本平行(局部研磨除外如转角部位)，启动研磨机，使其转速设置在 1 400 r/min～1 800 r/min之间，按与划痕成垂直的方向左右移动并逐渐向前推进。

研磨时，依据所选用产品的特点及要求决定是否需要保持研磨盘湿润。一般如果研磨剂含蜡质成分较多，可以干抛。如果研磨剂含蜡质成分较少，应保持研磨盘湿润，方法是不断向研磨盘上喷洒洁净清水，以降低摩擦表面温度，避免由于摩擦升温过高而使面漆软化以致抛塌漆面。喷水时最好是雾状喷洒，以防因水流过大而冲去研磨剂。

(6) 步骤 6：清洗并验收，用清水对整个车身进行清洗并擦干，彻底洗去残余研磨剂。最后，对研磨效果进行检查验收。验收标准是：没有遗漏的地方，漆面色泽一致，漆面无明显旋纹及划伤。

怎样确认研磨抛光作业是否完成？首先观察漆面状况，当漆面被充分研磨后，油漆表面会呈现出规律性一致的圈痕(旋纹)而不是直线的划痕；其次漆面没有明显的光泽度。当检查确认漆面没有直线的划痕后，研磨过程完毕。

图 3-2-18　研磨抛光前后对比

(7) 步骤 7：抛光，其具体操作方法与研磨施工基本相同。只是应正确选择抛光剂和抛光盘。抛光机的转速调整在 1 800 r/min 左右，使抛光机的海绵轮保持与漆面相切，力度适中，速度保持一定。抛光作业结束后，漆面浅划痕已基本消除。图 3-2-18 为研磨抛光

的前后对比。

如何有效判断划痕是否可以被抛掉？通过观察划痕判断伤及漆面的哪个层次，伤及底漆和严重伤及色漆的，无法抛掉。轻微伤及色漆和伤及车漆的，可以抛掉。即用指甲贴着漆面横向划过划痕，如果阻力很小，轻易划过，该划痕可被抛掉；如果指甲被挡住，能感觉到阻力，则无法抛掉。

为什么抛光后有小小的光圈？小小光圈就是旋光纹，有可能是未有效去除的研磨盘留下的痕迹。也有可能是由以下几种原因造成的。

① 抛光盘不干净。

② 选择了错误的研磨材料。

③ 抛光剂过多。

④ 抛光机转速过低。

⑤ 抛光时移动速度慢。

4. 研磨与抛光的注意事项

(1) 研磨和抛光必须在室内操作，避免沙土落在漆面上造成划伤。

(2) 研磨表面温度不能过高。研磨时，可不断向研磨部位喷洒洁净水，保持研磨盘湿润，降低研磨表面温度。

(3) 研磨剂和抛光剂使用前应用力摇匀。

(4) 操作中，研磨抛光机必须避开电镀饰条、喷漆饰条及车窗防雨密封条等，以免这些部件受损。

(5) 欧美汽车的面漆涂层一般比较厚，而日本、韩国及国产车辆面漆涂层一般较薄。在研磨抛光时要注意把握好分寸，千万别抛塌面漆。

二、车表打蜡护理作业流程

通常可以采用两种方法进行打蜡作业：手工打蜡和打蜡机打蜡。

1. 材料准备

需进行打蜡护理的车辆、清洗剂、车蜡、汽车清洗工具、打蜡海绵、打蜡毛巾。

2. 操作要求

合理选择汽车蜡，并按照正确的打蜡步骤给汽车打蜡，达到客户满意的程度。

3. 手工打蜡步骤

(1) 步骤1：清洗，用强力清洗剂清洗车身，彻底去除油污、沥青、鸟粪等顽固污渍，待车身完全干燥后才能上蜡。

图3-2-19　上蜡

(2) 步骤2：研磨、抛光，按研磨、抛光的施工流程彻底清除车漆表面划痕、氧化层等缺陷，然后清洗干净。

(3) 步骤3：上蜡，首先将适量的车蜡涂在海绵上，然后按一定顺序往复直线或环形均匀涂布，如图3-2-19所示。

涂布时手感力度一定要掌握好，可将手指摊开，用大拇指和小拇指夹住海绵，其余三个手指及手掌按住海绵均匀涂抹。上蜡时每次涂抹的面积不要过大，整个车身可分块进行，尽量做到薄而均匀。每道涂抹最好重叠 1/3 操作，防止遗漏。

上蜡过程中要注意以下 4 点：

① 上蜡应在室内进行。

② 全车上蜡应一次性完成，不可时涂时停。

③ 橡胶保险杆、车身饰条、车窗防雨密封条等橡胶件、塑料件不能上蜡，因为车蜡在橡胶、塑料表面干燥后呈白色，很难清除。

④ 不能在阳光下或车身温度过高时上蜡。

(4) 步骤 4：抛蜡，上蜡后 5～10 分钟，当车蜡在车漆表面开始发白时，用手掌上沾有白色粉末，抹过的漆面有光泽，说明蜡已干燥，此时便可以开始抛蜡。手工抛光作业通常使用柔软干燥的毛巾按一定的顺序作往复直线运动，适当用力挤压，以清除剩余车蜡。

(5) 步骤 5：清理，打蜡作业完成后，应清除车灯、车牌、车门和后备箱等处缝隙中的残留车蜡。如不及时清除，不仅影响车身美观，而且还可能导致锈蚀。因此，应仔细检查，彻底清除干净。

4. 打蜡机打蜡步骤

(1) 步骤 1：清洗车辆，用强力清洗剂清洗车身，彻底去除油污、沥青、鸟粪等顽固污渍，待车身完全干燥后才能上蜡。

(2) 步骤 2：遮盖橡胶、塑料件，将车身饰条、车窗防雨密封条橡胶件、塑料件用纸胶带遮盖。

(3) 步骤 3：研磨、抛光，按研磨、抛光的施工流程彻底清除车漆表面的划痕、氧化层干净。

(4) 步骤 4：准备打蜡机，将干净的盘装在打蜡机上，然后接通电源。

(5) 步骤 5：上蜡，机械上蜡时，将车蜡涂在打蜡机海绵上，具体涂布过程与手工相似，值得注意的是在边、角、棱处的涂布应避免超出漆面，而在这方面手工涂布更容易把握。

通常新车需要上蜡一至二层，旧车可上三至四层。

打蜡机转速控制在 150～300 r/min 为宜。需要注意的是对于边角等不易机械上蜡的地方的处理，同时对于不应上蜡的地方(如玻璃、保险杠等)也须小心。

(6) 步骤 6：抛蜡，上蜡后晾干 10 十分钟左右，将打蜡机上的海绵盘取下，换上抛蜡盘均匀打磨、抛光。

打蜡机打蜡过程中，要注意以下 3 点：

① 操作打蜡机不可用力过大，以免损坏原漆面。

② 打蜡机转行换向时，每次要重叠 1/2 的轮径，使漆面的每个部位都得到充分的打抛，如图 3-2-20 所示。

③ 打蜡机移动的速度应缓慢、均匀和平稳。

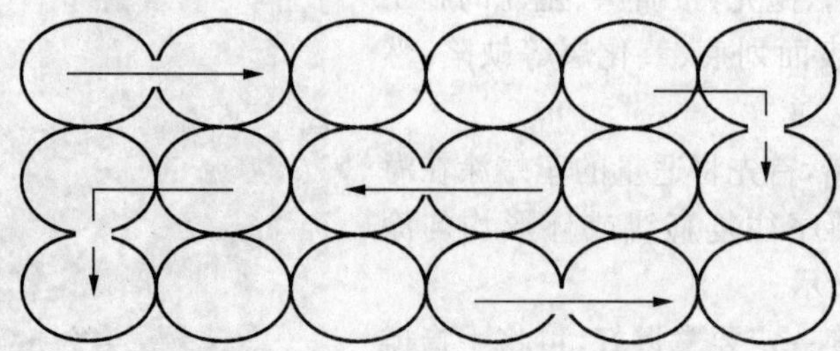

图 3-2-20　打蜡机抛光线路

(7) 步骤7:补缺,车身有些部位打蜡机难以接近,使得这些部位无法用打蜡机打蜡。所以,打蜡机打蜡后还应通过手工打蜡进行局部补缺。

(8) 步骤8:清理,清除缝隙中残留车蜡,并拆除橡胶件、塑料件的遮盖纸,图3-2-21为汽车打蜡前后。

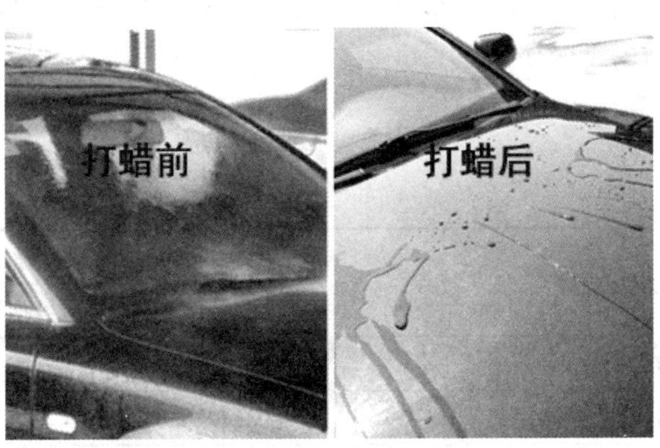

图3-2-21　打蜡前后对比

三、车表打蜡注意事项

1. 打蜡频率

由于车辆行驶的环境、停放场所不同,打蜡的时间间隔也应有所不同。一般有车库停放,多在良好道路上行驶的车辆,每3~4个月打一次蜡;露天停放的车辆,由于风吹雨淋,最好2~3个月打一次蜡。当然,这并非是硬性规定,一般用手触摸车身感觉不光滑时,就可再次上蜡。

2. 打蜡环境

打蜡作业应选择在室内进行。打蜡作业环境要清洁,灰尘要尽可能的少,有良好通风过滤装置,选择在阴凉处给汽车打蜡。

3. 打蜡时机

打蜡应选择晴朗干燥的日子,雨天或者空气湿度太大时一般不应进行。打蜡应避免在车表温度高时进行,否则车蜡附着能力下降,将影响打蜡效果。

4. 打蜡方法

在打蜡作业时,要穿好工作服,摘下手表、戒指等装饰品,以防划伤漆面。打蜡时尽量采用质地柔软的海绵或干净棉布进行均匀涂抹,应遵循先上后下的原则,即先涂抹车顶、前后盖板,再涂抹车身侧面等,一次作业要连续完成,不可涂涂停停。打蜡时,手工海绵及打蜡机海绵应按一定的路线运行。

5. 打蜡范围

上蜡时要注意涂抹位置,不要涂抹到车窗和风窗玻璃上,否则在玻璃上形成的油膜很难擦干净。

6. 抛蜡的力度和转速

上完蜡采用机械抛蜡时,应控制抛蜡的力度和转速,避免力度过大、转速过高而抛到车

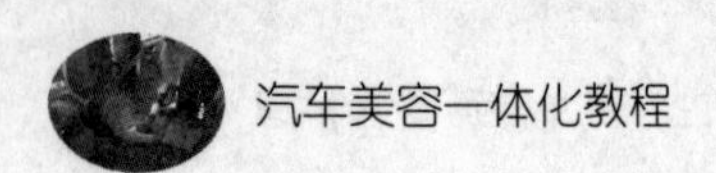

漆。若海绵上出现于车漆相同的颜色，可能是漆面已经破损，应立即停止抛蜡，先进行修复处理。

7. 检查整理

抛蜡结束后要仔细检查，清除车牌、车标内空隙及油箱盖周围、车身的边缘或转角部分，车门、车窗密封橡胶条的边缝、车牌、车灯、车门框等处残存的车蜡。打蜡结束后，设备及用品要做适当清洁处理，妥善保存。

【学习评估】

序号	学习内容	评价标准			
		了解	掌握	可指导操作	可独立操作
1	车表打蜡护理的必要性				
2	正确选择并使用研磨、抛光用品				
3	正确选择并使用车表打蜡用品				
4	正确选择并使用车表打蜡设备				
5	研磨与抛光施工作业流程及其注意事项				
6	车表打蜡护理作业流程及注意事项				

【考核评价】

评价内容	赋分	序号	具体指标	分值	得分		
					自评	组评	师评
仪容仪表	5	1	穿戴整洁符合工作要求	5			
工作安全	15	2	走路文明，不打闹	5			
		3	操作过程沉着冷静	5			
		4	无人员受伤及设备损坏事故	5			
工作过程	60	5	正确选择并使用研磨、抛光用品	10			
		6	正确选择并使用车表打蜡用品及设备	15			
		7	研磨与抛光施工作业流程及其注意事项	15			
		8	车表打蜡护理作业流程及注意事项	15			
		9	完成实训工单填写	5			

（续表）

评价内容	赋分	序号	具体指标	分值	得　分		
					自评	组评	师评
职业素养	20	10	坚持出勤,遵守规章制度	5			
		11	服从安排,积极参与	5			
		12	在规定时间内完成,认真填写数据	5			
		13	认真执行 5S	5			
综合得分				100			

任务三　车漆封釉护理

【任务目标】

一、知识目标

(1) 了解车漆封釉的作用。
(2) 了解车漆封釉与打蜡的区别。
(3) 熟悉车漆封釉的注意事项。

二、技能目标

(1) 能够合理选用合适的封釉用品。
(2) 能够正确使用车漆封釉专业工具。
(3) 掌握车漆封釉的施工流程。

【任务引入】

李先生是一家矿厂的高管,他需要经常去矿厂查看工作进度,去年买的爱车顺理成章成为了他最得意的代步工具。然而矿厂环境恶劣,周围的风沙比较大,空中所含尘土、颗粒较多。李先生本身知道一些汽车美容的知识,所以经常到美容店做打蜡护理,但他没有想到的是普通的打蜡护理已经起不到很好的保护作用。矿厂里有一位同事曾经和李先生有过同样的经历,看到李先生为爱车苦恼,于是建议李先生到汽车美容店进行封釉护理。作为一名专业汽车美容人员,应按正确的施工流程完成车漆封釉护理作业,使顾客满意。

【任务分析】

由于李先生的汽车行车环境较差,汽车在道路上行驶时,很容易粘附灰尘、沙土等污垢,普通的打蜡护理已经满足不了李先生的爱车,于是选择封釉护理。普通车蜡只是单纯附着在车表上,保护膜很薄,耐磨度较低,对于经常在较差的环境中行驶的车辆不能起到很好的保护作用。与普通车蜡相比,封釉在光泽度、耐磨度、漆面保护效果、持久性上都具有明显的优势,封釉能使漆层表面形成一层坚硬的保护层,防止行车时因风沙、泥土飞溅及长期洗车对漆面造成磨损。

【任务准备】

一、车漆封釉概述

1. 车漆封釉护理

所谓的釉实际上是一种从石油副产品中提炼出来的抗氧化剂，特点是防酸，抗腐，耐高温、耐磨、耐水洗、渗透力强、附着力强、光泽度高等。

所谓车漆封釉就是通过专用的封釉机（振抛机），利用釉特有的渗透性和黏附性将高分子釉振压到车漆内部，形成一种牢固的网状保护层，从而达到保护车漆的目的。经过封釉护理的车就像有了一层隐形车衣，车身可以有效防止紫外线的照射和防酸、防碱、防风沙的侵蚀，甚至不怕火烧。同时保护层内部含有紫外线吸收剂，可以与空气隔绝，避免氧化，因此存留时间长，保护车漆不褪色。

一般情况下，新车表面都有一层保护层，但如果不进行漆面保护，强烈的紫外线、酸雨和沙尘这三大因素很容易导致车漆损伤，使汽车出现漆面褪色、表面粗糙的现象。

当车子开过一段时间，尤其是经常行驶在恶劣的环境中时，空气中的沙尘颗粒以及不专业的洗车作业都会在车漆表面留下许多微小的划痕。这些划痕在灯光下会显示成密密的同心圆，俗称“太阳圈”。旧车封釉就是对汽车表面已形成的氧化层、“太阳圈”和较深的划痕进行精加工处理。旧车封釉可以把车漆颜色还原，可使褪色变暗的漆面还原到新车的颜色。

封釉前，首先要清洗全车并吹干，然后对全车进行研磨，除掉车漆表面的氧化层，露出新鲜的漆面。避免氧化层在釉和漆面间形成隔离层，影响封釉效果。

2. 汽车封釉的必要性

车漆经常暴露在阳光和复杂的空气环境中，在 60 天内就会形成肉眼可见的氧化层，氧化层的形成就会使汽车漆面褪色，表面粗糙。

虽然新车表面一般都有一层保护层，但时间一长（一般在 3 个月左右），保护层上面的亮油就会变薄脱落，起不到保护作用。所以，新车几个月，如果不进行漆面保护，强烈的紫外线、酸雨和沙尘这三大杀手很容易就会伤害到车漆。

3. 封釉的原理

封釉的原理是在车漆表面形成一个膜层，阻隔车漆被氧气氧化和防止其他损坏物腐蚀氧化车漆，如图 3－3－1 所示。

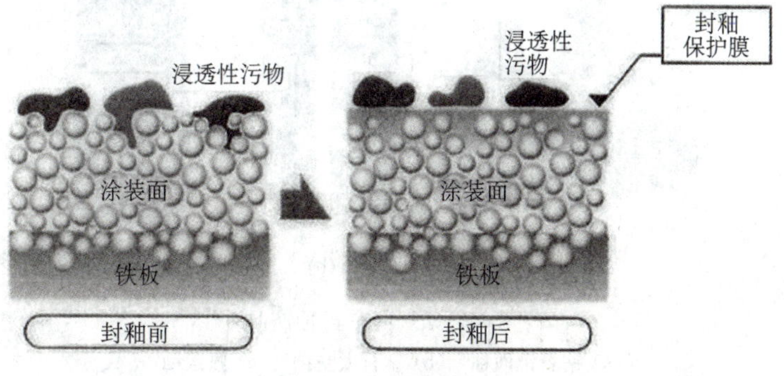

图 3－3－1 封釉的原理

4. 封釉的作用

封釉护理，顾名思义就是经过多道工序处理以后，在车漆表面形成一层类似“唐三彩”等陶器制品外表涂层的保护膜。对新车进行一次封釉美容可以延长车漆的使用寿命，减缓褪色；对旧车封釉可使氧化褪色的车漆还原增艳，颇有翻新的效果。

(1) 经封釉护理后，车身漆面具有不粘、不附着污垢的特性使漆面，即使在恶劣和污染的环境中也能长久保持洁净。

(2) 有效地抵御温度变化对车漆造成的影响。

(3) 漆面的硬度也可以得到大幅度的提高。

(4) 具有防酸、防碱、防褪色、抗氧化、防静电、高保真等功能。

5. 汽车打蜡与封釉的区别

1) 打蜡

蜡的主要成分是石油副产品，优点在于打蜡以后能够有效去污驱水，增加漆面光亮度。但打蜡功效保用时间短，最长一般只有 2～3 个月的保用时间，价格为每次 30～150 元。如果长期在雨水天气中行驶，打蜡的功效一般只能维持 7 天，即 7 天需打一次蜡。

2) 封釉

封釉的成分主要也是石油副产品，是通过专用的振抛机把釉分子压入车漆内部、形成网状的牢固保护层，有效隔绝空气、酸雨等污染物与车漆接触，有效缓解车漆氧化速度。封釉的保用时间较打蜡长一些，做一次可以维持到 8～12 个月，一般分为 3～6 次把整个工序完成，而且对原有漆面没有伤害。市面上封釉的价格为每次 1 000～1600 元。

二、车漆封釉产品

1. 钻石镜面釉

钻石镜面釉(见图 3-3-2a)在车表形成玻璃般的保护层，具有高硬度、镜面反射光泽。各种恶劣天气均能适应，使车身不沾灰，不易变黄、变暗。可抵抗各种腐蚀物质，氧化物对车漆的侵蚀。钻石镜面釉如液体玻璃般密封漆面油漆，洗不掉，也不脱落。钻石镜面釉内含防紫外线物质，具有防紫外线功能，有效化解紫外线对车漆的损伤。使用钻石镜面釉操作方便，一步到位，有效使旧车变新，新车变亮，立竿见影，色泽亮丽，手感光滑，同时还免除打蜡这一繁琐工作。

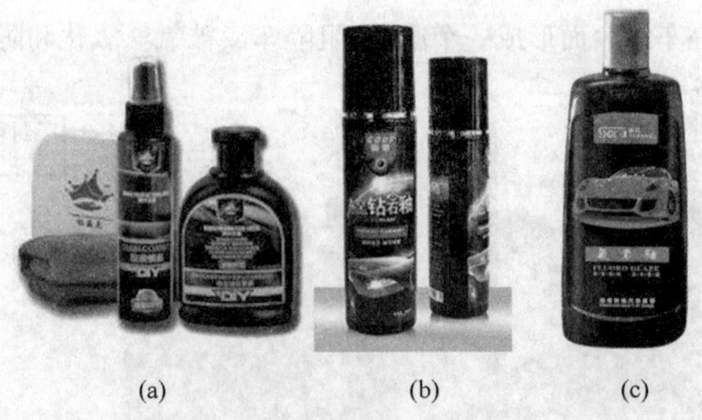

(a) (b) (c)

图 3-3-2 汽车封釉产品

(a) 钻石镜面釉 (b) 钻石太空釉 (c) 氟素釉

2. 钻石太空釉

钻石太空釉(见图 3-3-2b)具有超强的抗污染能力,有效隔绝污染源与车漆的接触。特效增艳成分还原车漆光泽,使漆面如新车般光亮。隔绝空气抵抗烈日、风雨、尘土给车漆带来的侵蚀和磨损,有效抵御污染物侵蚀,拒绝氧化褪色。特有的"外向"性硅氧烷自动向外延伸,形成高水平面、高光泽的保护层,不留水痕。

3. 特氟龙汽车太空衣

特氟龙汽车太空衣是封釉的顶级产品,具有:高强度的清洁性,高保真的还原性,高强度的保护性,极强的耐温功能,高贵的镜面效果,长期的保护效果,先进的不粘技术,在塑料件和橡胶件上不会留下丝毫痕迹。

三、车漆封釉设备及工具

封釉施工所需的设备和工具主要有封釉机(见图 3-3-3)(振抛机)、吹水枪、纸胶带和红外线烤灯(见图 3-3-4)等。封釉机的结构和操作方法与抛光机一样。

图 3-3-3　封釉机

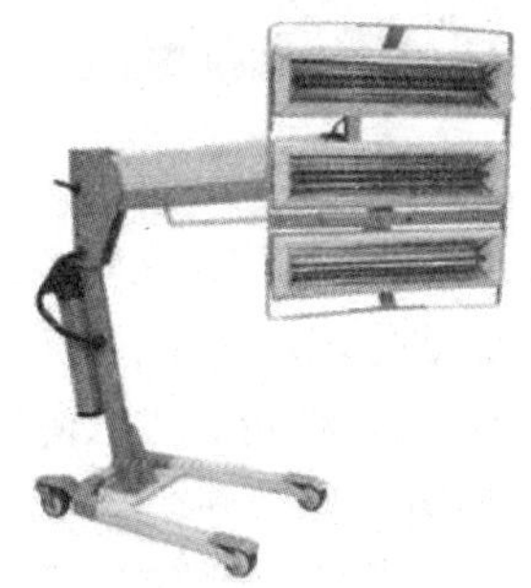

图 3-3-4　红外线烤灯

【任务实施】

一、车漆封釉施工流程

1. 材料准备

待封釉的轿车,封釉机,吹水枪,纸胶带,红外线烤灯,汽车清洗工具及用品,液体釉 1 瓶。

2. 操作要求

按照正确的施工工艺进行汽车封釉,达到客户满意的程度。

3. 操作步骤

(1) 步骤 1:清洗车身,用中性清洗剂将车身漆面粉尘、细沙粒彻底冲洗干净。

(2) 步骤 2:黏土打磨,由于长期积存的尘土、胶质、飞漆等污物很难靠清洗去除,因此,经过清洗的车漆表面仍不够光滑,这就需要用一种从细腻火山灰中提炼出来的"去污黏土"进行全面的打磨处理,彻底去除车身污垢,如图 3-3-5 所示。

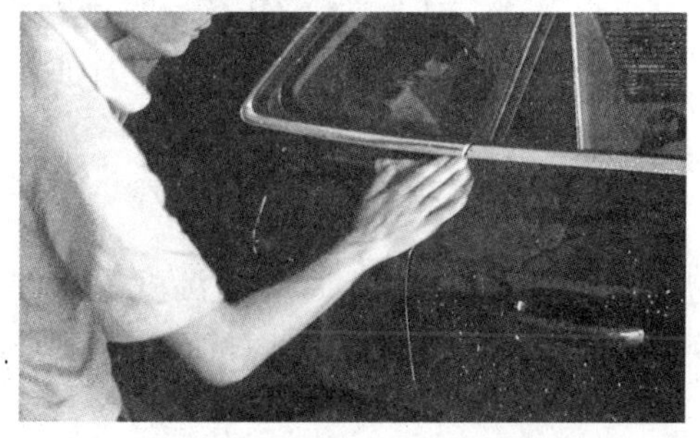

图 3-3-5　黏土打磨

(3) 步骤3:漆面研磨抛光、还原,使用电抛光轮,配以抛光蜡,在旋转的同时产生静电,将车漆内的脏物吸出。同时,可将车漆表面细小的软道划痕磨平。新车可以省略抛光这个步骤。

抛光之后,车漆的镜面效果与新车相比稍差,因此还需要对漆面进行镜面还原。使用专业的镜面还原蜡和抛光机对车漆进行镜面还原,让漆面的反光度增强。

(4) 步骤4:遮盖橡胶件,用纸胶带把车身上的所有橡胶件,如图3-3-6所示,以及车标、字母等遮盖起来。如果有塑料护板,也一定要用遮盖纸等把护板挡起来,以防封釉后难以清理,如清除不彻底会对橡胶件、塑料件产生腐蚀。

图3-3-6 遮盖橡胶件

图3-3-7 振抛封釉

(5) 步骤5:振抛封釉,这是封釉美容的最关键的步骤。在专用封釉机的挤压下,保护剂被深深压入车漆的毛细孔,形成牢固的网状保护层,附着在车漆表面,如图3-3-7所示。保护剂中富含UV紫外线防护剂,可以大大降低紫外线辐射,并有效抵御酸碱等化学成分的侵蚀。

(6) 步骤6:红外线烤灯烘烤,为了使釉更好渗入漆面,可用红外线烤灯烘烤封釉漆面,灯距要求50厘米左右,每个部位烘烤时间10～15分钟,如图3-3-8所示。

(7) 步骤7:无尘打磨,最后用无尘纸进行无尘打磨一遍车身,可使车漆如镜面般光亮。

(8) 步骤8:清理,将遮盖的纸胶带等撕掉,并用无尘纸处理干净被粘贴表面。图3-3-9为封釉前后的对比。

图3-3-8 红外线烤灯烘烤

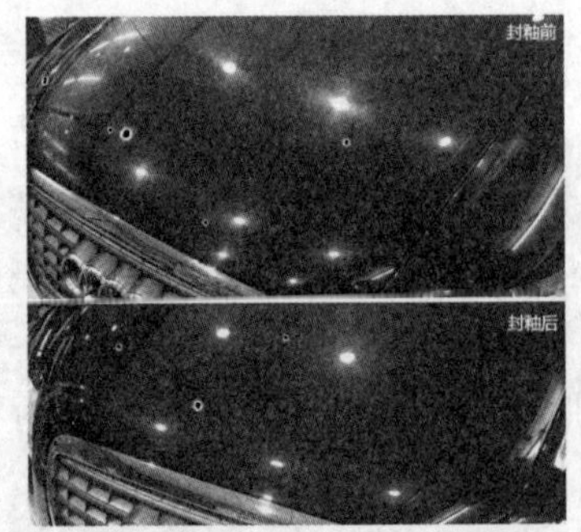

图3-3-9 封釉前后对比

二、车漆封釉注意事项

(1) 施工时的温度、相对湿度等条件相当讲究。相对湿度大于90%,不得施工,因为此时液体釉难以干燥、渗透,封釉效果较差。温度过高也不宜工作,一定要全车降低温度后再施工,否则液体釉未渗透就已固化。

(2) 封釉后不要急于擦洗漆面，会看到一些釉的痕迹，这是正常情况。8 小时内不可擦洗漆面，因为在这段时间内，釉层还未完全凝结，将继续渗透，若冲洗将会冲掉未凝结的釉，导致封釉效果下降甚至失败。

(3) 做完封釉美容后应尽量避免洗车，因为封釉漆面可防静电，因此一般灰尘用干净柔软的布条擦去即可。

(4) 做了封釉美容后不要再打蜡，因为蜡层可能会黏附在釉层表面，再追加釉时会因蜡层的隔离而影响封釉效果。

【学习评估】

序号	学习内容	评价标准			
		了解	掌握	可指导操作	可独立操作
1	车漆封釉的原理及作用				
2	车漆封釉产品分类				
3	车漆封釉设备及工具				
4	车漆封釉作业流程及注意事项				

【考核评价】

评价内容	赋分	序号	具体指标	分值	得　分		
					自评	组评	师评
仪容仪表	5	1	穿戴整洁符合工作要求	5			
工作安全	15	2	走路文明，不打闹	5			
		3	操作过程沉着冷静	5			
		4	无人员受伤及设备损坏事故	5			
工作过程	60	5	掌握打蜡和封釉的区别	10			
		6	正确使用车漆封釉设备及工具	15			
		7	掌握车漆封釉作业流程及注意事项	30			
		8	完成实训工单填写	5			
职业素养	20	9	坚持出勤，遵守规章制度	5			
		10	服从安排，积极参与	5			
		11	在规定时间内完成，认真填写数据	5			
		12	认真执行 5S	5			
综合得分				100			

任务四　车漆镀膜护理

【任务目标】

一、知识目标

(1) 了解车漆镀膜的概念。
(2) 了解车漆镀膜与封釉的主要区别。
(3) 了解车漆镀膜用品及其使用方法。

二、技能目标

(1) 能够合理选择合适的镀膜用品。
(2) 能够正确使用车漆镀膜专业工具。
(3) 掌握车漆镀膜的施工流程。

【任务引入】

陈女士去年购入一辆新车,且对爱车呵护备至,平时非常注意保养护理,随着爱车使用时间慢慢增加,陈女士总觉得一般的打蜡、封釉等护理的效果不是最佳的。而陈女士的姐姐家里也有一辆车,使用年限比陈女士的长,但每次看到时,总觉得车漆光滑如新,一点褪色都看不出来。于是陈女士请教姐姐是如何保养的,姐姐告诉她是做了车漆镀膜护理,车漆镀膜护理费用虽然较封釉、打蜡贵一些,但效果好,且保存时间长。于是,陈女士来到汽车美容店要求对爱车进行镀膜护理。作为专业汽车美容作业人员,应按正确的施工流程完成作业,使顾客满意。

【任务分析】

氧化是造成汽车外观变旧的根本原因。市场上常见的车漆保养方法有打蜡、封釉,但这两种方式所采用的均为石油产品,它本身同样会氧化。如今市场上出现了一种全新的养护方式——车漆镀膜,它能够长期有效地对汽车漆面进行护理。

【任务准备】

一、车漆镀膜的概述

1. 车漆镀膜的概念

车漆镀膜就是在车漆表面涂镀一层硬度高、弹性好、抗氧化的保护膜。镀膜美容是漆面保护的最高措施，可以避免氧化，达到使漆面增亮、抗酸碱、抗氧化、抗紫外线等多重功效。保护膜的硬度为普通车漆的4～5倍，其持久性是打蜡的100倍，封釉的12倍。由于膜的材料本身是一种无机物，对车漆没有损害。经过车漆镀膜后的车辆至少在2年内，洗车维护不需要任何清洁剂，仅用清水冲洗就能清除污垢。

2. 车漆镀膜的作用

车漆镀膜就是覆盖在车漆表面的一层透明保护薄膜，这层保护薄膜把汽车漆面的氧化层去掉，在漆面形成透明的无机膜，提高漆面的光亮度，然后用膜把这种光亮度保护起来。

(1) 让物体表面长时间处于一种崭新的状态。隔绝外界物质对面漆的损害，增加了亮度。

(2) 使物体表面不会轻易受到外界物质的污染或影响。在清理物体表面时可以轻松地清理掉一些污质。

(3) 彻底解决因手工旋转摩擦打蜡而留下的一道道光圈，并使蜡层分布更均匀、细腻，硬度更高、亮度更持久。

3. 车漆镀膜的优势

1) 完全无机质、玻璃质的高级涂层产品

与从石油中提炼，加上一些辅助原料制成的釉、蜡与镀膜相比，车漆镀膜是全部由 SiO_2 组成的完全无机质镀膜，在保护持续期、光泽度上拥有有机镀膜所无法比拟的效果。施工后形成0.5微米的玻璃膜，不分裂，不脱落，可以长期保护车漆不被氧化，真正做到一次施工，长期保护。

2) 车漆靓丽，易清洁，不沾灰

车漆镀膜在水流的表现形态上分为三种，为滑水版(见图3-4-1)、亲水版(见图3-4-2)和泼水版(见图3-4-3)。无论是亲水性、滑水性还是泼水性，均可达到车漆表面不积水，在行车的过程中，水流快速流下。同时外界的污秽很难通过水流沾附在车漆表面，从而保护车漆不受外部污垢的侵蚀。车辆同时变得易清洁，靓丽如新。

3) 膜层长期持久保护车漆

车漆镀膜涂装后的转化生成物为 SiO_2 玻璃薄膜，具有很高的稳定性，能够对车漆表面提供长期的保护作用，具有很高的耐久性。一次施工，对车漆表面的有效期保护可达两年以上。

4) 车漆表面具有很强的防污性

车漆镀膜最大的优势就在于它的防污性，由于保护膜具有很大的硬度，是车漆的4～5倍。如果汽车车身沾上的水垢，使用打蜡或封釉等柔软的漆面护理涂层，污垢就会渗入车漆

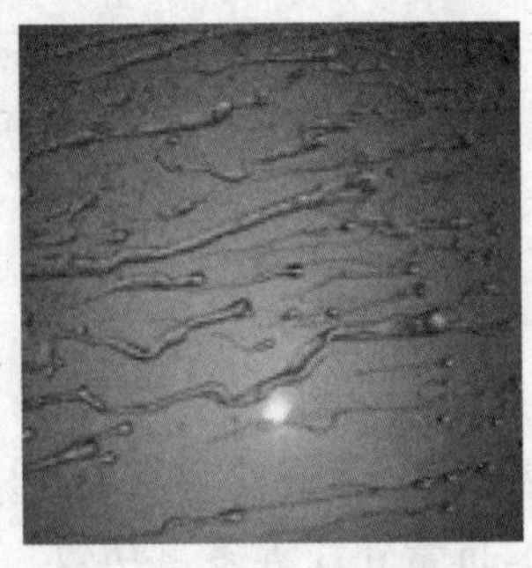
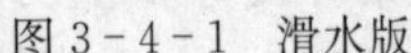

图 3-4-1　滑水版

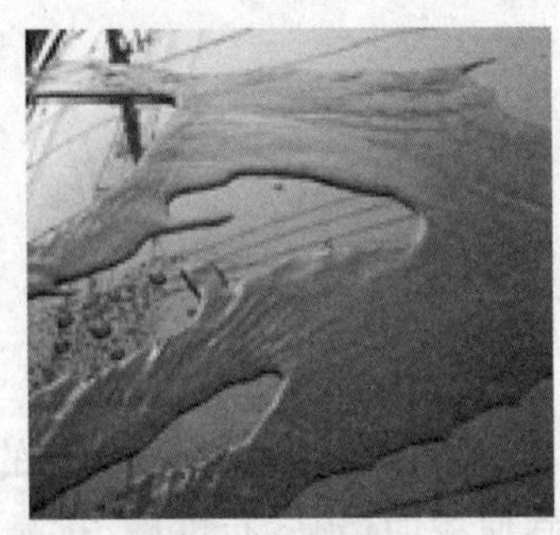

图 3-4-2　亲水版

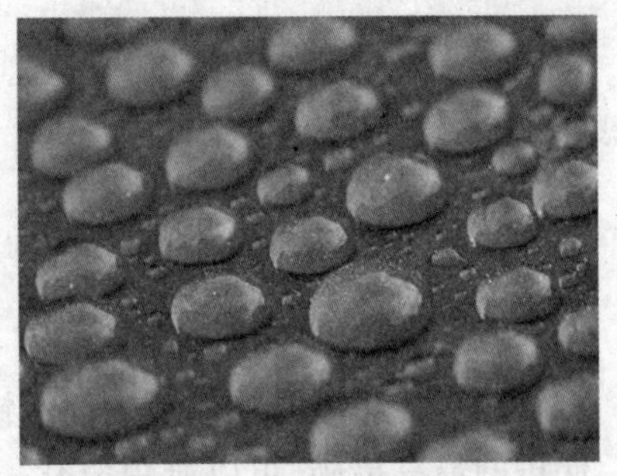

图 3-4-3　拨水版

内部而难以清洗，从而导致车漆氧化、褪色、失光等损害。车漆镀膜产生的 SiO_2 玻璃薄膜具有很大的硬度，可以完全隔离车漆与污染物的接触，从而达到抵御污垢的效果。

5）膜具有很强的抗氧化性，保护车漆不氧化

车漆镀膜为 SiO_2 玻璃质薄膜，自身具有很强的抗氧化性，普通车漆酸性物质渗透率为25%，而车漆镀膜后，酸性物质的渗透率下降到1%～2%。车漆镀膜在自身不氧化的情况下，成功地保护车漆不再受到酸雨及其他酸性物质的伤害，使车辆长久靓丽。

6）膜层具有一定的防刮伤性，防止车漆表面轻微划痕的产生

车漆镀膜具有很强的表面硬度，其中某些品牌的高档镀膜铅笔测试硬度为6 H，甚至达到8～9 H，相比较普通车漆2 H的硬度而言，车漆镀膜后能防止大多数轻微的划痕，保护车辆免受日常轻微划痕的侵扰。

4. 车漆镀膜、封釉、打蜡的主要区别

1）镀膜、封釉、打蜡各自的优缺点

（1）打蜡的优点：操作简单、可以自己动手、费用低。打蜡的缺点：蜡的主要成分是石油副产品，主要作用是对车漆表面起到增亮的作用，但不提高车漆的硬度，同时对漆面有一定的腐蚀性。时效性差，普通蜡一般可以存留一个星期，好的蜡最多也只能存留2个月，且车蜡水洗就掉，因此每隔一个星期需要做一次。

（2）封釉的优点：提高漆面硬度，耐高温抗紫外线的特性更好，有利于保护车漆。封釉的缺点：釉的主要成分也是石油副产品，具有一定的腐蚀性，每隔半年做一次，而且必须到专业店进行施工服务。

（3）镀膜的优点：一般有效性在2～3年左右，光滑度提升（虫尸、沥青能轻易地被擦去），漆面硬度提升4～5倍，能经历150次高压洗车后依然光亮，至少两年内洗车不需要清洗液。镀膜的缺点：施工时间长，一般需要4～8小时。全进口材料，技术复杂，必须到专业美容店进行施工服务，费用较高。

镀膜是在总结了打蜡及封釉的优点及不足后，以新的环保原料和新的车漆养护理念而形成的一种新型漆面护理措施。问世初期，因为价格等各种原因，未进入中国市场。2008年终于登陆中国，开始为我们广大爱车的车主服务。

2）镀膜和封釉、打蜡的不同之处

（1）三者产品原料不同。“釉”与“蜡”都是从石油中提炼，加上一些辅助原料制成。受原料所限，容易氧化，不持久的问题无法解决。所以新的镀膜采用植物及硅等环保又稳定的原料来提炼合成。避免了在车漆表面造成“连带氧化”的问题，并可长期保持效果。

(2) 三者作用效果不同。封釉与打蜡的养护理念是将“釉”或“蜡”加压封入车漆的空隙中，与车漆结合到一起。优点是与车漆融为一体，增亮效果明显。不过因为它们本身具有易氧化性，会连带周围的漆面共同氧化，使漆面发污，失去光泽。

为避免这个缺陷，镀膜采用不氧化原料及稳定的合成方式(玻璃 SiO_2 材质)，变结合为“覆盖”，以透明的“膜”的形式附着在漆面，避免漆面受外界损伤。同时也避免了保护剂本身对车漆的影响。长期保持车漆的原厂色泽。而且由于膜本身结构的紧密，很难破坏，使得它可以大幅度降低外力对漆面的损伤。

(3) 三者操作工艺的不同。原料及理念的差异，必然造成工艺上的区别："釉"和"蜡"因为要与漆面充分结合，所以附着方式要用高转速的研磨机把药剂加压封入漆面(所以称封釉)。这种压力同时作用在漆面上，经常会造成漆面损伤。镀膜采用了温和的涂抹及擦拭的附着方式：靠膜本身的分子结合力附着在漆面上，避免损伤车漆。

(4) 三者划痕处理不同。当封釉的漆面出现划痕时，一般通过研磨的方式进行处理，即用高转速研磨抛光机将划痕磨平；当镀膜的漆面出现划痕时，一般通过填充的方式进行处理，即用低转速研磨抛光机配合海绵盘，将透明的填充剂填入划痕，并抹平。因此，在处理划痕时，镀膜大大减小了漆面的损耗。

二、车漆镀膜用品

1. 车漆镀膜的用品

车漆镀膜用品(见图 3-4-4)的主要成分——聚四氟乙烯(PTEE)，是现在最光滑的物质之一，这种极度光滑的材质能使汽车表面不沾灰，神奇地保持洁净，因而用水就可以很轻易地冲洗掉附着在漆面上的任何脏物。

图 3-4-4　镀膜用品

汽车镀膜用品所用材料不含研磨材料，而是由金属原子、氟素高分子聚合体、透明纤维分子采用特殊工艺精制而成，具有防护力强、光洁明亮、强度超高、清洗方便、无副作用、效果持久等特点，在车漆表面形成一层永不氧化的保护层，将车漆和外界完全隔离，具有极高的强度和优异的耐热性。

2. 车漆镀膜的分类

(1) 按镀膜用途分类，有漆面镀膜、玻璃镀膜、轮毂镀膜和塑料件镀膜。

(2) 按镀膜原料分类，有树脂类镀膜(如水晶镀膜)、氟素类镀膜(主要用在玻璃镀膜上)、玻璃纤维素镀膜(主要成分也是树脂，含有少量纤维素)。

【任务实施】

一、车漆镀膜施工流程

1. 材料准备

需镀膜的车辆，洗车香波、色彩还原剂、黏土、除油剂、纸胶带、遮盖纸、车漆镜面还原剂、镀膜液，无纺布、纳米毛巾、汽车清洗工具。

2. 操作要求

按照正确的施工工艺给汽车镀膜，达到客户满意的程度。

3. 操作步骤

(1) 步骤1：清洗车身，使用洗车香波将车身清洗干净。

(2) 步骤2：去除漆面污点，使用黏土，去除漆面污点。

(3) 步骤3：研磨抛光，擦干车身后，使用车漆镜面抛光剂配合羊毛盘进行抛光处理，去除车身细微划痕。

注意：新车采用色彩还原剂，旧车采用三合一梦幻修复剂，对车身进行研磨抛光，抛光时转速不宜超过1 400 r/min。

(4) 步骤4：再次清洗车身，抛光后再次用洗车香波清洗车身。

(5) 步骤5：镜面还原，擦干车身，使用车漆镜面还原剂配合W8000级海面盘(见图3-4-5)，进行还原处理。去除由于抛光所造成的“太阳圈”(见图3-4-6)，将车身处理成镜面效果。

图3-4-5　W8000级海面盘

图3-4-6　抛光所造成的“太阳圈”

(6) 步骤6：清洗车身，还原完成后再次用洗车香波清洗车身，并使用风枪将车身边缝处的存水清理干净。

图3-4-7　油脂脱脂剂

(7) 步骤7：脱脂处理，将油脂脱脂剂(见图3-4-7)喷到毛巾上，擦拭车身，将车身处理成一尘不染的无脂状态。

(8) 步骤8：一半涂抹镀膜液，将镀膜液均匀倒在附带的镀膜海绵上，在车身上薄薄地涂抹均匀，一定要快速操作。先涂抹半个发动机盖。

(9) 步骤9：漆面抛光，等待1～2分钟，膜层稍干燥，马上用一条干毛巾将漆面抛光、擦亮。

(10) 步骤10：另一半涂抹镀膜液，再以同样的方法给另一半发动机盖涂抹镀膜液。

(11) 步骤11：车身其他部分镀膜，依次向后分块操作，直至整车施工完毕。

(12) 步骤12：其他护理，在做完车漆镀膜后，还应该对车身其他部分进行外饰护理，例如玻璃、轮胎、轮毂、保险杆等。

图 3-4-8 为镀膜前后的对比。

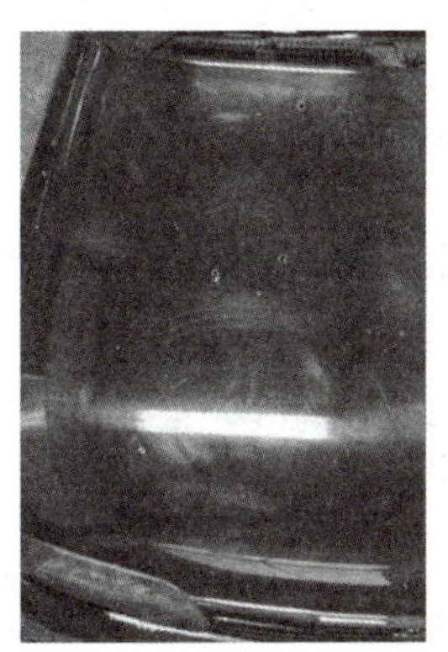 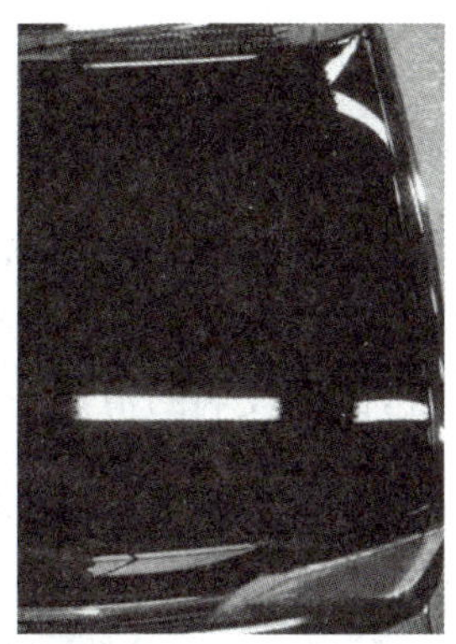

图 3-4-8　镀膜前后对比

二、车漆镀膜注意事项

(1) 施工后 48 小时之内不要让车身沾水。镀膜作业后需要 48 小时才能完全固化，达到最佳施工效果，在此期间，切勿使车漆表面沾水。因此，在镀膜施工前应查询天气预报，若有下雨的可能，应延后施工或车辆存放在室内。

(2) 脱脂作业时注意边缝位置，一定不要残留抛光剂。

(3) 镀膜操作车间应当是无尘车间，不要露天操作。

(4) 严禁在高温下进行操作，注意通风。车表温度应降到常温，发动机温度高时，要打开发动机舱盖散热，原因是车表温度过高时镀膜太快，容易导致施工失败，造成不可挽回的后果。

(5) 如果膜层有快速固化现象，应当马上用一条湿毛巾(以用力拧不出水为准)均匀擦拭膜层。

(6) 一定要分块操作，不可整车一次施工。通常情况下，镀膜的涂装顺序为：发动机盖左半边→发动机盖右半边→右侧翼子板→后视镜与右侧 A 柱→顶棚右半边→右侧前门板→右侧后门板→右侧后翼子板→后备箱→后保险杆→左侧后翼子板→顶棚左半边→左侧后门板→左前前门板→左侧 A 柱与后视镜→左侧翼子板→前保险杆。

三、车漆镀膜后的养护

车漆镀膜具有很长的持久性和很高的硬度。原则上施工后，在有效期内不建议再次涂装。一般每 6 个月养护一次，主要工作有以下 4 项：

(1) 检查膜层，视膜层情况决定是否二次涂装。

(2) 检查车漆表面的划痕情况，视情况帮助客户清除车漆表面的划痕。

(3) 检查车漆表面的拨水或亲水状态，视情况进行拨水或亲水状态的维护。

(4) 帮助客户完成车辆的清洗工作。

【任务拓展】

一、玻璃滑水镀膜

玻璃滑水镀膜就是在汽车前风档玻璃及后视镜玻璃处涂抹一层镀膜液，从而增加风挡玻璃的拨水性，使玻璃在雨中不挂水，特别是高速行驶的时候，增加安全性，减少雨刮器的使用。另外使玻璃不易沾土，保护玻璃的清洁与透亮性。图 3－4－9 为玻璃滑水镀膜前后的对比。

护理前
护理后

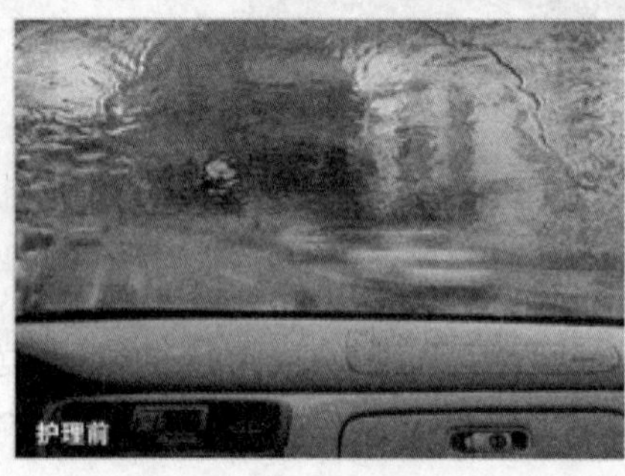

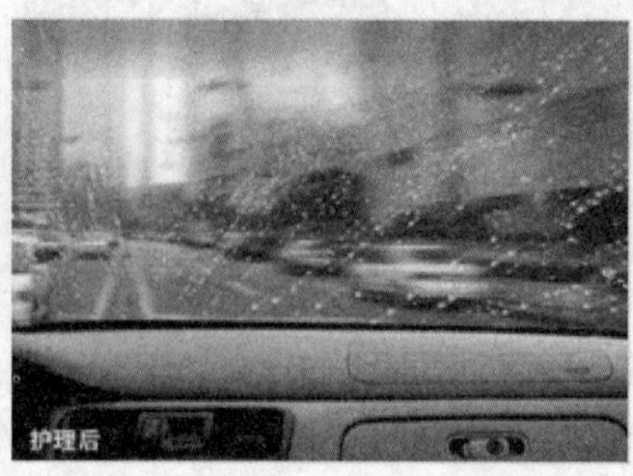

图 3－4－9　玻璃滑水镀膜使用前后对比

1. 玻璃滑水镀膜的优势

(1) 100％纯洁氟产品，不含硅系溶剂，彻底避免了氧化的可能。

(2) 不含硅系溶剂彻底避免了氧化的可能，并且不会在玻璃上留下油膜污渍。

(3) 专业技术操作，涂装后产品持续效果期长。

2. 玻璃滑水镀膜的施工流程

汽车前风档玻璃镀膜施工流程如图 3－4－10 所示，所需时间为 30～40 分钟。

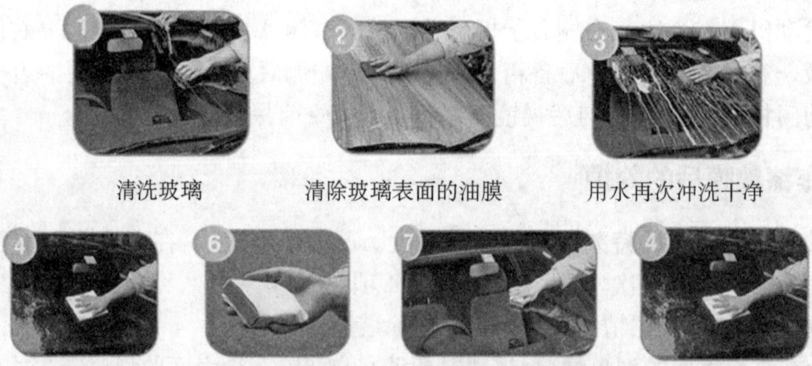

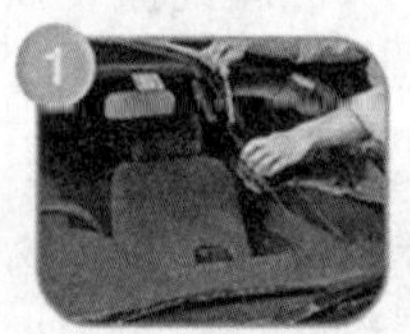

1
清洗玻璃
2
清除玻璃表面的油膜
3
用水再次冲洗干净
4
擦干净玻璃表面水分，确保表面无水
6
7
使用专用涂装巾，涂装膜液
4
擦干净玻璃表面，施工完成

图 3－4－10　玻璃滑水镀膜的施工流程

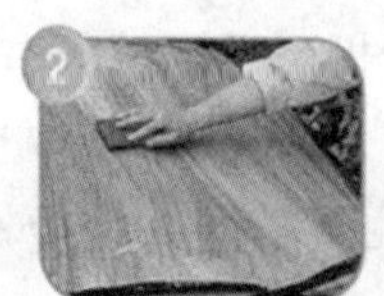

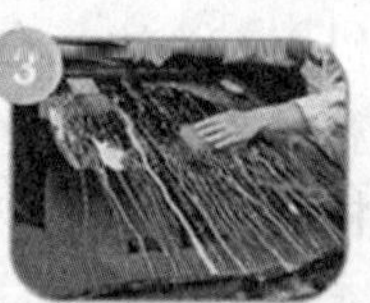

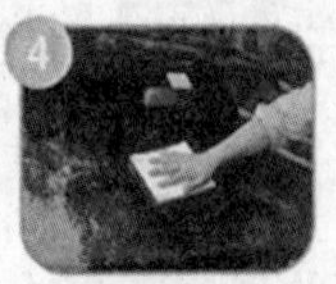

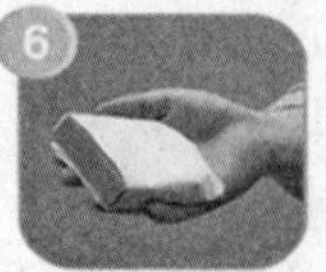

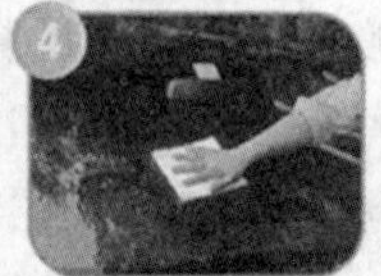

二、轮毂水晶镀膜

1. 轮毂水晶镀膜的优势

(1) 采用轮毂专用镀膜剂，不含有石油系溶剂，以玻璃纤维为主要成份，避免了施工后产品氧化的可能，同时在轮毂罩的表面形成一层坚硬的玻璃纤维保护层，保护轮毂罩免受划痕。起到防污、防划痕、增亮的效果。能持续长时间的效果。

(2) 保护轮毂避免受伤划痕。起到防污、防划痕、增亮的效果，有效期长达 1 年。

2. 轮毂水晶镀膜的流程

1) 清洗轮毂

用水枪冲掉轮毂上附着的尘土和沙粒，在轮毂湿润的状态下直接把轮毂清洗剂喷向轮毂表面。用海绵或刷子在轮毂上轻轻刷洗，螺丝或者刹车盘下部可用多功能小毛刷清洗，如图 3－4－11 所示。

图 3－4－11　清洗轮毂

2) 擦拭轮毂

轮毂已经初步洗完，用干毛巾配合气枪将轮毂中的水分风干，然后将油脂脱脂剂喷在干净的干毛巾上，在轮毂上进行擦拭，如图 3－4－12 所示。

图 3－4－12　擦拭轮毂

图 3－4－13　轮毂水晶镀膜

3) 轮毂镀膜

轮毂清洗完毕以后要进行轮毂镀膜，用专用镀膜海绵蘸取适量的轮毂水晶镀膜剂，在轮毂罩表面进行涂抹，形成薄薄的一层透明膜，如图 3－4－13 所示。

汽车轮毂以其美观大方、安全舒适等特点博得了越来越多私家车主的青睐，所以需要经常对轮毂进行清洁,否则轮毂很容易被腐蚀变形,进而存在一定的安全隐患。因此要特别注意轮毂的清洁养护工作。图 3-4-14 为轮毂水晶镀膜后的效果,比新车的轮毂还要亮,还要干净。

图 3-4-14　轮毂水晶镀膜效果

三、塑料件保护镀膜

塑料件保护镀膜是修复汽车外部塑料件白化的,起保护作用的涂层剂,是一种超高硬度、玻璃纤维塑料件表面涂层剂。与一般的上光剂不同,本产品既可还原塑料件本身的光泽,又在塑料件外部增加一层保护膜,从而使还原的光泽更持久,效果更显著。图 3-4-15 为塑料件保护镀膜前后的对比。

图 3-4-15　塑料件保护镀膜效果

四、镀膜美容洗车

镀膜美容洗车是最简单的汽车镀膜保护,将最简捷的洗车与最优的汽车美容方式—镀膜进行组合,操作快捷,在洗车时同时完成。

镀膜美容洗车是现有高档的玻璃纤维质镀膜的平民化,使车漆镀膜成为日常汽车养护部份。镀膜美容洗车即有车蜡的养护作用,又避免了车蜡对车漆的损伤。

表 3-4-1　镀膜美容洗车与传统美容洗车的比较

	普通的汽车护理——打蜡、抛光、封釉	全新的汽车养护方式——镀膜美容洗车
产品特点	车蜡本身是一种软性物质,很易流失,这意味着在漆面最需要保护的时候,车蜡基本不起作用。	镀膜美容洗车是在洗车的同时,在车漆表面形成一层玻璃纤维质保护膜,这层膜比较坚硬,效果持久,可以对车漆表面起到 15～30 天的持续保护。
产品成分	任何车蜡都含有矽的成分,久经紫外线照射会锈蚀车漆,留下点点黑斑,损伤车漆。	镀膜美容洗车所使用的产品不含有石油材质,以最环保的玻璃纤维为主要成份,对车漆没有任何的损害。

（续表）

	普通的汽车护理——打蜡、抛光、封釉	全新的汽车养护方式——镀膜美容洗车
产品使用	车蜡中的研磨颗粒会在光亮的漆面上形成涡状发丝划痕，刚刚打完蜡时，这些划痕暂时可被蜡遮掩，但蜡会因温度变化和洗车而流失，显出满是划痕的漆面，于是不得不继续打蜡直至抛光。而抛光对透明漆层的损害则更大，一般 3 次抛光后，透明漆层将被去除，从而加速汽车变旧。	镀膜美容洗车的施工工序非常简单，只需要在湿润的车体上喷涂水晶外衣，用海绵擦拭然后用水冲净，便可完成镀膜洗车的施工，施工后车漆亮度提升，具有明显的拨水效果，施工的过程中不伤害车漆，反而具有保护车漆免受划痕的功能。
产品效果	抛光、封釉很容易将车漆打薄，因为封釉首先要抛光、研磨，然后才用封釉机封釉两遍，虽然当时感觉较亮，但由于工具和粗蜡的切削力强，很容易形成深度涡状划痕并将车漆破坏。	镀膜美容洗车不需要对车漆进行基础处理，它具有特殊的保护成份，能有效去除车漆底层的污垢，并且在车漆表面形成坚固的玻璃纤维保护膜，掩盖车漆表面原有的细微划痕，恢复车漆原有亮丽色彩。

【学习评估】

序号	学习内容	评价标准			
		了解	掌握	可指导操作	可独立操作
1	车漆镀膜的功用及必要性				
2	车漆镀膜用品				
3	车漆镀膜作业流程及注意事项				
4	车漆镀膜后如何保养				
5	新型镀膜及镀膜美容洗车一体化				

【考核评价】

评价内容	赋分	序号	具体指标	分值	得分		
					自评	组评	师评
仪容仪表	5	1	穿戴整洁符合工作要求	5			
工作安全	15	2	走路文明，不打闹	5			
		3	操作过程沉着冷静	5			
		4	无人员受伤及设备损坏事故	5			

（续表）

评价内容	赋分	序号	具体指标	分值	得分		
					自评	组评	师评
工作过程	60	5	正确选择车漆镀膜用品及设备工具	10			
		6	车漆镀膜作业流程	20			
		7	车漆镀膜注意事项	10			
		8	车漆镀膜后期保养措施	15			
		9	完成实训工单填写	5			
职业素养	20	10	坚持出勤，遵守规章制度	5			
		11	服从安排，积极参与	5			
		12	在规定时间内完成，认真填写数据	5			
		13	认真执行 5S	5			
			综合得分	100			

任务五　漆膜划痕的修复

【任务目标】

一、知识目标

(1) 了解汽车漆膜划痕的产生原因。
(2) 了解汽车漆膜划痕的产生类型。
(3) 熟悉汽车漆膜划痕修复工具及设备的种类。

二、技能目标

(1) 掌握汽车漆膜浅度划痕的治理流程。
(2) 掌握汽车漆膜中度划痕的治理流程。
(3) 掌握汽车漆膜深度划痕的治理流程。

【任务引入】

王先生所住的小区只有一个露天停车场，停车场周围有很多树，王先生的爱车经常停在这个停车场。一天晚上台风登陆，王先生的爱车被狂风吹落的树枝划伤，产生了明显的划痕。王先生十分心疼，于是，王先生到汽车美容店寻求帮助。作为一名专业汽车美容作业人员，需要针对王先生的汽车损伤情况，按照正确的施工流程，完成汽车的漆膜划痕修复作业，使客户满意。

【任务分析】

在使用车辆的过程中，驾驶员的驾驶技术及驾驶习惯等主观因素是可控因素，假如驾驶员驾驶技术好，可以保证车辆不出故障和交通事故，却难以避免意外的小刮蹭。即使把车停在停车场，也可能会被旁边的新手车主刮蹭到。除了这些主观因素之外，还存在很多客观因素，如车停在地下停车场，当暴雨天气时，可能导致车辆泡水；再如车辆停在露天停车场，不可控的客观因素就更加多了，王先生就是个典型例子，爱车停在露天停车场，却遭遇自然灾害，台风来袭，吹落的树枝正好掉在车上，并划坏车漆。

汽车漆面的划痕虽然只是皮外伤，不影响汽车的动力和安全等性能，但显然影响了汽车的美观，如果划痕很深还会使车身外壳出现氧化、锈蚀现象。

【任务准备】

一、汽车漆面划痕的产生原因

(1) 汽车在使用过程中，由于摩擦、碰撞等因素，导致漆面划伤，造成漆面出现深浅不一的划痕。

(2) 不规范的洗车对漆面造成的伤害。如冲洗车辆时水枪压力过大；清洗程序或手法不正确；表面附有尘埃时，用抹布或毛巾擦拭，使车漆表面出现微小划痕。

(3) 汽车由于各种事故等，发生漆面修补喷漆，在修理厂由于错误的操作或材料选用不当而使漆面产生许多缺陷(橘皮皱纹、失光、雾漆)。

(4) 汽车在使用的过程中，由于自然灾害等不可控因素的产生，也会对汽车漆面产生不同程度的损伤。

汽车漆面划痕的产生原因各不一样，但是都要及时处理，否则不但影响汽车的美观，而且会导致车身防腐性和耐磨性下降，进而影响汽车的使用寿命。

二、汽车漆面划痕的种类

汽车漆面划痕根据其深浅程度不同，可分为浅度划痕、中度划痕和深度划痕三种类型。

1. 浅度划痕

浅度划痕是指表层面漆轻微刮伤，划痕穿过清漆层已伤及色漆层，但色漆层未刮透，如图 3-5-1 所示。

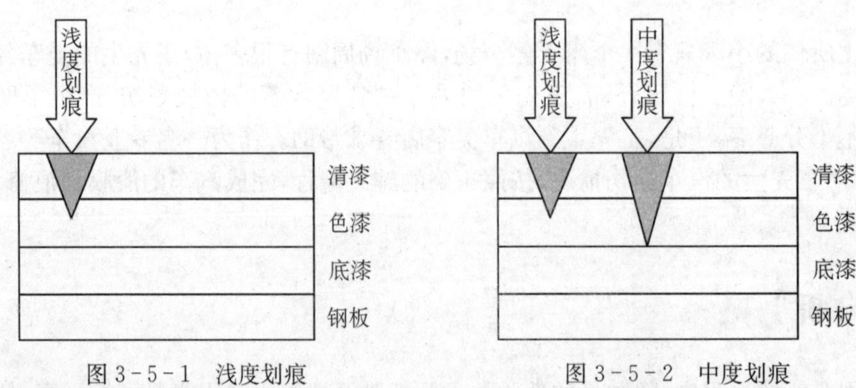

图 3-5-1　浅度划痕　　图 3-5-2　中度划痕

2. 中度划痕

中度划痕是指色漆层已经刮透，但未伤及底漆层，如图 3-5-2 所示。

3. 深度划痕

深度划痕是指底漆层已刮透，可见车身的金属表面，如图 3-5-3 所示。

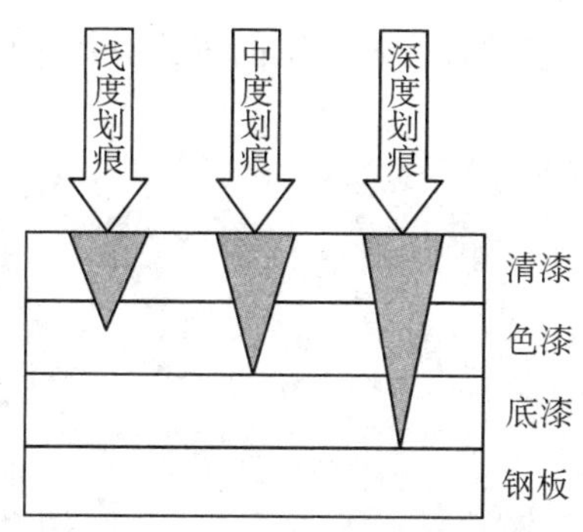

图 3-5-3 深度划痕

三、汽车漆膜修补工具与设备

1. 除锈工具

1）刮刀

刮刀是工件表面精加工刀具，具有锋利的刃口，多采用优质专用钢材制成，有的镶有硬质合金的刀头，如图 3-5-4 所示。刮刀分为平面刮刀和曲面刮刀两种，应根据加工工件的表面准确选用。

刮刀使用的安全注意事项有以下 3 点。

(1) 刮刀应装有牢固光滑的手柄。因为在刮削时用力较大，如果把柄部脱落或断裂，都会给施工人员造成伤害；特别是在用挺刮法时，刮刀尾部应装配光滑的、接触面较大的把柄，防止伤害作业者的腹部和身体的其他部位。

(2) 刮刀在不使用时，应放在不易坠落的部位，防止掉落时伤人并且损坏刮刀；不要将刮刀同其他手工工具放在一个工具袋中，应单独妥善保管。

(3) 被刮削的工件一定要稳固牢靠，高度位置要适宜人员的操作，在刮削时，不允许被刮削的工件有移动、滑动的现象。

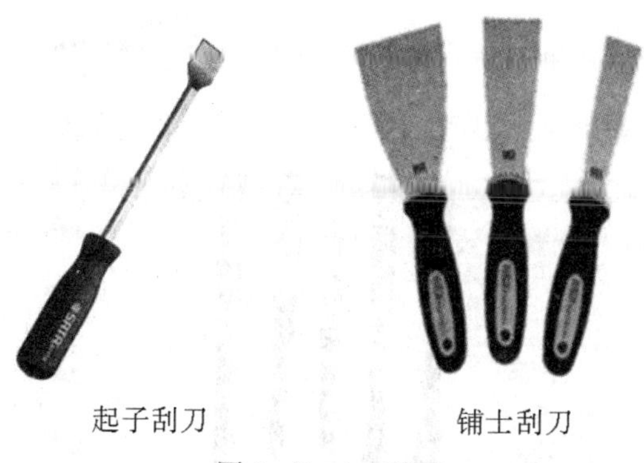

起子刮刀　　铺士刮刀

图 3-5-4 刮刀

2）钢丝刷

钢丝刷（见图 3-5-5）可以用来清除零件外表的污迹，清除蓄电池柱头的氧化物及车身底盘的积垢，是必不可少的工具之一。

使用钢丝刷时，注意不要用它触碰比较精密的表面及汽车的装饰表面。

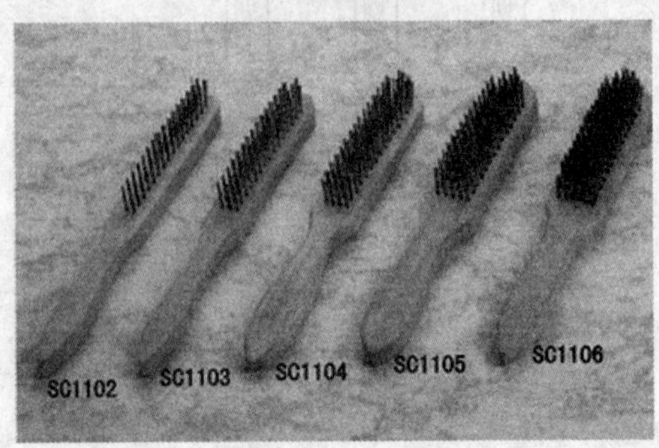

图 3－5－5　钢丝刷

3）锉刀

锉刀的种类分为普通锉、特种锉和整形锉三类。

普通锉（见图 3－5－6）又分为平锉、方锉、圆锉、半圆锉和三角锉等；特种锉（见图 3－5－7）分为直锉和弯锉等；整形锉（见图 3－5－8）俗称组锉，由许多各种形状和断面的锉刀组成一套。另外，还有粗锉刀、细锉刀、双细锉刀和油光锉刀等。

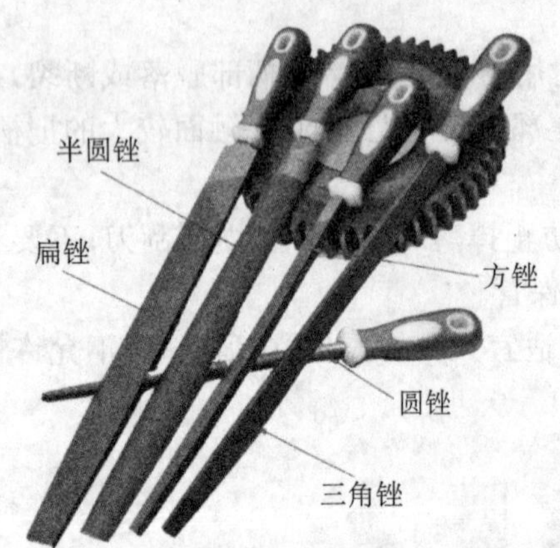

图 3－5－6　普通锉

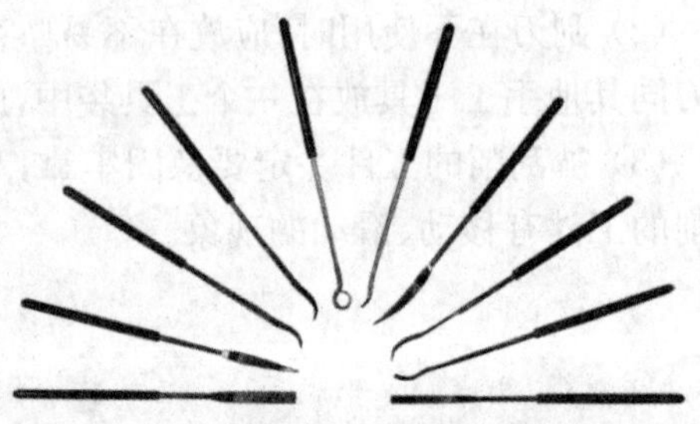

图 3－5－7　特种锉

图 3－5－8　整形锉

使用锉刀时，要注意以下 6 点：

(1) 锉刀必须装柄后使用，否则锉刀的尾尖有可能扎伤手及手腕或身体的其他部位。

(2) 要正确的使用锉刀。一般用右手握紧锉柄，左手握住或扶住锉刀的前边，两只手均匀用力，推进锉刀；断面比较小的锉刀在使用时，施力不要过大，以免使锉刀折断；锉削速度不要过快，一般在每分钟 20～60 次为宜。

(3) 锉刀和锉柄上防止油脂污染，正在锉削的工件表面也不宜被油脂污染。防止锉刀打滑，造成事故。

(4) 锉削时不要用嘴吹切屑，以防切屑飞入眼内；也不要用手去清除切屑，以防切屑扎破手指和手掌，应该使用刷子清扫除掉。

(5) 锉刀用后，应妥善放置，不应重叠摆放，以免损坏锉齿；放在操作台上时，不要露出台面，以防掉下伤脚。

(6) 严禁将锉刀当做其他工具使用，不能当扁铲、撬棍使用，以防折断伤人。

4) 砂纸

砂纸是用粘合剂把磨料贴在特制的纸或布上制成的。砂纸用磨料粒度数码表示，数码越小，磨料越粗。磨料粒度不同，用途也不同。表 3－5－1 为国内砂布和水砂纸的规格和用途。

表 3－5－1　国内常用砂布、水砂纸的规格表示和用途

种类	水砂纸、砂布规格		用　途
水砂纸	规格代号	0、80、100、120、150、180、200、220、240、260、280、300	打磨腻子层及涂膜表面
	粒度	100、120、140、150、160、170、180、200	
	规格代号	320、360、400、500、600、700、800、900、1 000	
	粒度	220、240、260、320、400、500、600、700、800	
砂布	规格代号	4/0、3/0、2/0、0、1、1/2、1、3/2、2、5/2、3、4、5、6	打磨钢铁表面及底层腻子
	粒度	200、180、160、140、120、100、80、60、46、36、30、24、18	

2. 刮涂工具

1) 钢片刮板

钢片刮板由弹性极好的薄钢片制成，其特点是弹性好、刮涂轻便、效率高，刮后的腻子层平整，既可用于局部刮涂，也可用于全面刮涂。钢片刮板比较适用于小轿车、大型客车等表面的腻子刮平。图 3－5－9 为钢片刮板的正确拿法。

2) 刮灰刀

刮灰刀又称油灰刀，由木柄和刀板构成，木柄由松木、桦木等制作，刀板由弹性较好的钢板制成。其规格有宽窄(以刀头宽度而定)等多种。刮灰刀的规格多，弹性好，使用方便。图 3－5－10 列出了刮灰刀的两种正确拿法，即直握法和横握法。

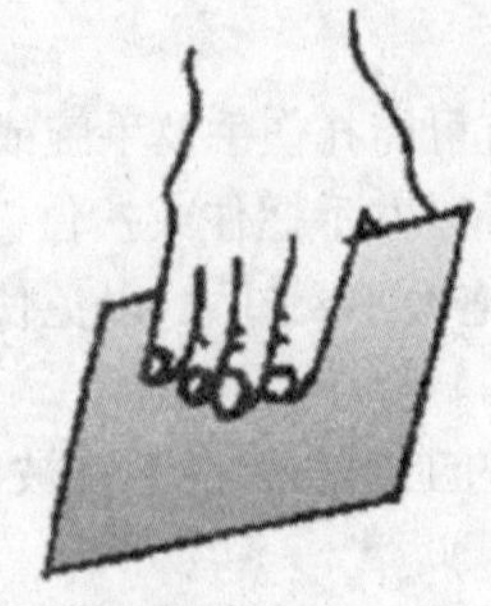

图 3-5-9　钢片刮板与拿法

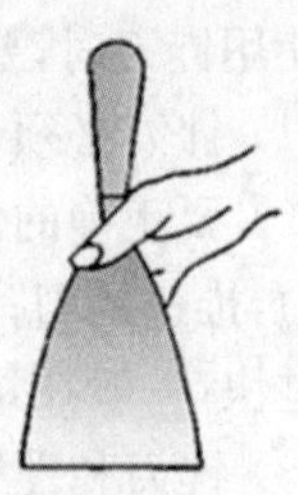

刮灰刀　　直握法　　横握法

图 3-5-10　刮灰刀及拿法

3）橡胶刮板

橡胶刮板采用耐油、耐溶剂和膨胀系数小的橡胶板制成，外形尺寸和形状根据需要确定，橡胶刮板弹性极好，刮涂方便，可随物面形状的不同进行刮涂，以获得平整的腻子层。尤其对凸形、圆形、椭圆形等物面，使用橡胶刮板刮涂，质量更优。适于刮涂弧形车门、翼子板等。图 3-5-11 为橡胶刮板的正确拿法。

图 3-5-11　橡胶刮板及拿法

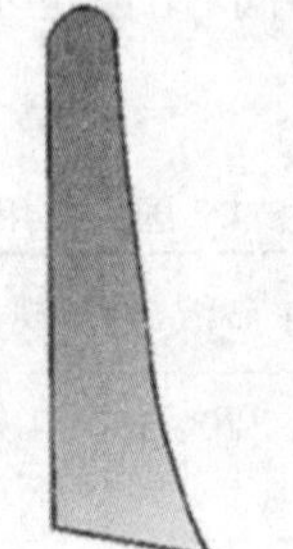
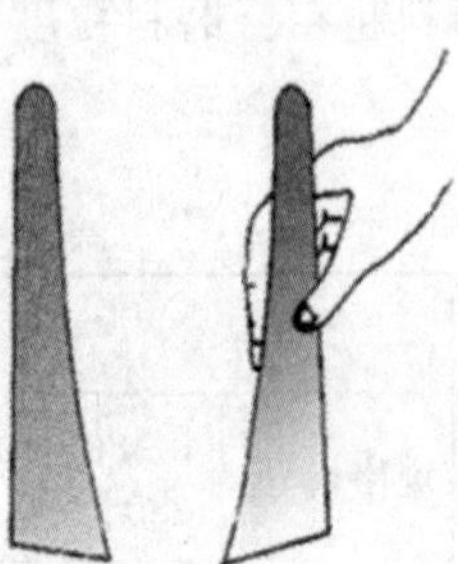

图 3-5-12　牛角板及拿法

4）牛角板

牛角板由优质的水牛角制成。牛角板使用方便，可来回刮涂左右刮涂。牛角板主要用于修饰原子灰的补刮等。牛角板使用后，应清理干净置于木夹上存放，以防变形，影响使用。图 3-5-12 为牛角板的正确拿法。

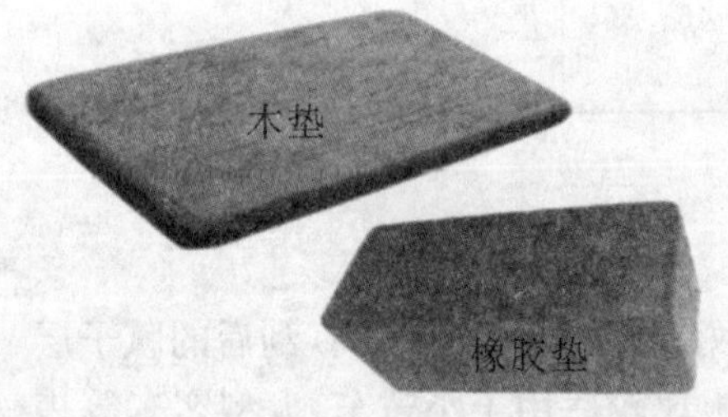

图 3-5-13　垫板

3. 打磨工具

1）手工打磨工具

汽车车漆修补手工打磨工具主要是用砂布包垫板，常用的垫板由木头或硬橡胶做成。垫板可选用长 180～200 mm，宽 50～60 mm，厚 25～30 mm 的木制垫板或橡胶制垫板（见图 3-5-13）。砂纸、砂布是打磨工具的辅助材料。

2）机械打磨工具

汽车车身表面护理机械打磨工具按动力装置不同可分为气动打磨工具和电动打磨工具。气动打磨工具主要用于清除钢铁表面上的铁锈、旧涂层和打磨原子灰等，具有体积小，重量轻，速度快，使用安全，可水磨或干磨等优点。电动打磨工具主要作用同气动打磨工具相同，具有噪音小、震动轻、粉尘飞扬少等优点，但质量通常比气动打磨工具大些，且不适于水磨。

4. 涂刷工具

1) 漆刷

漆刷(见图 3-5-14)有很多种类,按形状可分为圆形、扁形和歪脖形三种;按制作材料可为分硬毛刷和软毛刷两种;按制做尺寸可分为 12 mm、19 mm、25 mm、38 mm、50 mm、65 mm、75 mm 等。

注意:在选购漆刷时,通常以毛直、口齐、刷斗与刷柄组合牢固、刷毛中无脱毛现象为上品。

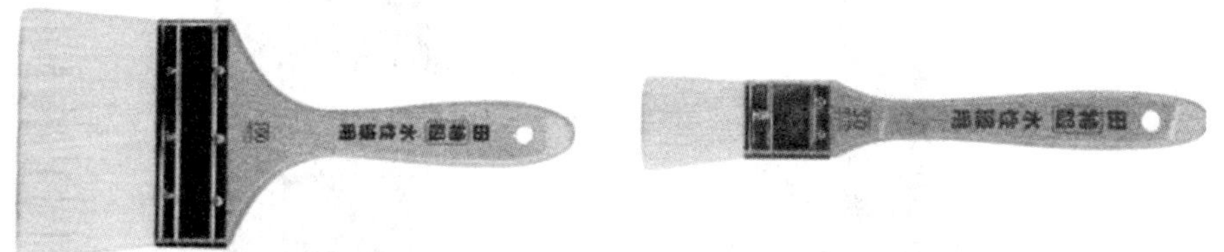

图 3-5-14 漆刷

2) 毛笔和画笔

毛笔和画笔(见图 3-5-15)在涂装作业中用来描字、划线,用来涂刷不易涂到的部位和局部补漆。常用画笔主要为长杆画笔,毛笔以狼毫为好。

图 3-5-15 毛笔和画笔

5. 调色设备

1) 调漆机

调漆机又称油漆搅拌机,如图 3-5-16 所示,各大油漆公司都有调漆机和其配套产品,有 32、38、59、108 等各种规格的调漆机。调漆机配有发动机、搅拌桨,利用这些工具很容易混合倒出涂料。涂料中的树脂、溶剂及颜料经过一段时间就会分离,这是因为它们的密度不同所致。因此,涂料在使用以前需要充分混合。

图 3-5-16 调漆机

2) 电子秤

电子秤又称配色天平,如图 3-5-17 所示,是一种称涂料用的专用天平,帮助计算适当的混合比,由托盘秤、电子显示器和集成电路板组成。常用的电子秤量程可达 7 500 g,精确度为 0.1 g，由明亮的发光二极管作显示器，安装在托盘上方，使用方便，属于专为汽车修补漆称量用的配套产品。

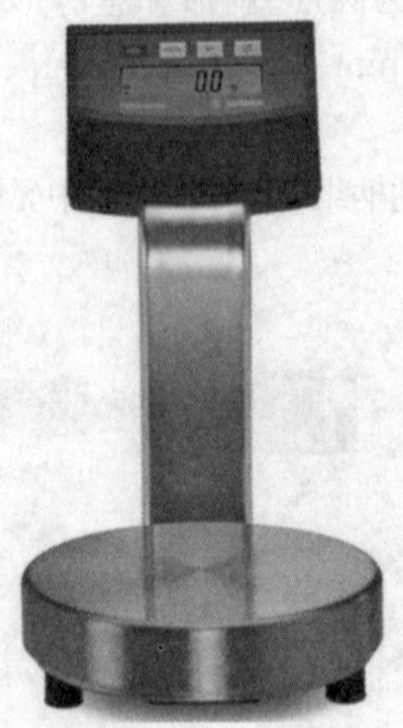

图 3－5－17　电子秤

图 3－5－18　电脑调色机

3）电脑调色机

电脑调漆就是利用电脑中的程序查阅配方、计算配比量。目前市场使用的调漆软件较多，但基本功能没有多大差别。某些电脑调漆系统，将电子秤与电脑相连，这样在调漆时，一旦某一色母漆加多后，电脑则自动重新计算配比量，从而保证调漆的精度。图 3－5－18 为一台普通的电脑调色机。

6. 喷涂设备

喷涂设备主要指喷枪。喷枪的作用是将油漆和其他液态材料喷涂到被涂物表面上。要做好喷涂工作，保证喷涂质量，必须正确使用和维护喷枪。

1）喷枪的类型

按涂料供给方式分类，空气喷枪有吸力式、重力式、压送式三种类型。

(1) 吸力式空气喷枪，这是使用最普遍的一种喷枪，其结构如图 3－5－19 所示。油漆置

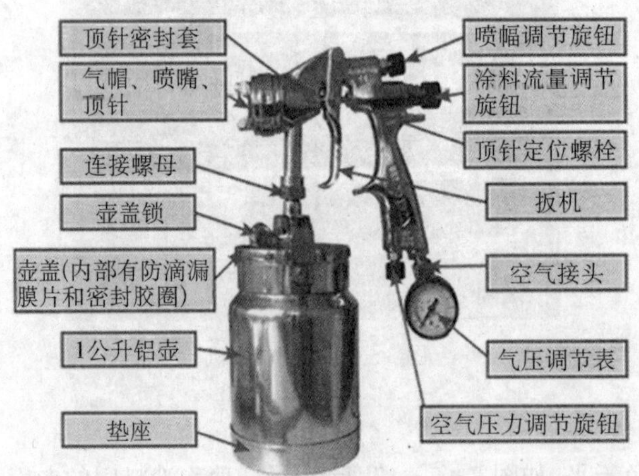

图 3－5－19　吸力式空气喷枪结构

于罐内，扣动扳机，压缩空气冲进喷枪，气流经过气帽开口时形成局部真空，罐中的油漆被真空吸往已开启的针阀，形成雾状喷射流。

吸力式空气喷枪涂料的供给方式：油漆罐安装在喷嘴下方，仅用吸力供应油漆。其优点是，喷枪工作稳定，便于向油漆罐加油漆或换颜色；缺点是，喷涂水平表面困难。黏度变动导致排量变化，油漆罐比重力在进给时很大，因而操作者较易疲劳。

(2) 重力式空气喷枪，利用油漆自身重力流入喷嘴进行雾化喷射，其结构如图 3-5-20 所示。这种喷枪适用于较稠的涂料(如车身填料)的喷涂。

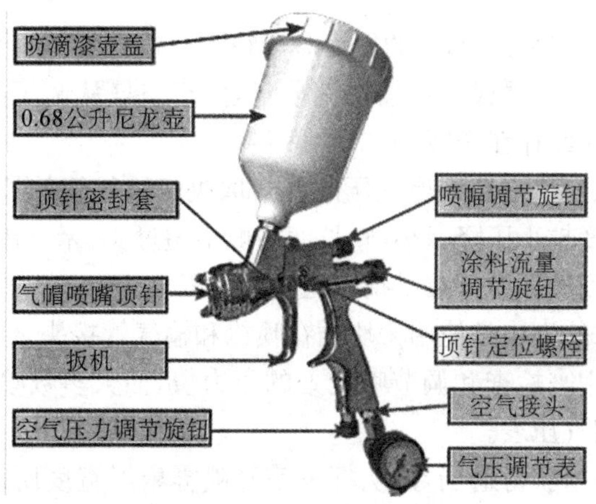

图 3-5-20　重力式空气喷枪结构

重力式空气喷枪涂料的供给方式：油漆杯安装在喷嘴上方，用重力及喷嘴尖的吸力供应油漆。其优点是，油漆黏度不变，所以喷量不会变化，油漆杯的位置可按喷漆件的形状变更。缺点是，由于油漆杯安装在喷嘴上方，反过来就会影响喷枪的稳定性；油漆杯容量小，不合适喷射较大的表面。

(3) 压送式空气喷枪，是使压缩空气进入油漆罐中，推动油漆从细管进入喷嘴，图 3-5-21 为其结构。

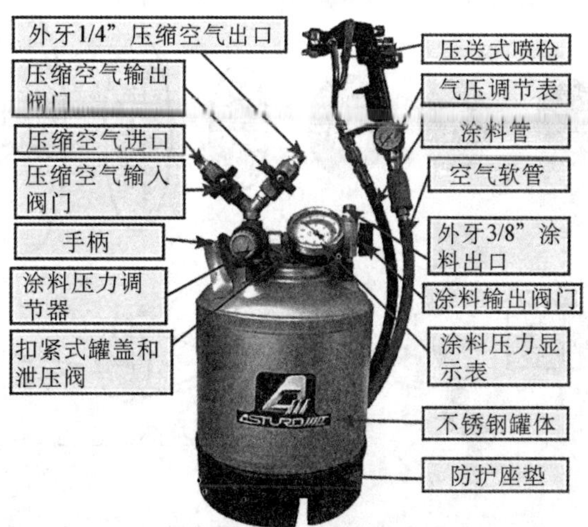

图 3-5-21　压送式空气喷枪

压送式空气喷枪涂料的供给方式:用压缩空气罐或泵给油漆加压。其优点是,喷涂大型表面时不必停下来向油漆罐加油漆,也可使用高黏度油漆;缺点是,不合适小面积喷漆,变换颜色及清洗喷枪需要较多时间。

2）喷枪的调整

喷枪的调整是指喷雾扇形区域的调节,喷雾扇形取决于空气和雾化的涂料液滴的混合是否合适,就像发动机的工作取决于空气和燃油的混合是否合适一样。涂料的喷涂应平稳,喷涂出的湿润涂层应没有凹陷或流泪现象,在一般情况下,要想获得合适的喷雾扇形,有三种基本调节方式。

(1) 空气压力调节。喷枪喷嘴处的压力对于得到合适的喷雾扇形有很大的影响。空气压力的调节一般可通过分离器或调压器来调节,但由于空气从调压器经过输气软管到达喷枪还受到摩擦力作用,因此存在压降。

调压器处测得气压与喷枪处测得气压的差值取决于输气管的长度和直径,一般来说孔径越大压降越小,管长度越小压降越小,管长度一般不超过 10 米。因此,应该在喷枪处测量气压值,而且我们所提到的压力值都是指喷枪处的气压。

测量气压的最可靠的方法是使用一块插在喷枪和输气管接头之间的气压表。有些喷枪本身就带有气压表,可用来检查和调节喷枪处的压力值,而大多数喷枪的气压表是可选件,建议在生产实际中使用气压表。

最佳的喷涂压力是指获得适当雾化、挥发率和喷雾扇形宽度所需的最低压力。压力过高会产生过多弥漫的喷雾,从而导致用料量增加,涂层流动性降低,所以在涂料到达喷涂表面之前已有大量的溶剂被蒸发掉了,就容易产生橘皮等缺陷。反之如果压力过低,会使涂层的干燥困难,因为大多数溶剂都保留下来了,因此容易产生起泡和流挂现象。

(2) 喷雾形状调节。通过调节喷雾扇形控制旋钮可以调节喷雾直径的大小。调节喷雾形状时,将扇形控制旋钮旋紧到最小,可使喷雾的直径变小,喷涂到板件上的形状变圆。将扇形控制旋钮完全打开,可使喷雾形状变成宽的椭圆形。较窄的喷雾可用于局部修理,而较宽的喷雾则用于整车喷涂,图 3-5-22 为扇形控制旋钮从旋紧到最小到完全打开,喷雾形状的变化。

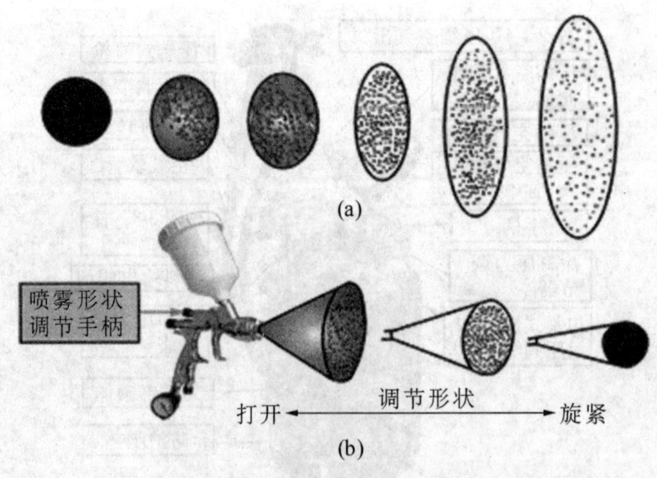

图 3-5-22　喷雾形状调节

(a) 喷雾形状　(b) 调节形状

(3) 涂料流量调节。调节涂料控制旋钮可调节涂料流量，以适应不同的喷雾形状，如图 3-5-23 所示。逆时针转动涂料控制旋钮可增大出漆量，而顺时针转动将减小出漆量。

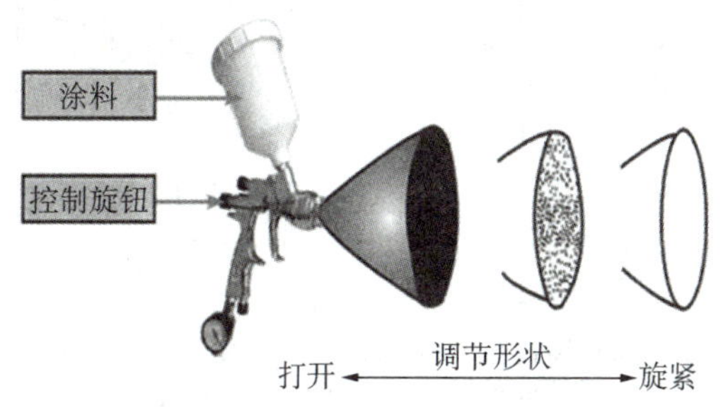

图 3-5-23　涂料流量调节

3) 喷涂操作要领

(1) 喷枪与工件表面的角度，即喷涂角度：喷枪与工作表面必须保持垂直，绝对不可由手腕或手肘作弧形的摆动，如图 3-5-24 所示。

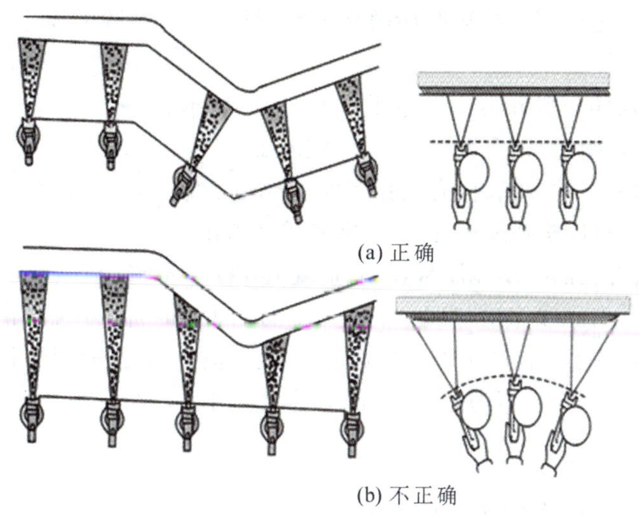
(a) 正确

(b) 不正确

图 3-5-24　喷涂角度

(2) 喷枪嘴与工件表面的距离，即喷涂距离：正常的喷涂距离应与喷枪的气压、喷枪的扇形面调整大小以及涂料的种类相配合。一般喷涂距离为 15～20 cm，可按涂料供应商提供的工艺条件操作。实际距离可通过对贴在墙上的纸张试喷而定，如图 3-5-25 所示。

(3) 喷枪的移动速度，即喷涂的移动速度：喷枪的移动速度与涂料干燥速度、环境温度和涂料的黏度有关，约以 30 cm/s～60 cm/s 的速度匀速移动。喷枪移动过快，会导致涂层过薄，而喷枪移动过慢，会导致流挂的现象。

(4) 喷涂压力：正确的喷涂气压与涂料的种类、稀释剂的种类、稀释后的黏度和喷枪的类型有关，一般调节气压 2.0 Pa～2.5 Pa，或进行试喷而定。压力过低极有可能雾化不好，会使稀释剂挥发过慢，涂料像雨淋一样喷涂到工件的表面，容易产生流泪、针孔、气泡等现象。而压力过高则有可能过分蒸发，严重时形成所谓的干喷现象。

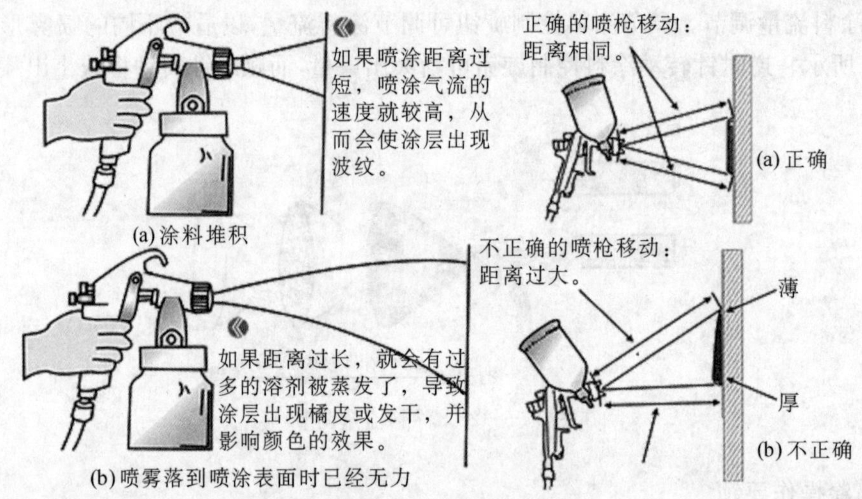

图 3-5-25 喷涂距离

(5) 喷枪扳机的控制：扳机扣得越紧，液体流速越大。传统走枪，扳机总是扣死，而不是半扣。为了避免每次走枪即将结束时所喷出的涂料堆积，有经验的漆工都要略略放松一点扳机，以减少供漆量。

扣扳机的正确操作一般分为 4 步，如图 3-5-26 所示。

① 先从遮盖纸开始走，扣下扳机的一半，仅放出空气。

② 当走到喷涂表面的边缘时，完全扣下扳机，喷出涂料。

③ 当走到另一头时，松开扳机的一半，涂料停止流出。

④ 反向喷涂前再往前移动几厘米，然后重复上述操作步骤。

在“斑点”修补或者新喷涂层与旧涂层的边缘润色加工时都要进行“收边”操作，如图 3-5-27 所示的收边法喷涂。收边法喷涂是通过手的腕部移动，使喷枪按月牙形轨迹离开修补表面，利用这种喷枪移动方法，漆层厚度会随着喷枪移开而逐渐变薄。

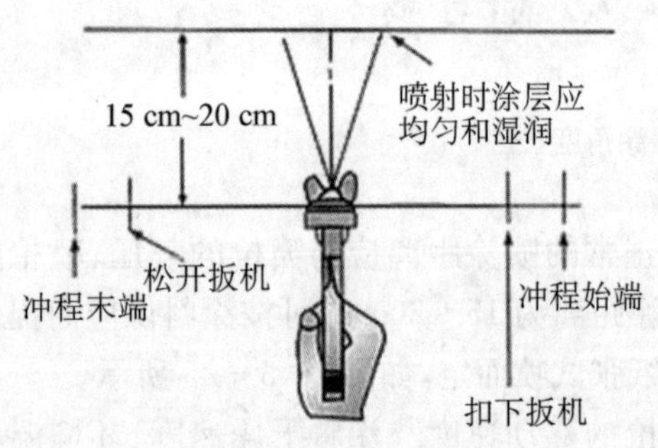

图 3-5-26 喷枪扳机的控制

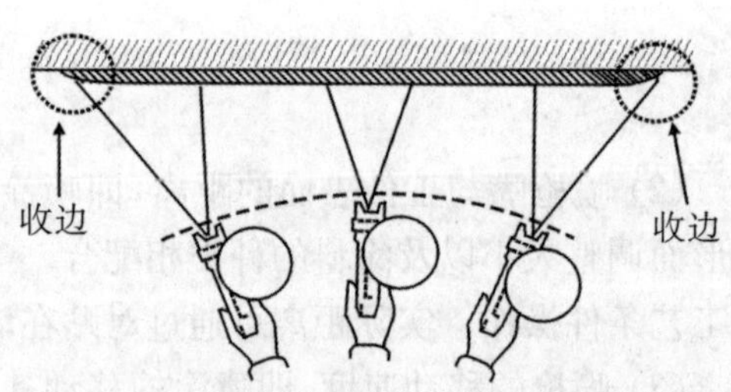

图 3-5-27 收边法喷涂

(6) 喷涂方法、路线的掌握。喷涂方法有纵行重叠法、横行重叠法、纵横交替喷涂法三种。喷涂路线应按照从高到低、从左到右、从上到下、先里后外的顺序进行。在行程终点关闭喷枪，喷枪第二次单方向移动的行程与第一次相反，喷嘴与第一次行程的边缘平齐，雾型的上半部与第一次雾型的下半部重叠，重叠幅度应该是第二层与上一层重叠 1/3 或 1/2，如图 3-5-28 所示。

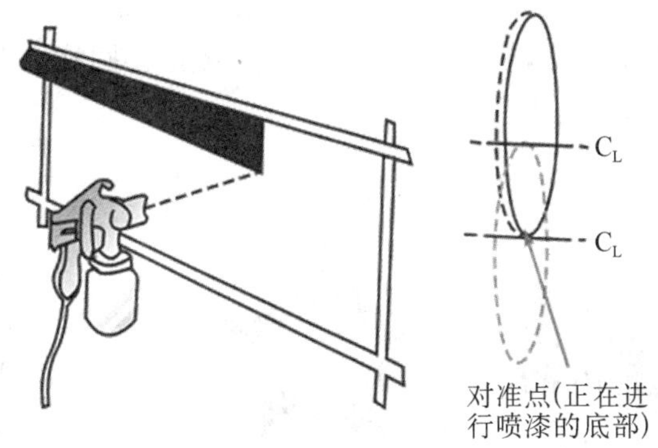

图 3-5-28　喷涂方法、路线

(7) 走枪的基本动作：汽车修补涂装中，被涂物的情况不同，喷漆走枪的手法也不同，下面介绍几种常用的喷漆走枪手法。

① 构件边缘的走枪手法，如图 3-5-29 所示，一般由右到左喷涂，并采用纵喷（喷出涂料呈垂直方向）。

② 构件内角的走枪手法，如图 3-5-30 所示，一般采用先由上而下，再由上而下喷涂，并采用横喷（喷出涂料呈水平方向）。

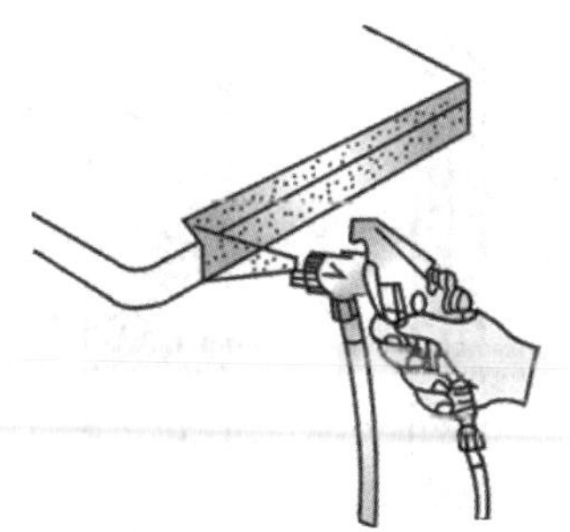

图 3-5-29　构件边缘的喷涂

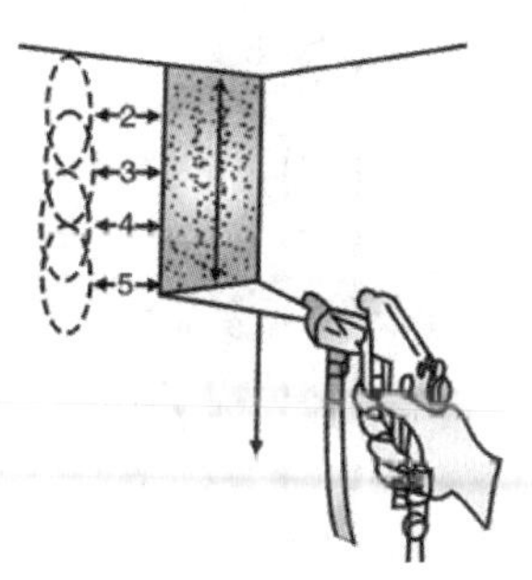

图 3-5-30　构件内角的喷涂

③ 小而直立的构件平面的走枪手法，如图 3-5-31 所示，先由上到下进行(1→2)，然后由左到右(2→3)，再由下到上进行(3→4)，依次完成(4→1→5→6→7→8→9)。

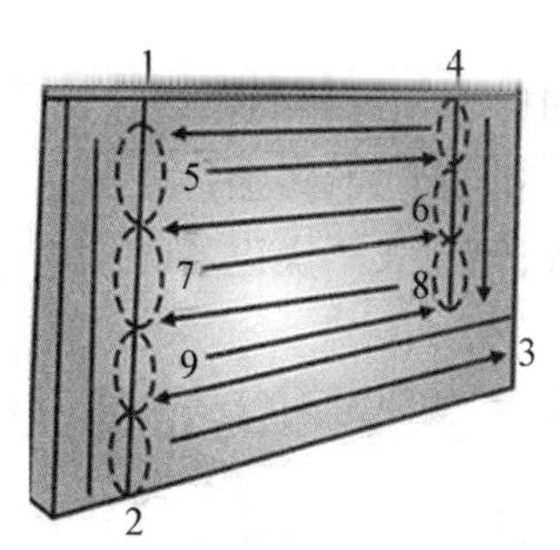

图 3-5-31　小而直立平面的喷涂

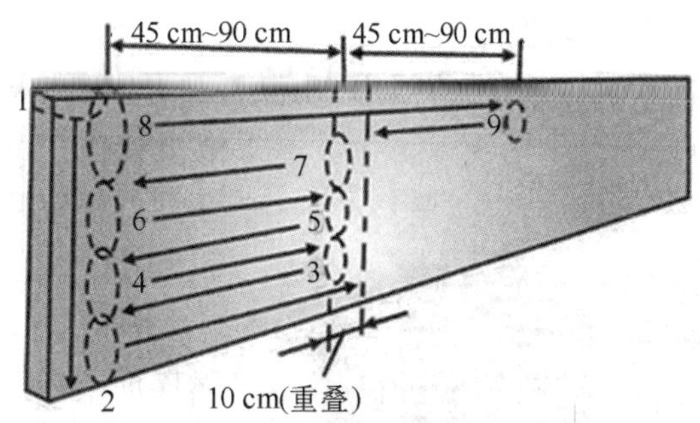

图 3-5-32　长而直立平面的喷涂

④ 长而直立的构件平面的走枪手法，如图 3-5-32 所示，喷涂长而直立的构件平面时也是由上到下进行，再由左到右，依次沿横向行程，每行程 45 cm～90 cm，次序 9 以后行程重叠 10 cm。

⑤ 小圆柱构件的走枪手法，如图 3-5-33 所示，喷涂小圆柱构件时，由圆顶自上往下再自下往上，分 3～6 道垂直行程喷完。

图 3-5-33 小圆柱体、中圆柱体的喷涂

图 3-5-34 大型圆柱体的喷涂

⑥ 大圆柱构件的走枪手法，如图 3-5-34 所示，喷涂大圆柱时，则由左到右再由右到左，水平行程，依次喷完。

⑦ 棒状构件的走枪手法，如图 3-5-35 所示，喷涂较长的、直径不大的棒状构件时，最好将雾束调窄一些与之配合。然而很多漆工为了省事，不愿经常调整喷枪，而是将喷枪雾束的方位与棒状构件相适应。这样可达到完全覆盖又不过喷的目的。

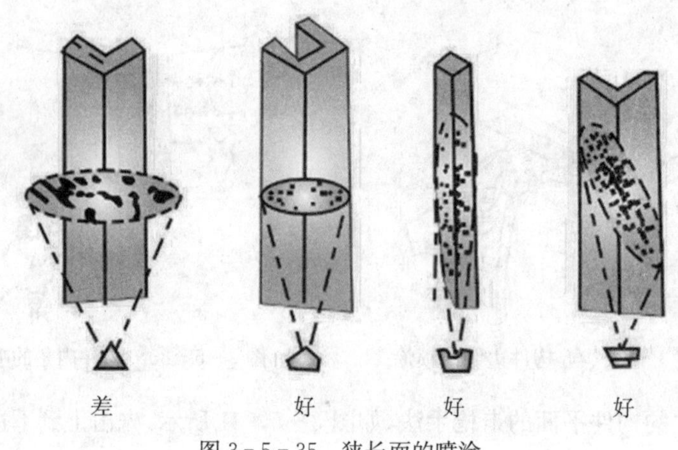

图 3-5-35 狭长面的喷涂

7. 干燥设备

干燥设备也称烘干设备，其种类有很多。按其外形结构可分为室式、箱式、通道式 3 种；按其操作方式可分为周期式和连续式；按加热或传热方式不同可分为对流式干燥设备、辐射式干燥设备和感应干燥设备等。

图 3-5-36 对流式干燥设备

目前，我国常用的干燥设备主要是对流式和辐射式干燥设备。

1）对流式干燥设备

对流式干燥式设备是利用热源以对流方式传递的原理制造的，通常由箱体、电热丝、电炉板、排雾管、小钢轨及活动推架组成，如图 3-5-36 所示。

对流式干燥设备具有以下六个特点。

(1) 对流式烘干设备加热均匀,能保证涂层的颜色不变。

(2) 烘干温度范围较大,基本能满足一般类型涂料烘干温度要求。

(3) 设备使用管理和维修较为方便,使用费用较低。

(4) 烘干时,必须将烘室内的空气加热,热量消耗大。

(5) 由于空气的导热性差,涂层的导热性差,故对流式干燥的速度较慢。

(6) 热量的传导方向和溶剂蒸发的方向相反。即漆层的表面受热后干燥成膜,使漆层下面的溶剂蒸汽不易跑出,干燥速度变慢。如果溶剂蒸汽的压力克服不了漆膜的阻力,就会冲破膜表面,产生针孔,使漆膜质量受到影响。

2) 辐射式干燥设备

辐射是热传递的一种方式,这种加热方法是将热能转变为各波长电磁振动的辐射能,其过程称为热辐射。以红外线为辐射源的干燥设备,称为红外干燥设备。

红外线干燥设备由碳化硅管、碳化硅板、红外线辐射等组成,如图 3-5-37 所示。

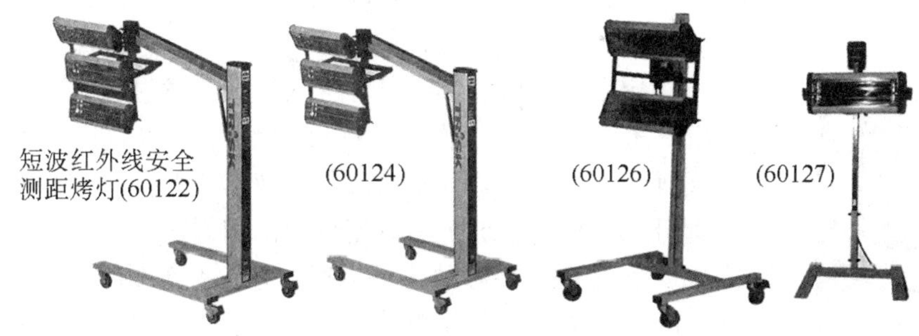

图 3-5-37 辐射式干燥设备

辐射式干燥设备具有以下六个特点。

(1) 干燥速度快:由于自内向外干燥,使油漆溶剂易于挥发。因而可大大缩短干燥时间,一般可提高 2~5 倍效率。

(2) 干燥质量好:漆层干燥均匀,可避免或大大减少由于溶剂蒸发而产生的针孔、气泡现象。

(3) 热损耗小:由于辐射不需要中间媒介,可直接将热源传到被加热的物体上,故没有因有中间媒介引起的热损耗。

(4) 升温迅速:大大地减少烘干时间。

(5) 设备结构简单:节约设备投资和占地面积。

(6) 具有方向性:可调节,可用于局部加热。

8. 烤漆房

车身修理会不断产生粉尘和污物,几乎无法控制许多微小尘粒的散发方向。在这样的环境中进行喷漆显然是不合适的,因此需要设置独立的喷漆房,为喷漆提供一个清洁、安全、照明良好的密封环境。这样做,既可以隔开其他工序对喷漆的影响,又可以将喷漆所造成的污染得到有效的控制,方便后续治理。

喷漆房的缺点就是不能进行烤漆,后来人们研究出烤漆房。烤漆房是将喷漆和烤漆合二为一的设备。由于这种设备占地面积小,设备利用率高,投资少,经济实用等,被现代汽车维修厂和汽车美容店广泛使用。其主要由房体、通风系统、空气过滤系统、加热系统、照明系统、废气处理系统等组成。

1)喷漆的操作方法

(1)喷漆:根据环境温度,确定用升温喷漆还是常温喷漆。

① 当环境温度低于10℃时,先将温控仪温度设定在20℃,接通电源,将喷漆开关打到升温喷漆,使漆房的温度保持在20℃,处在最佳喷油温度状态。

② 当环境温度高于20℃,常温就可喷漆,漆房内不需升温,只需通风。

(2)烤漆,整个烤漆步骤如下:

① 调节好烤漆时所需要的温度及时间,打开风机开关,再打开烤漆开关,即开始烤漆。

② 新鲜空气经加热器被加热后进入烤漆房使温度升高。当温度升至设定温度后15秒左右,风机自动关闭。漆房保持在设定温度的范围内进行烤漆。

③ 当温度降到比设定温度低45℃时,风机自动工作,使漆房内温度保持恒定。

④ 当烤漆时间到达设定时间时,烤漆房自动关闭,烤漆结束。

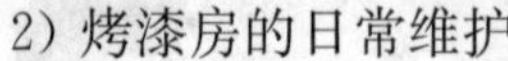

2)烤漆房的日常维护

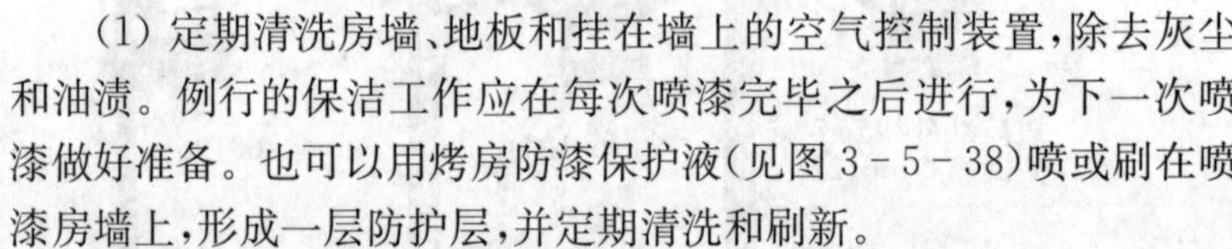

(1)定期清洗房墙、地板和挂在墙上的空气控制装置,除去灰尘和油渍。例行的保洁工作应在每次喷漆完毕之后进行,为下一次喷漆做好准备。也可以用烤房防漆保护液(见图3-5-38)喷或刷在喷漆房墙上,形成一层防护层,并定期清洗和刷新。

图3-5-38 烤房防漆保护液

(2)在房内不要存放零件、油漆、废料包装物或工作台,因为这些物品会累积污物最终影响喷漆质量。

(3)不要在房内用砂纸打磨车身表面或者抛光,以免尘粒弥漫影响空气质量。所有待喷漆的准备工作,如整车的打磨清洁,油漆的调制等都要在房外进行,尽可能避免污染源的出现。

(4)喷漆房除了大扫除可用少量水擦拭清洗,一般不提倡用水,清洁地沟或进出风口时,都必须用吸尘机及时清除粉尘和漆渣。

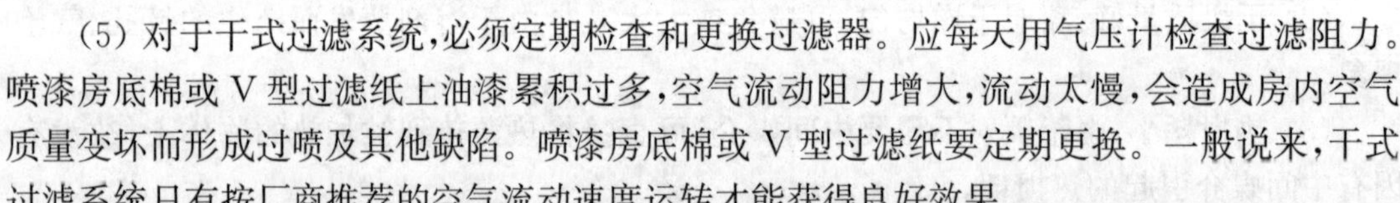

(5)对于干式过滤系统,必须定期检查和更换过滤器。应每天用气压计检查过滤阻力。喷漆房底棉或V型过滤纸上油漆累积过多,空气流动阻力增大,流动太慢,会造成房内空气质量变坏而形成过喷及其他缺陷。喷漆房底棉或V型过滤纸要定期更换。一般说来,干式过滤系统只有按厂商推荐的空气流动速度运转才能获得良好效果。

(6)定期检查房周边可能漏气的缝隙是否被密封,以免外部尘粒进入房内。

(7)汽车在进入房内之前,必须清洗干净。污物一般隐藏在汽车的裂隙、保险杠背面、发动机室,以及汽车底部不易被发现的地方,如不清除干净而带入房内,喷漆时在强大气流作用下,这些污物必然影响喷涂质量。一般应在房外用高压气流将这些部位的附着物清除干净。

(8)喷漆用的辅助物件,如喷枪、胶纸、油漆罐、带子、车轮套、空气调节器、软管、工作服、防毒面罩、擦布等都可能集纳尘污,应将它们存放在密闭和通风的储藏室中,防止它们带来的污物落入喷漆面层。

(9)定期对排风扇和电动机进行维护保养。

【任务实施】

漆膜划痕修复，首先要判断这些划痕的深浅程度，看是浅度划痕、中度划痕还是深度划痕，然后确定划痕的治理流程。

一、浅度划痕的治理流程

由于洗车不当等原因造成的车身浅度划痕，即表层漆面轻微刮伤，经检查未伤及面漆层，可按以下步骤进行修复施工。

(1) 步骤1：清洗，将漆面表层的上光蜡薄膜层、油膜及其他异物除掉，方法是采用脱蜡清洗剂对划痕部位进行清洗，然后晾干。

(2) 步骤2：打磨，一般采用人工作业，可用打磨抛光机或打磨机进行打磨抛光。打磨时要注意不能磨穿面漆层，如面漆层被磨穿，透出中涂漆层，必须喷涂面漆进行补救。

(3) 步骤3：还原，经打磨抛光的漆面已基本清除浅度划痕，对打磨抛光作业中残留的一些发丝划痕、旋印等，可通过漆面还原进行处理。其方法是：用一小块无纺布将还原剂均匀涂抹于漆面，然后抛光至面漆层与原漆面颜色完全一致。

(4) 步骤4：上蜡，漆面还原后进行上蜡处理。其方法是：上蜡时要反复多次擦拭至漆膜平整光亮，也可将汽车整个表面同时打蜡抛光一遍。

(5) 步骤5：质检，检查的重点是后补漆层的色泽必须与原漆膜完全一样，若有差异说明表面清理和打蜡抛光没有完全按照要求操作，必要时应返工。

(6) 步骤6：镀膜，镀膜美容是漆面保护的最高措施，可以避免氧化，达到使漆面增亮、抗酸碱、抗氧化、抗紫外线等多重功效。

二、中度划痕的治理流程

(1) 步骤1：打磨。

① 检查底层涂漆是否附着完好。

② 对中涂层及面漆层的刮伤部分进行打磨，使之平整、光滑。

③ 对损伤部位的边缘进行修整，使其边缘不见刮伤的涂层为止，必要时可适当扩大打磨面积。

(2) 步骤2：清洗、干燥。

① 用专用清洗剂去除打磨表面的油污、石蜡及其他异物。

② 用烘干设备使清洗表面干燥。

(3) 步骤3：刮涂腻子。

① 按要求调制好所需用量的原子灰，刮涂时先填充砂纸痕和气孔，然后全面刮涂。

② 拆除车身表面塑料件，然后用红外烤灯对刮涂的原子灰进行烘烤，烤灯与车身相距约1 m。

③ 用打磨机配120＃砂纸对干燥的原子灰进行打磨。

(4) 步骤4：中途层涂装。

① 对喷涂表面周边部位进行遮盖。

② 用浸有清洁剂的软布擦洗待喷涂表面，并擦干。

③ 调配好中途底漆后便可进行喷涂，先喷涂第1遍，晾干5分钟后再喷涂第2遍。

④ 等中途底漆完全固化后进行打磨，打磨时，先用600＃砂纸粗磨，然后用800＃砂纸细磨。

(5) 步骤5：面漆涂装。

① 按要求调配面漆。

② 用清洁剂对待喷涂表面进行清洁。

③ 对待喷涂表面周边部位进行遮盖。

④ 再次清洁待喷涂表面，并擦干。

⑤ 喷涂面漆，喷涂时，先喷两道色浆，每道之间流平5～10分钟，喷涂后晾干15分钟再喷清漆，喷涂清漆时，先喷第1道清漆，晾干5～10分钟后，再喷第2道清漆，喷涂完毕后，对漆面进行检查。

⑥ 撕下遮盖纸，在烤漆房内，按照规定的温度和烘烤时间烘烤漆膜。一般温度为60℃，时间为30分钟。

⑦ 漆膜彻底冷却后，用1 500＃或2 000＃砂纸打磨漆面上的尘点、流挂等缺陷。

(6) 步骤6：打磨抛光。

① 先用打磨抛光机装上粗羊毛盘配粗蜡对划痕部位进行研磨。

② 换上海绵盘配细蜡进行抛光处理。

③ 再换上干净的海绵盘配上光蜡去除抛光留下的漩涡痕迹。

三、深度划痕的治理流程

深度划痕是汽车因碰撞、刮擦等原因造成的车身局部损坏、板面变形、破裂等，涂层严重受损。对深度划痕首先应清除损坏板面的旧漆层，用钣金或焊装等方法，修复已损伤的车身板面，达到与原形状、尺寸相等的标准。

1. 清除旧漆

所谓机械法，就是采用专用的电动或气动打磨机等除漆设备(见图3-5-39)，除去旧漆的方法。这种方法是目前应用比较广泛的一种除漆方法，其工作效率高、旧膜清除彻底，同时也能彻底清除锈蚀，能一步达到除膜、除锈的目的。

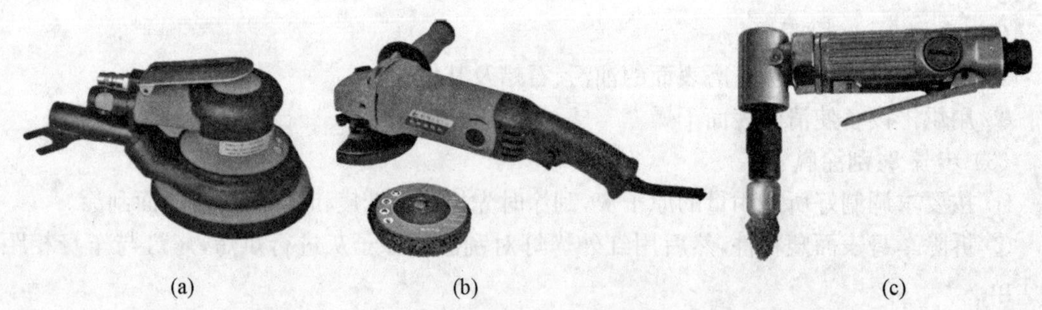

(a) (b) (c)

图3-5-39　除漆设备

(a) 磨灰机　(b) 除漆、除锈机及黑金钢　(c) 小型除漆除锈机

注意：用电动或气动磨灰机除漆除锈作业时，如果使用的是硬的打磨头时，要保持与涂膜表面相平行，如图 3－5－40(a)所示，否则会在金属表面留下划痕；如果是柔性打磨头，应采用如图 3－5－40(b)所示的方式与涂膜表面的接触。

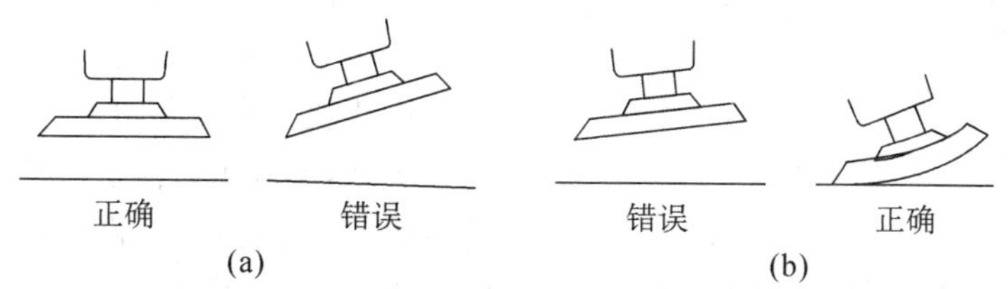

图 3－5－40　硬/柔性打磨头与涂膜表面的接触方式
(a) 硬打磨头　(b) 软打磨头

2. 金属表面除锈

汽车漆膜损坏使金属表面极易产生锈蚀，因此对裸露的金属表面进行处理是车身表面喷涂工作的关键，其目的是为了提高涂层的附着力和防止金属锈蚀。它是决定涂层寿命的唯一的重要因素。

金属除锈法大致可分为手工除锈法、机械除锈法、化学除锈法三种。在施工时应注意，根据被涂物的材质、形状、厚度、大小、涂料品种、施工条件和质量等因素来确定采用何种方法进行除锈。

1) 手工除锈法

手工除锈法是一种最简单的方法，通过用锤、铲刀、钢丝刷、纱布、砂轮机等工具，进行手工敲、铲、刮、刷等操作，达到除锈目的。其缺点是劳动强度大，工作效率低、质量差，但该方法对被涂物的形状、施工条件限制较小，能适应任何结构和施工条件，且简便易行，因此广泛使用。

2) 机械除锈法

机械除锈法就是利用机械产生的冲击、摩擦作用对车身表面除锈的方法。常用的工具有气动刷、电动刷和电动砂轮机。其中气动刷和电动刷的原理一样，都是利用特制的圆形钢丝刷的转动，产生冲击和摩擦把铁锈和氧化层清除干净，不同的是气动刷是以压缩空气为动力，而电动刷是以电动机为动力；手提式电动砂轮是除锈的理想工具，其工作效率高，施工质量好，操作方便，设备简单，因此被认为是除锈的理想工具。

3) 化学除锈法

所谓化学除锈法是利用酸性溶液与金属氧化物发生化学反应，使铁锈、氧化层被酸性溶液溶解，从而达到除锈的目的。以龙神脱脂除锈钝化剂为例，它适应于各种金属的表面处理，可用来去除工件上的锈迹，同时具有脱脂、除锈和钝化的功效。

龙神脱脂除锈钝化剂的使用方法：

(1) 按照 1∶1 的比例用水稀释。

(2) 将待处理工件浸泡在槽中。

(3) 几分钟后，待工件表面污垢消失后，取出工件并放在空气中干燥。

(4) 待干燥后，可立即上漆。

为提高效果，建议处理后去除槽表面上漂浮着的油脂。

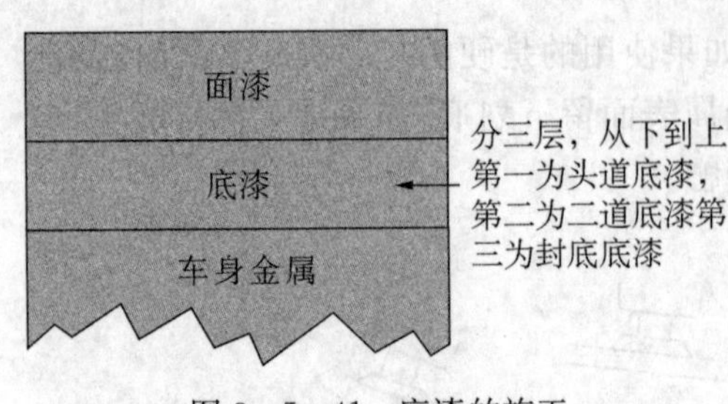

图 3－5－41　底漆的施工

3. 底漆的施工

底漆的作用主要是防止金属表面生锈与腐蚀，同时增强腻子和面漆间的附着力。根据使用先后，底漆有头道底漆、二道底漆及封底底漆，如图 3－5－41 所示。

底漆漆膜的强度和附着力除与其主要成膜物质有关外，与施工方法也有相当大的关系，漆膜的厚度、均匀度、干燥程度，是否漏除、流痕，稀释剂的正确使用与否及涂料的黏度、施工环境（温度和相对湿度）、涂装前处理等，都将影响底漆涂装后的质量。

1) 头道底漆的施工方法

(1) 步骤 1：检查待涂表面，检查待涂金属表面是否干净，应达到无锈、无尘、无水、无油和其他污物。

(2) 步骤 2：稀释头道底漆，按指定的稀释剂稀释底漆，并按照说明书调配好底漆。

(3) 步骤 3：喷涂，配用专用工具，在金属表面喷涂一层薄薄的头道底漆。

(4) 步骤 4：干燥，自然干燥，待头道底漆干燥后才进行二道底漆的喷涂。

注意：因头道底漆很薄，一般不能打磨，如果底漆上确实有疵点需要处理，只能用 4 008 或更细的砂纸轻轻抛光。底漆喷涂后，在完全干燥前不要用手或抹布之类的物品接触新喷的底漆表面。

2) 二道底漆的施工方法

(1) 步骤 1：检查头道底漆是否干透。

(2) 步骤 2：使用指定的稀释剂稀释二道底漆。

(3) 步骤 3：按施工要求选择好喷枪，并调整和检查好喷枪。在平板上试喷，观察扇辐是否合适。

(4) 步骤 4：以上工作完成后，进行喷涂二道底漆。首先薄薄的喷涂一层二道底漆，并使其自然干燥。

(5) 步骤 5：接着再喷涂 3～4 道，每道涂层的厚度为 15 μm 左右，每道涂层留出一定的待干燥时间，使二道底漆干燥后，进行打磨。

(6) 步骤 6：手工打磨时最好采用湿打磨。湿打磨最好采用 400 号水砂纸，而干打磨采用 320 号、360 号砂纸。在打磨边角、脊背、折边等突出部位时要小心，打磨时力度要合适。如果不小心将部分二道底漆甚至头道底漆都砂掉，则必须从复上述工艺过程。

(7) 步骤 7：用橡皮刮刀检查涂装质量。

3) 封底底漆的施工方法

(1) 步骤 1：清洗，在已喷涂的二道底漆的表面，用清洗溶剂清洗二道底漆表面。

(2) 步骤 2：稀释封底底漆，按照说明书稀释封底底漆。

(3) 步骤 3：喷涂，在适当压力下喷 1～2 道封底底漆，其厚度不能超过产品说明书的指标。

(4) 步骤 4：干燥，完成上述工作后，让封底底漆自干 30 分钟。

4. 原子灰的施工

刮涂原子灰主要是为了填补已涂过底漆的物体表面的缺陷，如凹坑、裂纹、焊接缝、锈眼等，以获得平整光滑的表面。

1）原子灰刮涂的程序

腻子一般用刮具刮涂，刮涂次数（层数）视物面状况及施工要求而定，一般刮1～5层，直至达到涂漆要求。刮涂腻子的程序如下：

（1）步骤1：在经过表面处理的物体表面涂底漆，干燥。

（2）步骤2：刮第一层腻子，干燥。第一层腻子要稠些，用较宽的硬刮具对车身表面较大的凹坑先刮平整，次层腻子只求平整，不需光滑。

（3）步骤3：用磨石或用木块衬100＃水砂纸湿磨，然后擦干净，干燥。

（4）步骤4：涂底漆，干燥。

（5）步骤5：刮第二层腻子，干燥。

第二层腻子要稍稀些，刮涂厚度应比第一层薄，但面积要略大于第一层，车身上大平面用硬刮具刮平，圆弯处可用橡胶刮具刮平。刮涂时还是以填平低凹处为主。满刮时注意方向，应顺流线性方向，从右到左，从上到下进行刮涂。

（6）步骤6：用木块衬120＃～180＃水砂纸湿磨，然后擦干净，干燥。

（7）步骤7：涂底漆，干燥。

（8）步骤8：刮第三层腻子或第四层、第五层腻子，直至表面平整光滑无缺陷，符合喷涂前的底层要求。第三层腻子应再稀些，最后一层腻子更稀并加入少许漆，腻子调制时不能太松散，要有一定韧性。刮涂时以手的压力与刮具弹性相配合，使刮涂的腻子层光滑。

2）原子灰刮涂的注意事项

（1）腻子刮涂时，第一层的往返次数不宜过多，尽量一下刮成或允许有一个往返。

（2）各层腻子的接口应错开，即不要使各层腻子的接口都位于同一部位，以免产生缺陷。

5. 面漆的施工

1）施工前的准备

（1）检查：对喷涂物面进行全面检查，如发现底漆层不平整、不光滑，应进行打磨；对残留原子灰和其他污物应清除干净。

（2）遮盖：全涂装和局部修补涂装，对不需喷涂的部位都应遮盖起来。对于这种遮盖作业，所用的纸和黏贴带，都有定型产品，如图3-5-42所示，可以根据不同的场合灵活选用。

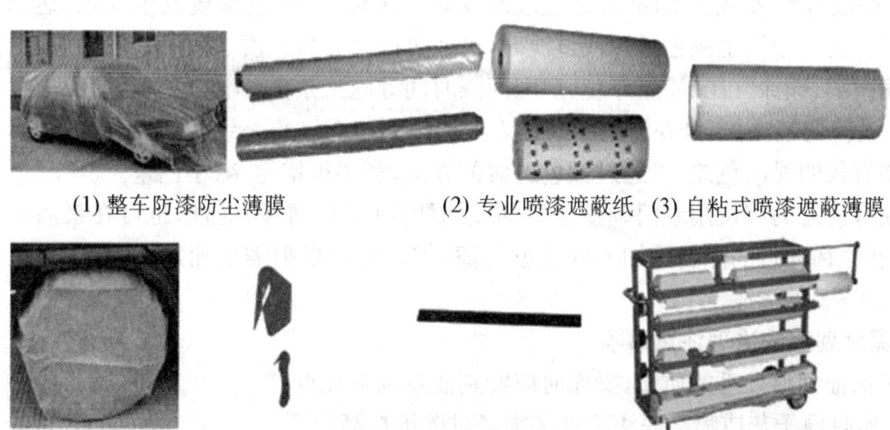

(1) 整车防漆防尘薄膜　(2) 专业喷漆遮蔽纸　(3) 自粘式喷漆遮蔽薄膜

(4) 轮胎防漆罩　(5) 薄膜专业安全刀　(6) 压贴磁条　(7) 遮蔽纸切纸架

图3-5-42　遮盖材料及设备

在进行遮盖作业时，要提高效率，诀窍在于应根据不同的场合使用不同宽度的带状牛皮纸。

使用报纸遮盖有时也很方便，还有比较厚的纸带也可以利用。能盖住轮胎和车身侧面的专用遮盖罩，用起来最为方便。

2）喷涂作业

(1) 金属色彩涂料喷涂，按以下步骤进行。

① 薄层预喷：要形成连片的一张涂膜，轻度薄薄地喷涂，确认有无缩孔，对小缩孔可用喷雾法喷涂修正，对大的缩孔部位，经干燥并采用600＃砂纸打磨后，用喷雾法修正。

② 着色喷涂：为避免涂膜颜色产生不匀，每道喷幅重叠3/4，均匀地喷涂，要注意保持适当的喷枪距离。

③ 修整不匀部位：着色工序时哪无不匀，可省去这道工序。产生不均匀时应充分间隔一段时间，降低涂料黏度，以小于着色工序喷涂量和较快的速度，喷幅重叠3/4，均匀地喷涂。

④ 清漆稳定涂层喷涂：涂层不要厚，均匀地进行喷涂，此工序中清漆使用量大约是为清漆总量的40%。

⑤ 清漆罩光喷涂：注意涂面情况，均匀地喷涂，清漆使用量为清漆总量的60%。

(2) 普通单色涂料喷涂，按以下步骤进行：

① 薄层预喷：轻度薄薄地喷涂，确认有无缩孔，有缩孔参照金属色漆喷涂时的修正方法进行。

② 着色喷涂：每道喷幅重叠2/3，均匀地喷涂，要使涂面伸展得更平滑，可加5%～10%稀释剂于漆料中，多喷涂一层。

③ 清漆罩光喷涂：可进行混合罩光或单独罩光，混合罩光清漆加入量为30%左右，用清漆单独罩光参照金属色彩涂料涂装中的清漆喷涂工序。

3）色差处理

由于涂料的生产年份和生产批号不同、施工方法的差异及原车漆膜褪色等因素的影响，在实际施工中，要想使修补部位与原车漆的颜色完全一致是很困难的，为使色差减小到最小程度，使新旧涂膜吻合，除了正确地调配修补涂料的颜色外，进行必要的色差处理也是一项较好的弥补措施。

(1) 亮度调整法：亮度调整法是通过改变施工条件，使颜色深浅发生变化，达到调整色差的目的。施工中发生颜色过深或过浅时，可通过调整涂料黏度、喷涂量、喷枪移动速度、喷枪与物面距离、喷涂气压、漆层厚度、层间间隔时间等施工条件，调整色差。

(2) 过渡调整法：当修补涂料的颜色无法调配到与旧涂膜一致时，施工中发现修补部位与旧漆膜有较明显的色差，可通过颜色过渡的方法，利用视错觉，减小色差。

可在有色差的部位用专门调整接口部位的清漆（驳口清漆）处理，也可在最后一层局部喷涂时，在原稀释过的涂料中加入同类型清漆，加入量可根据需要而定，一般1份已稀释的涂料加入1～2份清漆。

6. 深度划痕的治理注意事项

为了保证划痕处理的质量，操作时应特别注意以下几点：

(1) 所打原子灰或喷涂底漆之处必须经过砂纸打磨。

(2) 钣金损坏处如有锈点，必须用于砂纸或钢丝刷将其清除。

(3) 喷涂底漆后不可再刮原子灰(原车底漆除外)。

【学习评估】

序号	学习内容	评价标准			
		了解	掌握	可指导操作	可独立操作
1	汽车漆面划痕的产生原因				
2	汽车漆膜修补工具与设备				
3	浅度划痕的治理流程				
4	中度划痕的治理流程				
5	深度划痕的治理流程				

【考核评价】

评价内容	赋分	序号	具体指标	分值	得　分		
					自评	组评	师评
仪容仪表	5	1	穿戴整洁符合工作要求	5			
工作安全	15	2	走路文明,不打闹	5			
		3	操作过程沉着冷静	5			
		4	无人员受伤及设备损坏事故	5			
工作过程	60	5	掌握浅度划痕的治理流程	15			
		6	掌握中度划痕的治理流程	15			
		7	掌握深度划痕的治理流程	25			
		8	完成实训工单填写	5			
职业素养	20	9	坚持出勤,遵守规章制度	5			
		10	服从安排,积极参与	5			
		11	在规定时间内完成,认真填写数据	5			
		12	认真执行 5S	5			
综合得分				100			

任务六　漆膜斑点的修复

【任务目标】

一、知识目标

(1) 了解汽车漆膜斑点的产生原因。

(2) 了解汽车漆膜斑点的分类。

(3) 了解汽车漆膜斑点的危害。

二、技能目标

(1) 掌握轻微斑点治理的施工流程。

(2) 掌握表层斑点治理的施工流程。

(3) 掌握深层斑点治理的施工流程。

【任务引入】

王先生居住的小区的停车场是露天的，小区的绿化较好，停车场四周都是郁郁葱葱的树木。有一天，王先生发现爱车的车身上有一片脏东西，仔细观察后发现原来是已经变干的鸟粪，连忙用湿毛巾擦洗，却留下一片斑点，于是到某汽车美容店进行漆膜修复。作为一名汽车美容作业人员，需要针对王先生汽车车漆的具体情况，按照正确的施工流程，完成汽车漆膜的修复作业，使客户满意。

【任务分析】

由于汽车不可避免地经常暴露在外界空气中，因此汽车车身漆膜容易受到酸雨、鸟粪、昆虫尸体、落叶等侵蚀，导致漆面出现斑点，影响汽车美观，如果严重的话，还会透过漆层向内渗透，不但会伤害漆膜，甚至会使车身金属受到腐蚀，影响汽车的使用寿命。因此，车身漆膜上的异物和斑点应及时清除，否则，随着斑点逐渐向深层渗透，将增加处理的难度，增加修复成本。

【任务准备】

一、汽车漆面斑点产生原因

汽车漆面斑点是漆膜表面出现的异色斑点状的污点，主要由以下两点原因造成。

1. 鸟粪

当车身漆膜上积聚了鸟粪、死虫等污物时，因这类污物有很强的酸性，会很快渗入到漆膜，使漆膜腐蚀，失去光泽。

2. 酸雨

由于工业化程度的提高，城市污染日益严重、大气中的酸性物质越来越多，雨水的酸性越来越高而形成酸雨。汽车受到酸雨的侵袭后，漆膜受酸性物质腐蚀而呈现出一些类似水滴干后的印迹，使漆膜变色。

二、汽车漆膜斑点的分类

1. 按产生原因分类

按产生原因分类，汽车漆膜斑点可分为污斑、雨斑、霉斑、锈斑等。

2. 按渗透深度分类

按渗透原因分类，汽车漆膜斑点可分为轻微斑点、表层斑点及深层斑点。

(1) 轻微斑点：指漆膜出现很浅的雨斑或污斑印迹，漆已变色，但斑点尚未向深层渗透。

(2) 表层斑点：当漆膜斑点呈环状，环的中心已呈暗色，斑点已进入表层。

(3) 深层斑点：若斑点已渗透到漆膜深层，或出现严重的霉斑及锈斑时，首先应彻底清除斑点，然后再进行修补。

【任务实施】

漆膜斑点的治理应根据漆膜侵蚀的实际情况选择不同的施工工艺。针对王先生的车送到汽车美容比较及时，车身漆膜斑点还没有向深层渗透，因此，可采用轻微斑点治理的施工流程处理。

一、轻微斑点治理的施工流程

漆膜出现很浅的雨斑或污斑印迹，漆已变色，但斑点尚未向深层渗透，此种斑点的清除比较简单，可按以下 4 步进行：

(1) 步骤 1：先用水冲洗，然后再用除蜡溶剂清洗。

(2) 步骤 2：用碳酸氢钠溶剂进行中和处理，然后彻底漂净。

(3) 步骤 3：附着物完全溶解后，用洗车香波清洗车辆。

(4) 步骤 4：擦干后打蜡上光。

二、表层斑点治理的施工流程

当漆膜斑点呈环状，环的中心已呈暗色，斑点已进入表层。此种斑点治理的施工流程为以下 4 步：

(1) 步骤 1：先按清除轻微斑点的方法进行清洗及中和处理。

(2) 步骤 2：用手抛光斑点部位，根据斑点深度，如果需要再用抛光机抛光，抛光中要经常检查，以保证磨掉的面漆尽可能少些。

(3) 步骤 3：若斑点较深，可用 1500＃或 2000＃砂纸湿磨，如果斑点仍可见，则用1200＃砂纸打磨。

(4) 步骤 4：清洁干净后打蜡上光。

三、深层斑点治理的施工流程

若斑点已渗透到漆膜深层，或出现严重的霉斑及锈斑时，首先应彻底清除斑点，然后再进行修补。其斑点治理的施工流程分 3 步，每一步均要认真仔细。

(1) 步骤 1：斑点清除。

① 清洗，对斑点及周围部分先用水冲洗，再用溶剂清洗。

② 砂薄，以斑点为中心，将周围漆膜加工成由薄逐渐变厚的平滑过渡状态。过渡部分的漆膜称为“薄边”，如图 3－6－1 所示。

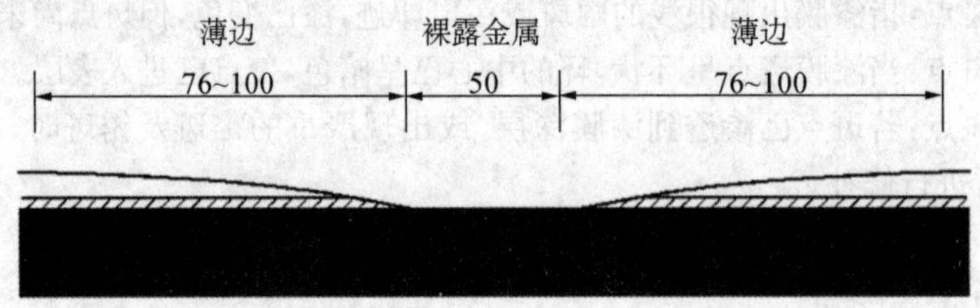

图 3－6－1 薄边

“薄边”的加工按 a、b、c 进行操作。

a. 选择合适的砂纸，手工或机械打磨，如果修补面积较小，直径只有 15～20 mm，建议采用橡胶打磨块或其他体积较大的大模块垫砂纸进行打磨。

b. 采用水砂纸由内向外打磨，也可由外向内打磨。面积较小时应划圆圈，面积较大时应走直线打磨，打磨过程中要经常用海绵蘸水湿润表面。

c. 经打磨形成“薄边”后，换成细砂纸继续打磨，以除去采用粗砂纸打磨时留下的痕迹。

③ 除锈，斑点中心裸露出金属底材的部分如有锈蚀，应进行除锈，除锈按 a、b、c 进行。

a. 对锈蚀处进行打磨，直到显露出金属光泽为止。

b. 采用双组分金属表面调整剂，清除有可能遗留在缝隙里的铁锈。

c. 用水清洗，然后采用压缩空气吹干表面。

(2) 步骤 2：底层修补。

① 将底漆直接刷涂到裸露的金属表面上。

② 喷涂 3～4 道中间涂层。

③ 中间涂层干燥后进行打磨。

④ 对中间涂层和相邻原装面漆进行加工。

(3) 步骤 3:面层涂装。

① 准备工作分为涂料准备和喷枪准备。

a. 涂料准备:一是要将涂料颜色调配成与原车颜色一致;二是要采用指定稀释剂对涂料进行稀释,稀释时涂料要搅拌均匀,并检查黏度。

b. 喷枪准备:应准备两个,一个用于喷涂热塑性丙烯酸色漆,在喷杯上做好记号"色漆";另一个用于喷涂消雾圈涂料,喷杯里配有 1 份慢速稀释剂,1 份中速稀释剂,以及大约 5%的热塑性丙烯酸清漆,在喷杯上做好记号"消雾圈涂料"。

② 试喷。把喷枪上所有可调整参数都暂时设定在中间位置,先在样板上喷涂几道,为了与原装车面漆的颜色相比较,应以全遮盖的方式喷涂样板,层间要有适当的风干时间。如果发现颜色不对,应进行调色,直到满意为止。

③ 喷涂。即喷涂三道丙烯酸清漆于整个修补的面积上。最后采用消雾圈剂喷涂丙烯酸清漆的边缘。喷涂工序如图 3-6-2 所示。

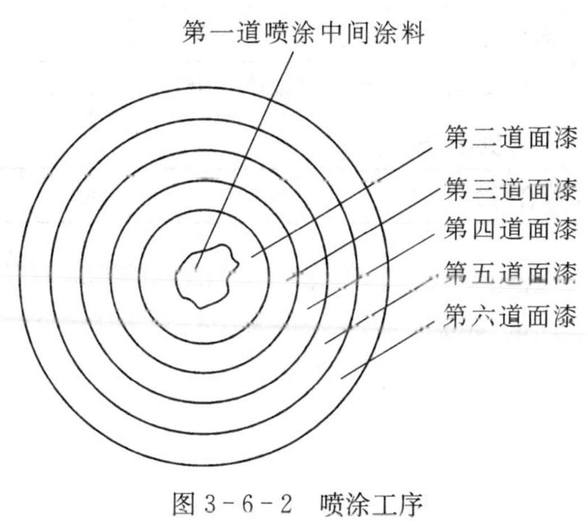

图 3-6-2　喷涂工序

【学习评估】

序号	学习内容	评价标准			
		了解	掌握	可指导操作	可独立操作
1	汽车漆面斑点产生原因及危害				
2	汽车漆膜斑点的分类				
3	轻微斑点治理的施工流程				
4	表层斑点治理的施工流程				
5	深层斑点治理的施工流程				

【考核评价】

评价内容	赋分	序号	具体指标	分值	得分		
					自评	组评	师评
仪容仪表	5	1	穿戴整洁符合工作要求	5			
工作安全	15	2	走路文明，不打闹	5			
		3	操作过程沉着冷静	5			
		4	无人员受伤及设备损坏事故	5			
工作过程	60	5	掌握轻微斑点治理的施工流程	15			
		6	掌握表层斑点治理的施工流程	15			
		7	掌握深层斑点治理的施工流程	25			
		8	完成实训工单填写	5			
职业素养	20	9	坚持出勤，遵守规章制度	5			
		10	服从安排，积极参与	5			
		11	在规定时间内完成，认真填写数据	5			
		12	认真执行 5S	5			
综合得分				100			

任务七　漆膜褪色、失光的修复

【任务目标】

一、知识目标

(1) 了解漆膜褪色、失光的种类。
(2) 了解漆膜褪色、失光的原因。

二、技能目标

(1) 掌握漆膜褪色、失光的治理流程。
(2) 掌握漆膜褪色、失光的预防方法。

【任务引入】

王先生的汽车已购买三年有余了，虽然日常清洗、打蜡等保养工作做得非常到位，但总感觉漆面没有了昔日的亮丽，于是到某汽车美容店寻求解决方案。作为一名汽车美容作业人员，需要针对王先生的汽车漆面损伤情况，按照正确的施工流程，完成汽车漆面的修复作业，使客户满意。

【任务分析】

汽车在使用中，漆膜颜色逐渐变浅，并失去原有的光泽，这便是漆膜褪色、失光。导致漆膜出现褪色、失光现象的原因很多，应正确判断其产生的原因，并采取措施进行治理。

【任务准备】

一、漆膜褪色、失光的种类

根据漆膜褪色、失光所表现出来的症状不同，可将褪色和失光分为以下四种情况。

1. 有害物质导致的褪色、失光

用放大镜观察车身漆膜，若漆膜表面有大小不规则的空洞，则这类褪色、失光大多是有害物质所致。由于漆膜在没有任何保护措施的情况下长时间暴露在外，致使各种有害物质附着于漆膜表面，并逐渐渗透，便形成了肉眼看不到而又大小不规则的空洞。这些空洞极易积存污垢，势必会影响漆面的通透性，使漆面出现失光的现象。

2. 氧化导致的褪色、失光

用放大镜观察车身漆膜，若漆膜表面无明显划痕、斑点较少，则这类褪色、失光大多是氧化反应所致。底色漆层的颜色也被氧化物遮盖，失去了原有鲜艳的色泽。

3. 浅划痕导致的褪色、失光

若漆膜上分布较多的细微划痕，而未伤及底漆层，特别是在强光照射下较明显，这类失光则为浅划痕所致。

4. 透镜效应导致的褪色、失光

用放大镜仔细观察清洁后的漆膜，若漆膜上出现较多的斑点，这些斑点实际上是灼蚀的小孔洞，这种褪色、失光则为透镜效应导致。

二、漆膜褪色、失光的原因

1. 汽车涂装方面的原因

(1) 所用涂料耐候性能差，在不良气候条件下易发生褪色、失光。

(2) 所用涂料耐光性能差，受强光照射易发生褪色、失光。

(3) 所用涂料耐擦伤性能差，在汽车清洗和擦拭中易发生褪色、失光。

2. 汽车使用方面的原因

1) 使用环境不良

汽车在烟尘严重的矿区及工地、工业污染严重的城市、盐雾严重的沿海地区、温差大和气候变化大的地区行驶或停放，均会使车身漆膜遭受腐蚀和损伤，造成漆膜褪色、失光。

2) 停放环境不良

汽车经常露天停放，受到风吹、日晒、雨淋等自然侵蚀，导致漆膜褪色、失光。

3) 交通膜的影响

交通膜是汽车在运行时车身漆面与空气摩擦而在其表面形成的静电层。由于该静电层易吸附灰尘、有害气体等腐蚀性物质，从而导致漆膜褪色、失光。

3. 汽车清洗方面的原因

(1) 所用清洗剂质量差，尤其是使用碱性较强的清洗剂会直接侵蚀漆膜。

(2) 水质不清洁，含有腐蚀性物质，或含有酸碱性物质，这样会直接造成对漆膜的侵蚀，使漆膜褪色、失光。

(3) 水压不当，冲洗时水压过高，使车身漆膜的光亮层受到冲刷而失光。

(4) 洗车方法不当，在洗车时，一般都是先冲洗后擦拭，如不先冲洗就擦拭，往往因车身漆膜上有浮尘、砂粒，使漆膜被擦伤而出现划痕，因而使漆膜褪色、失光。

4. 漆膜护理方面的原因

(1) 漆膜护理不及时，使漆膜得不到应有的保护。

(2) 漆膜护理用品质量差，起不到保护作用。

5. 其他方面的原因

1）透镜效应

所谓透镜效应是指当车表漆面上存有小水滴时，由于水滴呈扁平凸透镜状，在阳光的照射下，对阳光有聚焦作用，焦点的温度高达 800～1 000℃，从而导致漆面被灼蚀，出现用肉眼看不见的小孔洞，有些深达金属基材。由于透镜效应致使漆面被灼伤，若灼伤范围大，分布密度较高，漆面就会出现严重的失光。

2）自然老化

由于任何一种涂料都有一定的使用寿命，随着使用时间的增长，漆膜受氧化腐蚀难以避免，漆膜逐渐老化，褪色和失光只是漆膜老化的一种外在表现。漆膜护理工作可以大大延缓漆膜的老化速度。

【任务实施】

一、漆膜褪色、失光的治理

针对王先生爱车漆膜的损伤情况，汽车美容作业人员诊断为漆面褪色、失光，可按以下作业流程完成漆面褪色、失光的治理。同时，汽车美容作业人员也应提醒王先生，必要的日常防止褪色、失光的工作也是很重要的。

1. 打磨、抛光

对于轻度自然老化及浅划痕导致的褪色、失光，可先清洗打磨，治理表层的褪色、失光，然后上蜡抛光，即可恢复漆膜光泽。

2. 上有色蜡

有色蜡的主要作用是增色，它属于单种聚合蜡，内含少量彩釉，可使同色系车漆更加艳丽，由于彩釉具有增色、添补及遮盖等功能，所以可使褪色、失光的漆膜表面还原。

3. 漆膜翻修

对于严重自然老化及透镜效应引起的褪色、失光，由于漆膜损伤严重，应对漆膜翻修喷装。

二、漆膜褪色、失光的预防

对漆膜进行及时、科学的维护是延缓漆膜褪色、失光的重要措施。其维护作业主要有以下 5 项：

(1) 采用优质清洗剂和正确的清洗方式对汽车进行清洗，从而及时清除漆膜表面的有害物质。

(2) 雨天、雾天过后，要及时擦净漆膜表面的水滴，防治透镜效应的发生。

(3) 采用优质车蜡，及时对漆膜表面上光打蜡，从而在漆膜表面形成一层保护层，隔绝漆膜与空气的接触，防止氧化腐蚀。

(4) 改善汽车停放环境，防止自然侵蚀。

(5) 加装汽车防静电装置，防止交通膜的产生。

【学习评估】

序号	学习内容	评价标准			
		了解	掌握	可指导操作	可独立操作
1	漆膜褪色、失光的种类				
2	漆膜褪色、失光的原因				
3	漆膜褪色、失光的治理				
4	漆膜褪色、失光的预防				

【考核评价】

评价内容	赋分	序号	具体指标	分值	得　分		
					自评	组评	师评
仪容仪表	5	1	穿戴整洁符合工作要求	5			
工作安全	15	2	走路文明，不打闹	5			
		3	操作过程沉着冷静	5			
		4	无人员受伤及设备损坏事故	5			
工作过程	60	5	分析漆膜褪色、失光的原因	15			
		6	掌握漆膜褪色、失光的治理	25			
		7	掌握漆膜褪色、失光预防措施	15			
		8	完成实训工单填写	5			
职业素养	20	9	坚持出勤，遵守规章制度	5			
		10	服从安排，积极参与	5			
		11	在规定时间内完成，认真填写数据	5			
		12	认真执行 5S	5			
综合得分				100			

任务八　车身面漆装饰

【任务目标】

一、知识目标

（1）了解汽车车身面漆装饰的目的。

（2）汽车面漆的美术油漆装饰。

（3）熟悉车身面漆装饰工具及设备的种类。

二、技能目标

（1）掌握车身面漆装饰工具和设备的使用。

（2）掌握车身面漆装饰的工作流程。

【任务引入】

陈先生是某出租车公司的老板，今日新购进一批风行景逸轿车，需喷涂本公司统一的出租车标记。作为汽车美容作业人员，需要针对客户的需求，完成这批车辆的面漆喷涂作业。

【任务分析】

汽车面漆装饰是汽车外装饰的一项经常性工作，常用于交通运输企业的车辆，如出租车公司、公交车公司等。其主要目的是获得统一车貌，容易辨识。此外，随着人们文化水平的提高，追求个性、追求时尚的要求也在不断提高，一些私家车的车主也希望通过个性的面漆喷涂使爱车别具一格，引人注目。

【任务准备】

一、汽车面漆装饰的目的

1. 延长使用寿命

车漆膜喷涂是指在原来的面漆上进行喷涂一层装饰，这层装饰有防止车身腐蚀的功效，从而延长车身使用寿命。

2. 提高装饰性

汽车不仅应具有必须的使用功能，而且还是一个艺术品，在车身造型和装饰上体现出很高的艺术内涵。

3. 增加商品价值

车身的艺术品味和装饰品味越高，越受人们的欢迎，越能激起人们的购买欲望。汽车商家们为提高产品的装饰性能，以其艳丽华贵的外表，达到提高商品的价值和市场竞争力的目的。

二、汽车面漆喷涂装饰工具及设备

汽车面漆喷涂所使用的工具大部分均为喷涂的通用工具，这里主要介绍特种喷涂装饰专用工具——喷漆器。

1. 喷漆器

喷漆器(见图 3-8-1)是通过高压气流将涂料喷射到被涂物表面上，主要用于大面积装饰面漆的喷涂。喷漆器有多种喷头可供选择，使其应用十分广泛。

喷漆器一般用于非常精密的喷涂，压下扳机就可以充入空气，转动调节螺钉就可以喷出适量的油漆。喷漆器的压力为 34.5～345 kPa，正常工作压力为 206 kPa 左右。大多数喷漆器的额定排气量为 0.02 m^3/min。操作人员可以将结构紧凑的膜片式空气压缩机与之配套使用。

图 3-8-1 喷漆器

2. 喷射式印刷涂装设备

1) 工作原理

喷射式印刷涂装设备主要用于局部的面漆喷涂作业。

其工作原理：喷涂设备将原画面用扫描仪读入并通过电脑进行记录和编辑，以达到与原画面一致的最完美的涂装画面，然后通过控制器将印刷执行指令传输到涂装装置中，涂装装置按指令程序进行四种颜色的气流喷射，通过水平方向和垂直方向的移动，在被涂物表面进行涂装，如图 3-8-2 所示。

为保证汽车曲面部位涂装的鲜明度，使用了与曲面形状对应的装置。这种装置是在水平方向(*X* 轴)与垂直方向(*Y* 轴)的基础上增设了(*Z* 轴)随动机构，以保证喷嘴与曲面对应的运动轨迹，这种三维涂装装置，可进行最大角度为 30°曲面随动涂装。

在宽幅为 2～3 mm(呈线状)范围进行喷涂，为提高喷涂质量，防止粉尘和振幅的影响，必须选择适合的喷嘴口径和喷嘴前端的形状，以减少气流喷射枪在喷漆时特有的粉尘和振

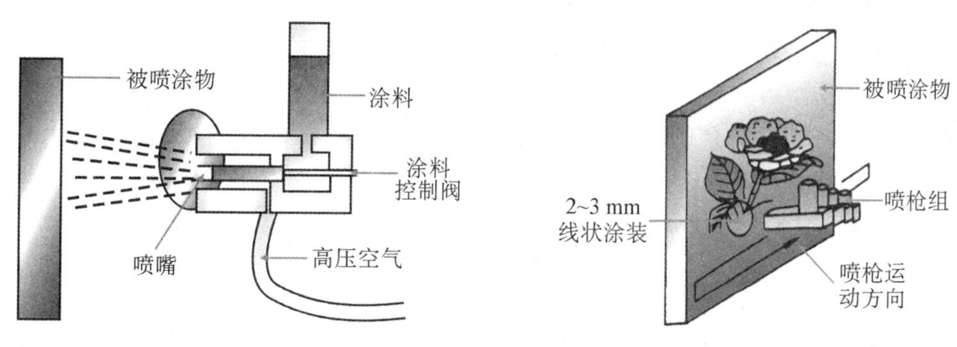

图 3-8-2　喷射式印刷涂装设备

幅，可提高装饰质量。粉尘幅度与喷嘴距喷涂物距离和气流压力有着密切的关系。当气压为 0.5 MPa、喷嘴距离为 20 mm 时，即能达到很高装饰质量水平。

2）设备优点

（1）喷涂设备不仅能喷涂平面，而且还能在曲面上进行正常喷涂。

（2）提高了色彩的鲜明度，进一步提高了漆面的质量。

（3）提高了涂料的耐候性水平，提高了漆膜性能。

三、汽车面漆的美术油漆装饰

美术油漆装饰工艺属工艺美术的一种，它包括涂制美术字、图案、石纹漆、木纹漆、花基漆、裂纹漆、锤纹漆、皱纹漆、彩纹漆等。美术油漆工艺，不仅是对被涂物的保护作用，更重要的是美化装饰作用。

1. 美术字与图案的涂装方法

1）刷涂法涂装

将需要的文字或图案在车身表面上描绘出底线，然后按底线进行涂刷文字或图案。这种做法，比较简便，容易操作，但需要事先做出文字或图案的样板。样板的制作，需要高水平的书法和绘画人员事先做好。随着计算机技术快速发展，现在可采用电脑打字技术，做出所需的文字或图案，作为涂装的样板。

2）书法或绘画直接涂装

具有一定书法和绘画水平的操作者，可利用油漆笔或油漆刷，选择适当的色漆，直接将文字或图案书写或绘画到汽车外表特定的部位，这种操作方法需要很好的书法或绘画功底，否则容易出现质量问题，影响装饰效果。

3）漏板喷涂法

先将需要的文字或图案用薄纸板或薄铁板刻成漏板，再把漏板紧贴在车身上，可用微型喷枪或喷漆器进行喷涂，使喷雾穿过有缝隙的漏板喷射到车身表面，形成需要的文字或图案。文字和图案的装饰效果，如图 3-8-3 所示。

图 3-8-3　漏板喷涂法

2. 彩纹漆涂装

彩纹漆的涂装方法又叫水面浮漆浸渍法。漆膜纹形既像彩云又像大理石，成纹自然，色彩缤纷，美观醒目。

涂装原理：将黏度适合的、密度小的调和漆少量陆续滴在水中，至漆液散开漂浮水面，漆膜面积占水面积的50%左右，将已涂好白漆和干燥好的被涂物轻轻浸渍在水中时，即沾上漆膜，浸后吹去水面多余的漆，立刻取出，待漆膜干燥后，用酯胶清漆罩光即可。

彩纹漆涂装工艺流程可分为以下6个步骤：

(1) 步骤1：准备水。将盛水容器放满水，如水温低于10℃时，应将容器中的水加热至10℃以上，与室内温度保持一致。

(2) 步骤2：准备油性调和漆。将需要用的油性调和漆放置在小型容器中，每容器内放小木棒一根，作为稀释漆液调色搅拌以及取滴漆液用。

(3) 步骤3：涂装彩纹漆的色彩调配。

① 黑色一般不单独使用，可用少量与大红色混合均匀作紫红色，滴放水面为一色涂装。

② 用少许黑色与中绿色混合均匀作墨绿色为一色涂装。

③ 紫红色、墨绿色不要混合，应同时滴放水面作二色涂装。

④ 大红色与中蓝色混合均匀作一色涂装。

⑤ 中蓝色可作单一色涂装。

⑥ 中蓝色、大红色不要混合，两者同时滴放水面为二色涂装。

⑦ 中蓝色与大红色混合均匀后，再与中蓝色、大红色(不混合)三者同时滴放水面为三色涂装。

⑧ 黄色、中蓝色、大红色(不混合)三者同时滴放水面为三色涂装。

(4) 步骤4：试滴漆液。漆液的黏度以滴到水面上后立即散开为宜。一般新开桶的漆可不用稀释；若存放较久的漆则需适当稀释后滴放水面，立即散开为宜。

(5) 步骤5：选择或搅拌纹形。待漆液散开时，选择或搅拌纹形，选择纹形时可用口吹气促使纹形自然，吹得若不理想，可用搅拌片以接触面小的侧面轻轻卷动，待纹形可观时，将物件轻轻浸渍水中，并将水面浮飘的余漆膜吹至旁边，或用废纸将余漆膜沾尽。若是用水池涂装，可开放自来水让飘浮的余漆从溢水口放出。

(6) 步骤6：取出被涂物件。在取出物件时，不能让水面的残余漆膜再沾上被涂物件，以免影响这时彩纹漆在物件表面形成的图形。

这时操作人员用棉纱、汽油将手擦净后，随即将口罩用汽油润湿，再将已涂彩纹漆物件边缘周围揩净，露出直线白边，使作为边缘的白色图案线较清晰可观。待彩纹漆干燥后，罩上酯胶清漆或醇酸清漆即可。

3. 花基漆涂装

花基漆涂装也是美术油漆装饰的一种。根据用作花基的材料和方式可分为三种：用油漆做花的涂装、用广告颜色做花的涂装和用溶解法做花的涂装，其适用范围和具体做法表3-8-1所示。

表 3-8-1　花基漆涂装的分类

用油漆做花基漆的涂装	适用范围	适用于涂装面积不大,工作量也不大的面漆装饰。
	具体做法	在已干燥的浅色漆膜上做深花图案,或在深色漆膜上做浅色花纹图案装饰时,先涂上一层深蓝或大红、紫红油性调和漆,尽量薄涂,在其未干时,随即用棉花拧成一团在蓝漆上反复旋过,旋成满花为止。 如用的漆色不同时,其方法一样。使用的旋拧材料,如果是棉花,则花纹较细;如果用丝瓜瓤子旋花,则花纹较粗;如果用布旋花;则花纹适中。 采用不同的旋拧材料,不同的油漆及不同的旋拧方式,可做成千变万化的花纹图案,提高其装饰效果当花纹干透之后(可以自然风干,也可用远红外线干燥器或小型热风机吹干),罩上酯胶清漆或其他油性清漆即可。
用广告色做花基漆涂装	适用范围	适用于较大面积和较大工作量的装饰涂装。
	具体做法	施工方法基本上与油漆做花基漆涂装一样,不同的只是做花基的材料是广告颜料。涂上广告颜料后,在其未干只时,用布捆成的布把印花,印花时手法距离要均匀且密。
用溶解法做花基漆涂装	适用范围	一般装饰均可,大小面积不限,工作量不限。
	具体做法	是在干燥的白底漆膜上,涂满紫红色或棕黄色油漆后,待其未干时,用漆刷或长毛刷掸上溶剂汽油后,在未干的漆膜表面上即形成密密麻麻大小不规则的斑纹花基。待花纹干透后,罩上酯胶清漆或者其他无色油性漆即可。

【任务实施】

针对陈先生的要求,为一批出租车喷涂统一图案,可考虑采用漏板喷涂法进行文字喷涂,具体流程如下所述。

1. 材料准备

轿车一辆,牛皮纸,刻刀,油漆,微型喷枪或喷漆器。

2. 操作步骤

(1) 步骤 1:选用坚韧的牛皮纸裁割成适当大小的矩形或正方形块,然后用油漆刷沾清油或清漆刷涂 1～2 遍。

(2) 步骤 2:待牛皮纸干后,把选好的图案或字样复印在纸面上,将一块平板玻璃垫在牛皮纸下面,然后用锋利的刻刀制图案或字样。

注意:刻制漏板时一定要注意留好连筋,即在刻制时除了应该雕去的部分外,其余留用的部分都应和整张纸相连接,否则不好进行后续操作。

(3) 步骤 3:根据车漆的颜色选择涂料的颜色。

(4) 步骤 4:进行底色面漆喷涂。

(5) 步骤 5:在底色面漆干透后进行图案喷涂。将漏板贴在需涂装的位置,然后用喷漆器喷上文字或图案。

3. 喷涂注意事项

在汽车装饰中,涂料颜色搭配应遵循以下两点原则:

(1) 图形色要比底色更鲜艳、明亮。

(2) 明亮、鲜艳的图形色面积要小；暗的、纯度低的图形色面积要大。

【学习评估】

序号	学习内容	评价标准			
		了解	掌握	可指导操作	可独立操作
1	汽车面漆装饰的目的				
2	汽车面漆喷涂装饰工具及设备				
3	汽车面漆的美术油漆装饰				
4	汽车面漆喷涂流程及注意事项				

【考核评价】

评价内容	赋分	序号	具体指标	分值	得分		
					自评	组评	师评
仪容仪表	5	1	穿戴整洁符合工作要求	5			
工作安全	15	2	走路文明，不打闹	5			
		3	操作过程沉着冷静	5			
		4	无人员受伤及设备损坏事故	5			
工作过程	60	5	如何选择面漆喷涂方法	10			
		6	汽车面漆喷涂流程	30			
		7	汽车面漆喷涂注意事项	15			
		10	完成实训工单填写	5			
职业素养	20	11	坚持出勤，遵守规章制度	5			
		12	服从安排，积极参与	5			
		13	在规定时间内完成，认真填写数据	5			
		14	认真执行 5S	5			
			综合得分	100			

项目四

汽车外装饰美容

任务一　车身贴纸装饰

【任务目标】

一、知识目标

(1) 掌握车身贴纸装饰的概念。
(2) 掌握车身贴纸装饰的作用。
(3) 掌握车身贴纸装饰的类型。

二、技能目标

(1) 能够正确使用车身贴纸装饰工具。
(2) 能够合理选用适当的装饰产品进行作业。
(3) 掌握汽车车身彩条装饰工艺及装饰步骤。

【任务引入】

韩先生是一位在事业上小有成就的年轻白领，和许多年轻人一样，韩先生追求时尚，非常有个性。韩先生凭借自己的努力，终于拥有了属于自己的第一辆汽车斯巴鲁。新车的喜悦已经满足不了韩先生，他根据自己的个性及想法设计了一套汽车装饰方案，目的是将汽车装饰得更加美观和个性。于是韩先生到某汽车美容店寻求帮助，希望能够按照自己的想法进行汽车外装饰作业。作为一名汽车美容作业人员，需要针对韩先生的要求，按照正确的施工流程，完成汽车外装饰作业，使客户满意。

【任务分析】

汽车本身是一件精致的综合艺术品，应以其清晰的形体、优雅的装饰以及悦目的色彩使人获得美的享受，点缀人们的生活环境。单一色调的车身油漆颜色已经不能满足现代人的审美需求，越来越多人喜欢借绚丽多彩的车身体现自己的个性与时尚，甚至是地位。车身装饰倍受广大车主的喜爱，已经不再局限于年轻人。这也是车身彩贴越来越流行的主要原因之一，车主可以用彩条来装饰车身，标榜个性。

【任务准备】

车身外装饰根据其功能不同可分为保护类、实用类及观赏类三种，如图 4-1-1 所示。保护类车身外装饰是为保护车身安全而安装的装饰品，如保险杠、灯护罩等。实用类车身外装饰是为弥补轿车载物能力而安装的装饰品，如行李架、自行车架、备胎架等。观赏类车身外装饰是为使汽车外部更加美观而安装的装饰品，如彩条贴、金边贴、全车金标等。

图 4-1-1　车身装饰

1. 车身彩条装饰

车身彩条装饰属于观赏类。在车身上粘贴形状、色彩各异的彩条贴膜，不仅能突出车身轮廓线，还能协调车身色彩，给人以丰富的联想和舒适的心理感受，使车身更加多彩艳丽。

2. 车身贴纸装饰

1）贴纸贴膜的种类

车身彩条贴膜有两种类型：一种是没有可撕离表层的贴膜，它由彩条层和背纸层组成，彩条层正面是彩条图案，背面是黏性贴面，如图 4-1-2(a)所示；另一种是有可撕离表层的贴膜，它由背纸层、彩条层及外保护层组成，彩条层也是有彩条图案和黏性贴面两面，如图 4-1-2(b)所示。

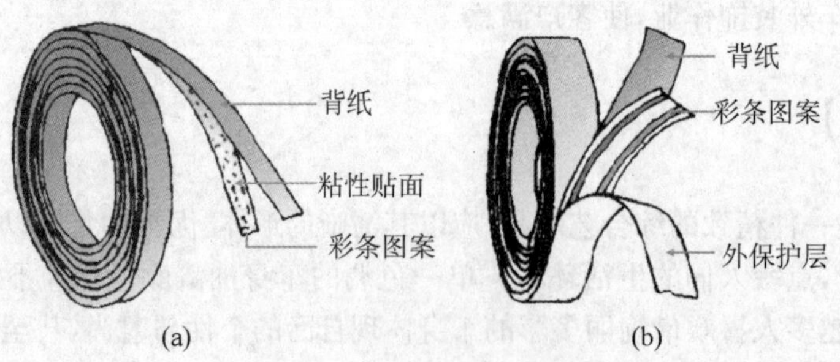

图 4-1-2　车身彩条贴膜

2）彩条粘贴条件

(1) 粘贴彩条贴膜只能在16～27℃之间进行。温度过高，会导致贴膜变大，湿溶液迅速蒸发。温度过低会影响贴膜的柔性，从而影响附着效果。

(2) 使用水和中性清洗剂将车身表面彻底清洗干净。为了使彩条正常地贴上去，车身表面必须没有灰尘、蜡和其他脏物。必要时，还应进行抛光处理。

【任务实施】

一、车身贴纸流程

1. 材料准备

剪刀、直尺、抹布、洒水器皿、刮板、清洗剂、喷雾罐。

2. 操作要求

按照正确的施工工艺给汽车贴纸，达到客户满意的程度。

3. 直线形粘贴

(1) 步骤1：测量所需贴膜的长度。将贴膜拉直，并剪下比所需长度长几厘米的胶带。

(2) 步骤2：清洗车身，保证车身表面清洗干净。

(3) 步骤3：将贴膜的背纸撕去，并将前面几厘米贴到要贴的位置，如图4-1-3所示。

(4) 步骤4：抓住贴膜的松端。避免手指弄脏贴膜，皮肤上的油脂会影响附着性能。

(5) 步骤5：小心地拉紧贴膜，但注意不要拉长。如果在粘贴时，贴膜被拉长了，以后就会产生起皱。

(6) 步骤6：利用车身的轮廓线作对齐的参考线，仔细检查贴膜是否对齐。

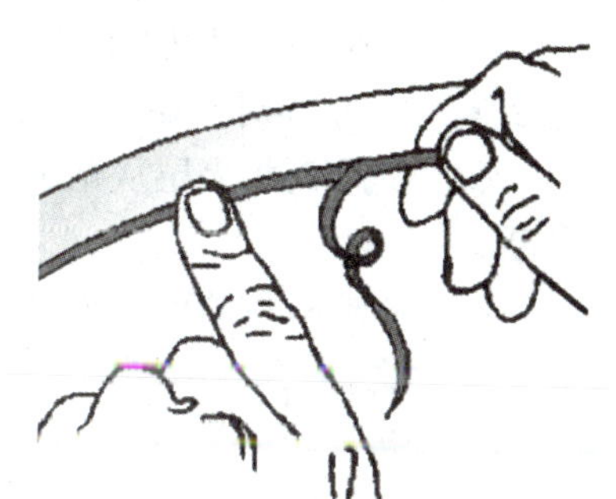

图4-1-3　直线形粘贴

(7) 步骤7：彩条对齐后，小心地将贴膜剪下，贴到车身表面上。一个长条要一次完成粘贴，不能分段粘贴，以保证直线度。

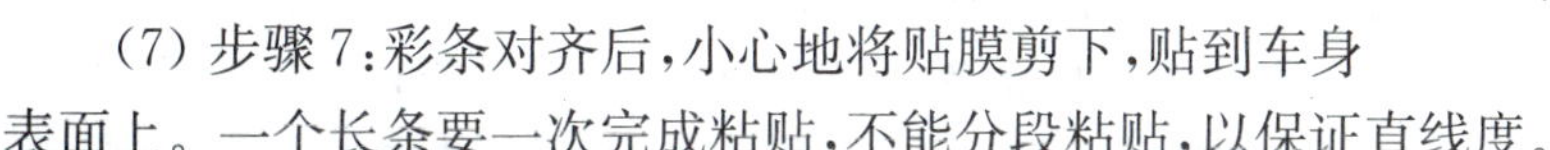

4. 曲线形粘贴

当粘贴复杂的曲线时，应使用底图的帮助（如曲线板）或用画线笔绘制导向图。

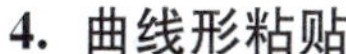

以可撕离表层的彩条贴膜为例，其曲线形粘贴的步骤如下所述。

(1) 步骤1：剪下足够用的贴膜。

(2) 步骤2：清洗车身，保证车身表面清洗干净。

(3) 步骤3：用右手画出曲线的弧，在曲线成形后，用左手的食指把贴膜按压在车身上，如图4-1-4所示。

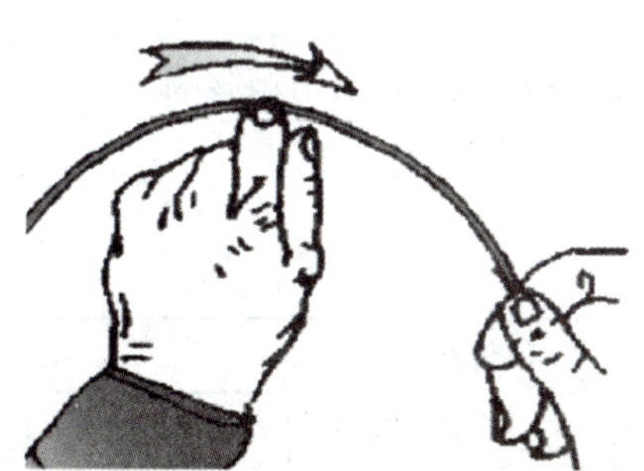

图4-1-4　曲线形粘贴

(4) 步骤4：不要撕去过多的背纸，为避免弄脏附着表面，手持黏膜处的背纸不要撕去。

(5) 步骤5：保持两手沿固定的曲线运动。

曲线运动过程当中可能会需要一些轻度的拉长，但尽可能避免出现拉长。

(6) 步骤 6：如果第一次操作失败，小心地撕开贴膜再试一次。在不好操作的某些情况下，可两手交替进行粘贴。

(7) 步骤 7：曲线贴膜贴好后，将其压紧，以获得持久的附着性能。

5. 宽幅彩色贴膜粘贴

宽幅彩条贴膜一般为有可撕表层的贴膜。当彩条宽度达到或超过 76 mm 时，最好采用湿贴的方法。其粘贴步骤如下：

(1) 步骤 1：将 1 杯中性清洗剂与 4 升清水混合。该溶液可以使贴膜更容易控制，并使其在永久粘附之前可以正确地定位。

(2) 步骤 2：将溶液倒入料桶或喷雾罐中。测量并剪下所需长度的贴膜，多加几厘米以防出错。

(3) 步骤 3：将背纸慢慢地撕去，小心不要弄脏附着表面。

(4) 步骤 4：剩余的水和清洗剂溶液将贴膜的附着表面彻底弄湿，这将使附着力暂时发挥不出来。

(5) 步骤 5：按标签指示的数量，将溶液喷涂到车身上去，将贴膜定位在车身上。当贴膜附着表面和车身表面都是湿润的时候，整条贴膜布可以轻松地运动。

(6) 步骤 6：一旦贴膜定位好之后，将其下的水挤出来，使其牢牢地贴在车身表面上。为避免贴膜起皱，挤压时不要太快，不要太用力。所用的压力足够将水和空气挤出去就可以了。

(7) 步骤 7：将表层从贴膜的末端开始慢慢地撕开，一直撕到贴膜的另一头，中间不要撕断。

(8) 步骤 8：按前面介绍过的方法，修整车门和翼子板边缘的贴膜。

二、注意事项

(1) 贴纸的工作环境在 15℃～30℃之间进行较好。因为温度过高会导导致贴膜变大，湿溶液迅速蒸发；温度过低会影响贴膜的柔性，从而影响附着效果。

(2) 使用水和中性清洗剂将车身表面彻底清洗干净。为了使彩条能正常一贴上去，车身表面必须没有灰尘、蜡和其他脏物。

(3) 贴纸分三层，底纸(白色玻璃面纸)、PVC 贴纸本身、转贴膜既保护膜(透明)，表层保护膜在最后完工后再揭去。在贴的过程中，注意不要用力拉扯贴纸，以防拉长变形。

(4) 彩条粘贴后，必须平整、光滑，不允许有皱褶产生。

(5) 彩条与车身漆膜之间不允许有空隙、气泡及异物存在，否则会影响粘贴影响。

【学习评估】

序号	学习内容	评价标准			
		了解	掌握	可指导操作	可独立操作
1	车身外装饰的分类				
2	车身彩条装饰				

（续表）

序号	学习内容	评价标准			
		了解	掌握	可指导操作	可独立操作
3	车身贴纸装饰				
4	车身贴纸流程及注意事项				

【考核评价】

评价内容	赋分	序号	具体指标	分值	得　分		
					自评	组评	师评
仪容仪表	5	1	穿戴整洁符合工作要求	5			
工作安全	15	2	走路文明，不打闹	5			
		3	操作过程沉着冷静	5			
		4	无人员受伤及设备损坏事故	5			
工作过程	60	5	直线形粘贴作业流程	15			
		6	曲线形粘贴作业流程	15			
		7	宽幅彩色贴膜粘贴作业流程	15			
		8	熟记彩条装饰注意事项	10			
		9	完成实训工单填写	5			
职业素养	20	10	坚持出勤，遵守规章制度	5			
		11	服从安排，积极参与	5			
		12	在规定时间内完成，认真填写数据	5			
		13	认真执行5S	5			
综合得分				100			

任务二　汽车玻璃贴膜

【任务目标】

一、知识目标

（1）了解玻璃贴膜的种类。
（2）了解玻璃贴膜的性能指标。
（3）了解玻璃贴膜的功能。

二、技能目标

（1）掌握汽车玻璃贴膜的选用原则。
（2）掌握汽车玻璃贴膜的质量的鉴别。
（3）掌握汽车玻璃贴膜的步骤。

【任务引入】

今年春节期间，李女士购买了一辆大众朗境，平时开着自己的车上下班、外出购物、游玩等，感到非常惬意。但是好景不长，随着天气逐渐转热，开车没有了最初的舒适感。即使车内开着空调，依然能感觉到阳光的灼热，经常开车的李女士明显感觉到皮肤有晒伤的迹象。在一次偶然的机会中，李女士听朋友说在车玻璃上贴膜可以有效防止紫外线的照射，于是李女上到某汽车美容店进行贴膜。作为一名专业汽车美容作业人员，需要针对李女士的要求，按照正确的施工流程，完成汽车的贴膜作业，使客户满意。

【任务分析】

汽车玻璃贴膜一般是指防爆太阳膜，可以有效地阻隔紫外线及强热，使司机和其他乘员免受紫外线的辐射及太阳光热量的困扰，在改善汽车乘坐舒适性的同时，为乘员提供良好的预防性保护。另外，在汽车运行中，意外的交通事故时有发生，车辆相撞易造成汽车玻璃的破碎，即使由特种材料及工艺制成的新型玻璃，也难免会对乘员造成伤害。汽车防爆太阳膜可以有效改善汽车玻璃的抗冲击强度，提高乘车的安全性。

【任务准备】

一、汽车玻璃贴膜的种类

汽车玻璃贴膜的种类繁多，分类方法也很多。按颜色不同有自然色、茶色、黑色、天蓝色、金墨色、浅绿色和变色等；按功能不同可分为普通膜、防晒太阳膜和防爆太阳膜等；按产地不同可分为进口车膜和国产车膜；按贴膜的等级不同可分为染色膜、反光纸和具有双重效果的防爆太阳膜。

1. 染色膜

染色膜即普通膜，如图 4-2-1 所示，这种贴膜隔热效果差，而且影响视线，耐磨性较差，易褪色，受热后会散发异味。

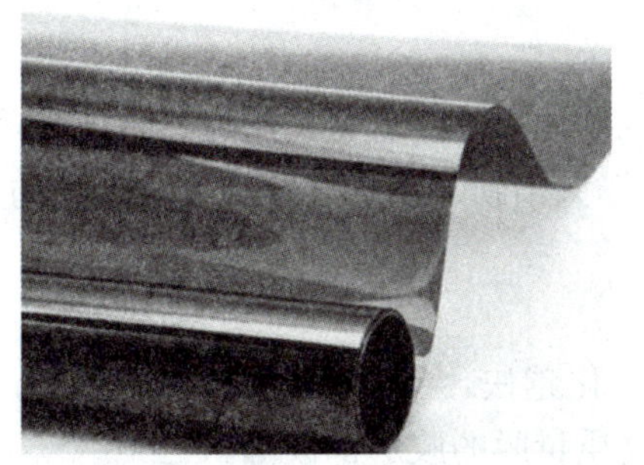

图 4-2-1　染色膜

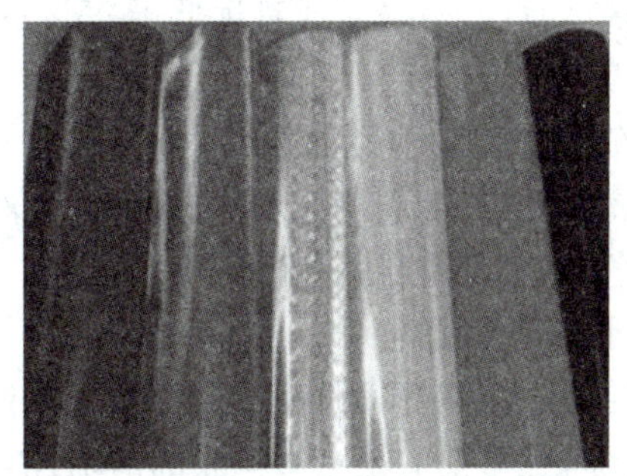

图 4-2-2　反光纸

2. 反光纸

这种贴膜多数是汽车公司赠送给用户的，表面镀有高反射的蒸发铝，隔热率大约为 20%～30%，缺点是易被氧化腐蚀，所以买新车时要特别注意汽车公司所赠送的是否是这一类产品，如图 4-2-2 所示。

3. 具有双重效果的防爆太阳膜

具有双重效果的防爆太阳膜（见图 4-2-3）具有耐磨、半反光和防爆性能，万一遇到碰撞，玻璃破碎时，可以有效防止碎片飞散，不会危害到驾驶者及乘客的安全，安全性相当高，隔热率可以达到 50%以上，是目前汽车用防爆太阳膜的主流产品。

图 4-2-3　防爆太阳膜

二、汽车玻璃贴膜的结构

汽车玻璃贴膜（防爆太阳膜）通常由耐磨外层、安全基层、隔热膜层、感压式黏胶层、胶膜层、衬纸组成。

三、汽车玻璃贴膜的性能指标

1. 清晰性

清晰性是汽车玻璃贴膜最重要的性能，直接关系到人身安全。不论贴膜的颜色多深，在夜间倒车时，应当视野清晰、绝不模糊，从后视镜和后风窗能看到60米以外的物体。透过劣质膜看时，会有雾蒙蒙的感觉。

2. 隔热率

隔热率是体现隔热性能的重要指标，目前优质的玻璃贴膜隔热率在50%以上(有的可达70%)，高透光，可提高舒适性，降低空调负荷，节省燃油。

3. 防爆性

防爆性是指在汽车发生意外事故时，不会发生玻璃飞溅而造成人身伤害。这也是防爆太阳膜的一个重要性能。在满足防爆要求的前提下，贴膜越薄越好，膜片越薄，清晰度越高。

4. 紫外线隔断率

对于防爆太阳膜来说，紫外线隔断必须达98%以上。好的贴膜能有效防止乘员被过量的紫外线照射，避免灼伤皮肤，同时，还能保护车内音响或装饰不会被晒坏、褪色、老化，而劣质膜很多没有这一指标，或者远低于98%的标准。

5. 颜色

汽车玻璃贴膜(防爆太阳膜)通常是采用本体渗染和溅射金属着色的方法令膜着色(纯溅射金属使防爆太阳膜有金属色的称为自然色防爆太阳膜)，采用这两种方法着色的贴膜是不易褪色的，尤其是自然色防爆太阳膜。

6. 胶层与颗粒泡

胶层是越薄越好，因为胶会老化，胶层越厚，老化越快，会影响汽车玻璃贴膜(防爆太阳膜)的寿命，更重要的是会影响膜的清晰性，所以高质量膜的胶层都极薄。

颗粒泡是由于空气中漂浮的尘埃产生的，在贴膜过程中是不可避免的。胶层厚，贴膜时能将尘埃压进胶里，所以颗粒泡并不明显。高质量防爆太阳膜的胶层很薄，颗粒泡就比较明显。这也是区分防爆太阳膜质量优劣的一个重要方法。

7. 防眩光

防眩光就是在面对阳光开车或夜间会车时，可消除刺眼的感觉。对于汽车贴膜来说，这个性能也很重要。

8. 膜面防划伤层(耐磨保护层)

高档的优质汽车玻璃贴膜(防爆太阳膜)表面都有一层划伤层，在正常使用情况下能保护防爆太阳膜面不易划伤，而低档防爆太阳膜就无此保护层，在贴膜时就会被工具刮出一道道划痕，令防爆太阳膜面不清晰。

四、防爆太阳膜的功能

1. 创造最佳美感

防爆太阳膜能使汽车的风窗玻璃显现亮丽悦目的颜色。

2. 提高防爆性能

汽车防爆太阳膜可以提升发生意外时汽车的安全性能，使汽车玻璃破碎的可能性降到最低，最大限度地避免意外事故对乘员的伤害。

3. 提高空调效能

汽车防爆太阳膜的隔热率可达50%～95%，能有效阻隔阳光热量进入车内，可有效地提高汽车空调的效能，节省燃油。

4. 抵御紫外线

紫外线辐射虽然具有杀菌作用，但对人的肌肤有伤害。对于乘员来说，长时间乘车时，人体基本上处于静止状态，此时更易受到紫外线伤害，造成皮肤疾病。防晒防爆太阳膜可有效阻挡紫外线，保护肌肤。

5. 保证乘车隐秘性

防爆太阳膜具有单向透视性，可保证乘车的隐秘性。

五、防爆太阳膜质量判别

一般普通膜的使用寿命在 2 年左右，优质的防爆太阳膜的使用寿命在 5 年以上。车用太阳膜的鉴别方法是：看、摸、试。

1. 看

1）看透光率

不论太阳膜的颜色深浅，在夜间的可视距离要确保在 60 米以上，而劣质太阳膜则会有雾朦朦的感觉。

2）看气泡

撕开太阳膜的塑料内衬后再重新合上，劣质太阳膜会起泡，而优质车膜合上后完好如初。

3）看颜色

防爆膜通常是采用本体渗染和溅射金属着色的方法令膜有颜色，是一种高科技产品，不易变色，在粘贴过程中经刮板作用不会发生脱色；而低档劣质的太阳膜，人多采用粘胶着色法来着色，就是在粘胶中加入颜料，然后涂在无色透明膜上使膜有颜色，这种膜不耐晒很易褪色，严重的会褪成无色透明。

2. 摸

优质太阳膜摸捏时有厚实平滑感，劣质太阳膜手感薄而脆。

3. 试

对于太阳膜的隔热性只凭肉眼看和手摸是很难鉴别的，可以通过一个简单的测试方法来作比较，在一个碘钨灯上放一块贴着太阳膜的玻璃，用手感觉不到一丝热的是优质太阳膜，而立即有烫手感觉的则是隔热性较差的劣质太阳膜。

【任务实施】

一、汽车去除旧膜和胶的流程

1. 材料准备

小刀或刀片、烤枪、加洗洁精的喷水壶、多功能泡沫清洗剂。

2. 操作步骤

(1) 步骤 1：先用小刀在玻璃上角割下来一角，找出旧的太阳膜的一角，如图 4－2－4 所示。

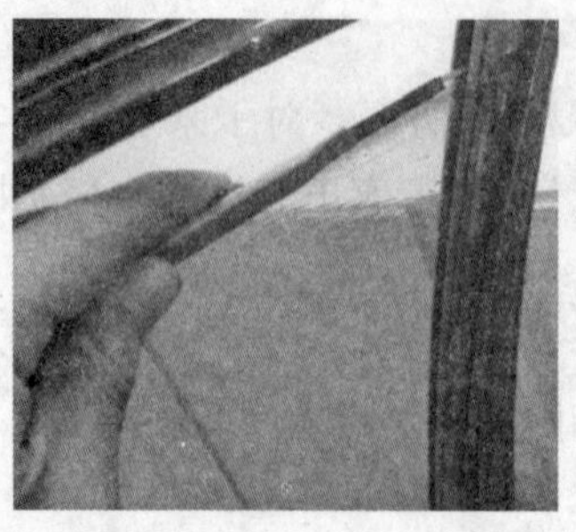

图 4-2-4　找出旧膜

(2) 步骤 2:拿烤枪边烤边拉,如图 4-2-5 所示,动作要慢一点,不然可能导致旧膜去除不完整。

图 4-2-5　拿烤枪边烤边拉

图 4-2-6　用多功泡沫清洗剂喷到玻璃上

(3) 步骤 3:旧太阳膜撕下来后,用多功泡沫清洗剂喷到玻璃上,等几分钟,使玻璃上的胶溶解,如图 4-2-6 所示。

(4) 步骤 4:用喷壶向玻璃喷水,用刀片把顽固的胶刮下来,如图 4-2-7 所示。

图 4-2-7　刀片除胶

注意:喷水时,有部分已经溶解的胶会随着水流被洗掉,顽固的胶需要用刀片刮掉。

二、防爆太阳膜的粘贴流程

1. 材料准备

专用玻璃清洁水、保鲜膜、喷雾器、纳米大毛巾、小毛巾、专用裁刀和可替换刀片、三角塑

料刮板、烤枪。

2. 操作要求

按照正确的施工工艺给汽车贴膜，达到客户满意的程度。

3. 操作步骤

(1) 步骤1：防爆太阳膜的选择。针对李女士的要求，希望防爆太阳膜能够具有良好的隔热性能，尤其要求抗紫外线性能要好。同时，由于李女士的车身为白色，因此，施工人员建议李女士安装美国USL防爆太阳膜CA4000浅色系列。

(2) 步骤2：清洗玻璃和窗框。清洗玻璃和窗框是贴膜前的重要准备环节。清洗时要使用专门的玻璃清洁剂，在清除灰尘的同时，还要求彻底清除玻璃上附着的污物，这道工序通常配合专用贴膜刮板共同完成。另外，要注意玻璃橡胶压条缝隙的清洁。

(3) 步骤3：裁出适合形状的防爆太阳膜根据汽车待贴玻璃的形状，裁剪防爆太阳膜。剪裁时要先准备各车型玻璃样板，一般汽车美容企业应配备常见车型的玻璃样板。对于无玻璃样板时的贴膜，首先要自制样板，制作方法是将清洗好的玻璃表面洒一层水，然后把适当厚度的塑料薄膜吸附在玻璃上，根据边缘划线，应该注意的是，样板要比划线超出35 mm。

(4) 步骤4：贴膜。

① 将前机盖、仪表台、方向盘和座椅用保护套盖上，如图4-2-8所示，并用保鲜膜裹紧(见图4-2-9)。

图4-2-8 套上方向盘、座椅保护套

图4-2-9 用保鲜膜裹紧

图4-2-10 清洗玻璃

② 使用专用玻璃清洁水，完全、彻底的清洗每一块玻璃，尤其要注意清洁玻璃的顶部，如图4-2-10所示。

③ 在窗玻璃外表面上喷洒少量的窗膜安装液，将软质模具覆盖在上面，经小心的滑动

定位后，进行剪切。剪切操作期间使汽车膜牢牢地贴在玻璃上。按照模具剪切窗膜，如图4-2-11所示。

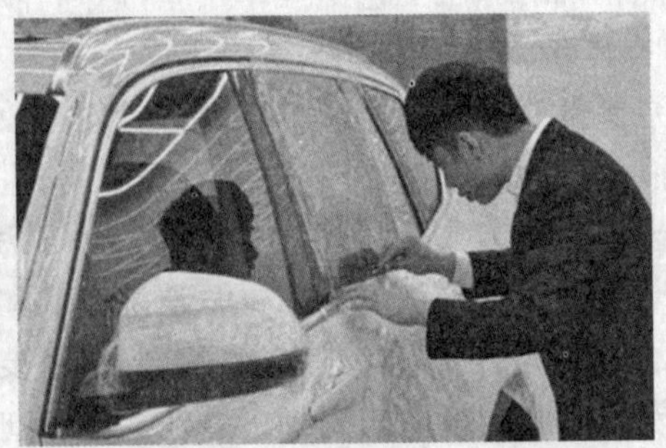

图 4-2-11 裁剪模具

④ 将窗膜安装液涂抹在玻璃上，然后贴膜，如图 4-2-12、图 4-2-13 所示。

图 4-2-12 涂抹安装液

图 4-2-13 贴膜

⑤ 由于几乎所有的车窗玻璃都不是平整，采用烤枪可把窗膜精确的收缩定型于大部分车窗的复合曲面上，消除在曲面上出现的褶皱，如图 4-2-14 所示。

图 4-2-14 烤膜

图 4-2-15 贴内膜

⑥ 接下来是内部贴膜，现将窗膜安装液喷洒均匀，然后进行贴膜，如图 4-2-15 所示。

⑦ 在每片窗膜固定在其最终位置后，应立即在窗膜表面再次喷洒安装液，润滑挤水的表面，之后用长三角塑料刮板进行赶水，如图 4-2-16 所示。

图 4-2-16　赶水

⑧ 最后用棉布将车窗边缘挤出的水吸出，贴膜完成。图 4-2-17 为贴膜后效果，既美观又不阻碍视野。

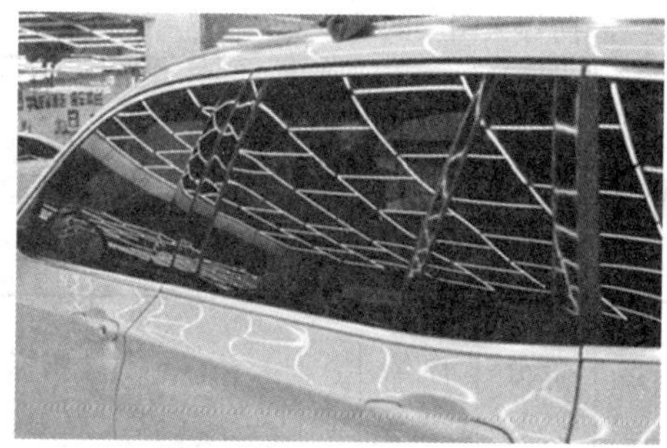

图 4-2-17　贴膜后效果

三、注意事项

（1）前风窗玻璃贴膜尤其要慎重。一是对膜的质量要求严格，透光性要高，隔热性要好，防爆性要强；二是由于前风窗玻璃的弧度大，面积大，故施工难度大，必须用整张膜粘贴。

（2）不仅要求太阳膜的质量好，而且贴膜施工质量也应该好，否则将影响贴膜的使用效果。

（3）要严格彻底清洗每一块玻璃，避免沙砾、尘垢，避免影响向车外观察的视野。

四、防爆太阳膜的维护

（1）在太阳膜粘贴后的 2～3 天内，不要升降车窗。

（2）在太阳膜粘贴后的 5～7 天内，不要用水清洗车窗及开启除雾开关，如果要清理车窗玻璃请用湿毛巾或海绵小心擦拭。

（3）让太阳膜在一周内保持干燥，由于水分未干，有些变形是正常。注意，太阳膜干得越快越好。

【学习评估】

序号	学习内容	评价标准			
		了解	掌握	可指导操作	可独立操作
1	汽车玻璃贴膜的种类				
2	汽车玻璃贴膜的结构				
3	汽车玻璃贴膜的性能指标				
4	防爆太阳膜的功能				
5	防爆太阳膜质量判别				
6	防爆太阳膜的粘贴流程				
7	防爆太阳膜的维护				

【考核评价】

评价内容	赋分	序号	具体指标	分值	得分		
					自评	组评	师评
仪容仪表	5	1	穿戴整洁符合工作要求	5			
工作安全	15	2	走路文明,不打闹	5			
		3	操作过程沉着冷静	5			
		4	无人员受伤及设备损坏事故	5			
工作过程	60	5	掌握防爆太阳膜质量的判别方法	15			
		6	掌握防爆太阳膜的粘贴流程及注意事项	25			
		7	掌握防爆太阳膜的维护方法	15			
		10	完成实训工单填写	5			
职业素养	20	11	坚持出勤,遵守规章制度	5			
		12	服从安排,积极参与	5			
		13	在规定时间内完成,认真填写数据	5			
		14	认真执行5S	5			
			综合得分	100			

任务三　汽车底盘装甲

【任务目标】

一、知识目标

（1）了解什么是汽车底盘装甲。
（2）了解汽车底盘装甲的作用。
（3）了解常见汽车底盘装甲的产品。

二、技能目标

熟悉汽车底盘装甲的施工流程。

【任务引入】

新购进一辆威驰的小张，听有经验的同事说新车进行底盘装甲可以有效地保护底盘，延长汽车使用寿命，小张到某汽车美容店进行咨询。作为一名专业的汽车美容作业人员，需要针对小张的疑惑，介绍清楚底盘装甲的作用、优点以及施工方法等。如果客户同意，要能够按照正确的施工流程，完成汽车底盘装甲作业，使客户满意。

【任务分析】

由于大多数中低档车出厂时，厂家出于成本考虑，对底盘的处理非常简单。很多车只喷了薄薄的一层车底涂料，甚至一些车型只喷了局部，有的车型则几乎不喷。正常气候和地理条件下，原厂防锈措施还能对底盘起到有限的保护作用，但如果条件异常，原厂防锈措施就不能胜任了。

底盘装甲就是给汽车的底盘披上了一件坚固的铠甲，防止上述情况的发生。

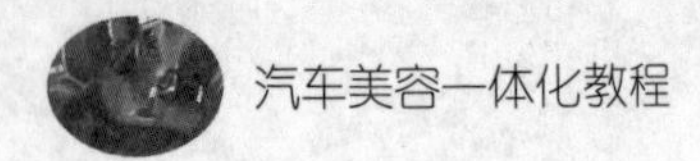

【任务准备】

一、汽车底盘装甲的概述

底盘装甲的学名是防撞防锈隔音保护底漆，是专门为车辆底盘开发的一种高科技的黏附性涂层，具有防锈、防撞击、防水、吸音降噪等功效。

通常情况下，奔驰、宝马以及奥迪、凯迪拉克等中高档车在出厂时本身就有较完善的底盘防护措施，新车再做底盘装甲的必要性不大。其他 15 万元以下的车，尤其是国产车最应该做。

二、汽车底盘装甲的好处

1. 阻隔气候影响

夏日里地表的烘烤，酸雨的侵袭，大气的潮气、盐分，冬季雪道上除雪剂的腐蚀等每一种因素都能侵蚀车底。底盘装甲可有效防止汽车生锈，预防提前老化，即使在沿海城市温暖潮湿的气候下，带有盐分的海风吹拂也不会将钢筋铁骨蹂躏得的伤痕累累。

2. 防御沙石撞击

当汽车行驶在路况不好的路面上，路面上的砂石被震动飞溅后会不断撞击汽车底盘与轮毂等部位。底盘装甲可以保护汽车底盘原有的防锈漆和镀锌层，防止金属裸露在外并与空气中的潮气和酸雨等接触生锈，强效抵御锈渍迅速蔓延腐蚀汽车内壳机件。

3. 加强行驶安全

受损的底盘可能会导致底盘的一些零件变形，特别是上下摆臂、左右方向拉杆等容易发生变形，一些轻微碰刮同样会引起汽油底壳或波箱油底等发生轻微渗漏。这些变形和渗漏不容易被检测到，但是会严重影响行车安全。进行了底盘防撞防锈处理之后，底盘不会轻易受损，安全自然有保障。

4. 为车辆保值

数据显示，通常新车使用三年左右，就会发生锈蚀。而与之相对应的一个事实是：车辆保养越好，价值越高。经过一段时间的行驶之后，无论是自己使用还是准备换新车，经过底盘防撞防锈处理（尤其附有正规大公司的品质保证书）的车肯定是能够拥有更高的价值。尽管买车一般都不会冲着投资而去，但同样一辆车，在若干年后，价值的差别却是高低立见。

5. 提高驾驶舒适度

由于底盘防撞防锈采用具有弹性的材质密封处理，一方面大大增加了车辆行驶的平稳度；另一方面极大降低行驶过程中车辆的噪音和陆地上的嘈杂。所以在驾驶的舒适度上做过底盘防撞防锈的汽车比没有做过的汽车高很多。

三、汽车底盘装甲的作用

1. 防敲击

在汽车行驶过程中，难免会溅起一些碎石子，进而对汽车底盘造成敲击。长期下去，会对汽车底盘造成较大的损害。安装了汽车底盘装甲之后，可以避免碎石子对汽车底盘的敲击，从而保护好汽车底盘。

2. 防拖底

在不同的路段，难免会有一些凸起的地方会对汽车底盘造成磨损。如果增加了汽车底盘装甲，可以防止汽车底盘的磨损，更大程度上的保护好汽车底盘。

3. 防腐蚀

在南方的雨季较多，在行车时，很容易就把酸雨溅入车底盘内，长时间下去，会对车子底盘造成腐蚀。每次洗车后的污水也会有所残留，进一步腐蚀汽车底盘。安装汽车底盘装甲则可以避免这些不必要的腐蚀。

4. 隔热

在炎炎夏日，面对极高的地表温度，车子底盘很容易把热气传导至车内。如果车内开了空调，则需要更多的油耗来降低车内的温度。如果安装了汽车底盘装甲，则可以很大程度的把热量隔绝在外，并保持车内的温度，从而减少油耗。

四、汽车底盘装甲的种类

1. 含沥青成分的底盘防锈胶

这是第一代的底盘装甲产品，目前市场上已经不再使用了。

2. 油性(溶剂性)底盘防锈胶

这是第二代底盘装甲产品，其中的稀释剂多为甲苯，是对人体有害的剧毒。施工后形成的胶层很硬，容易开裂，隔音效果也很一般。

3. 水溶性底盘防锈胶

水溶性底盘防锈胶又称环保型底盘防锈胶，现时在欧美国家大多是选用这类产品。水溶性底盘防锈胶附着力强、胶层弹性较好，底盘隔音效果显著，是做底盘装甲的首选材料。

五、汽车底盘装甲的产品

底盘装甲是将一种特殊的弹性胶质材料喷涂在汽车底盘上，将底盘及车轮上方部位完全包裹起来，待其自然固结后形成一层有一定强度的耐腐蚀保护层。

常用的汽车底盘装甲的产品有：3M 底盘装甲、雷朋汽车底盘防锈漆、德国汉高 Super 3000 底盘装甲、保赐利 B－1731 底盘装甲、车光宝(奥因光触媒系列产品)和 KEC KE－302 底盘装甲。

六、汽车底盘装甲的整个流程

1. 评估

首先要对需要做底盘装甲的汽车进行评估，做一个评估报告。并不是所有的汽车都必须做底盘装甲，同时对于不同汽车的性质与车主的品质要求，也有不同各类的底盘装甲可以选择。因此在操作之前，需要充分了解车主的想法与意愿，同时对整车进行一个综合的评估报告，是否符合做相应项目的底盘装甲。

2. 产品选择

市场上的底盘装甲的品牌非常多，表面上看起来大同小异，都是底盘装甲，但实际选择的时候，产品就比较多了，功能也有很多区别，比如优道就有 13 个系列的汽车养护用品，作为专业的汽车养护店、4S 店，应该对产品性能和效果有充分的了解，为顾客推荐与选择合适的产品。

3. 施工

施工在底盘装甲中起着决定性的作用，好的产品在不懂技术的员工手中操作，也许达不到应有的效果。因此施工流程的一定要严格按照最新的标准执行，清洁度要达到99%，干燥达到99.9%，同时配合天气与空气湿度，在不适合的条件下，坚决不能违规操作，以免产生不良效果。

4. 验收与售后

验收主要从下面几个方面进行。

(1) 耐水性：指底盘装甲对水的作用的抵抗能力。检查方法为将底盘装甲置于水中浸泡24小时，底盘装甲有无发白、失光、起泡、脱落等现象。

(2) 耐盐雾性：指底盘装甲对盐水侵蚀的抵抗能力，可用实验来判断涂层的防护性能。检测方法是用5%的盐水浸泡24小时，观察底盘装甲有无发白、失光、起泡、脱落、生锈等现象。

(3) 耐酸(碱)性：指底盘装甲对有机溶剂侵蚀的抵抗能力。检测方法是用3%的硫酸浸泡24小时，观察底盘装甲有无发白、失光、起泡、脱落、生锈等现象。

(4) 耐汽油性：用97＃汽油浸泡30分钟，次品会起泡、脱落。

验收后，就要授予车主质量保障卡，表示该底盘装甲已达到标准的质量保障。

【任务实施】

一、3M底盘装甲施工流程

1. 准备工作

工具：汽车举升机、气泵、高压水枪、压缩空气吹干机。

耗材：抹布，遮蔽胶带、报纸，大张塑料薄膜(包车轮用一次性塑料台布也是很好的选择)。

人员防护用品：工作服、简易口罩、手套。

其他：盛满清水的桶、抹布。

产品用量：6罐底盘装甲胶、1罐柏油清除剂。

2. 3M底盘装甲的施工流程

(1) 步骤1：用高压水枪清洗底盘表面，专除粘附于底盘的泥沙和尘土。注意要对底盘进行全面清洗，如图4-3-1所示。

(2) 步骤2：将车辆停放于施工现场的汽车举升机上，固定好支撑点。卸下四个车轮，并给各轮注明相应位置，如图4-3-2所示。

图4-3-1　底盘的全面清洗

图4-3-2　卸车轮

(3) 步骤3:升起车辆至适当的施工位置,继续对底盘表面进行清洗,去除锈迹和拐角部位积聚的尘土(见图4-3-3)。注意车辆轮弧,挡泥板及挡泥板衬边的污垢(见图4-3-4)。

图4-3-3　去除锈迹和拐角部位积聚的尘土

图4-3-4　挡泥板及挡泥板衬边的污垢

(4) 步骤4:用压缩空气吹干轮弧(见图4-3-5),挡泥板及挡泥板衬边的污垢。对于难以吹干的地方,用毛巾擦干,如图4-3-6所示。

图4-3-5　用压缩空气吹干轮弧

图4-3-6　毛巾擦干轮弧

(5) 步骤5:配合遮蔽带准备好遮蔽纸,备用,如图4-3-7所示。

(6) 步骤6:用遮蔽纸将轮毂包住,以避免被喷涂材料玷污,如图4-3-8所示。

图4-3-7　准备好遮蔽纸

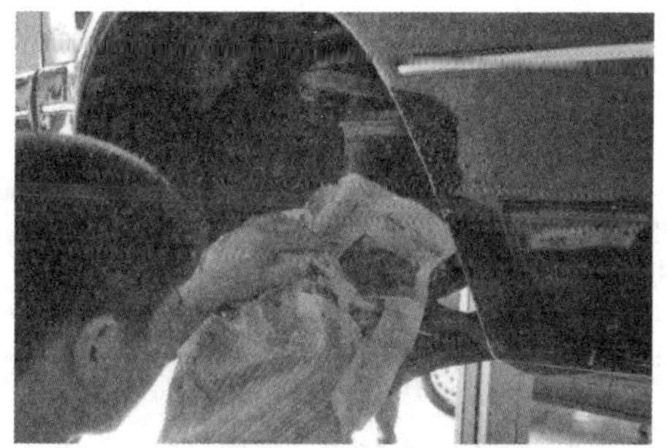

图4-3-8　遮蔽纸将轮毂包住

(7) 步骤7:做好车身周围的裙部的遮蔽,避免被喷涂材料玷污,如图4-3-9所示。

(8) 步骤8:将车辆油漆部位和底盘的油管、排气管等部位遮蔽,如图4-3-10所示。

图 4-3-9　车身周围的裙部的遮蔽

图 4-3-10　遮蔽底盘的油管、排气管

(9) 步骤 9:在施工现场铺好遮蔽膜(也可用报纸代替),有利于施工后的清洁,如图 4-3-11所示。

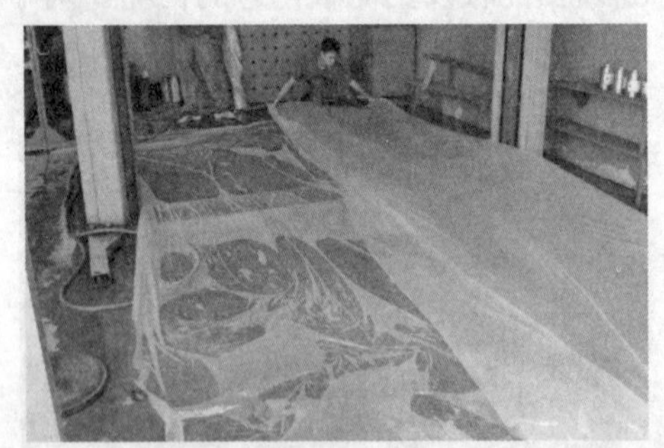

图 4-3-11　铺好遮蔽膜

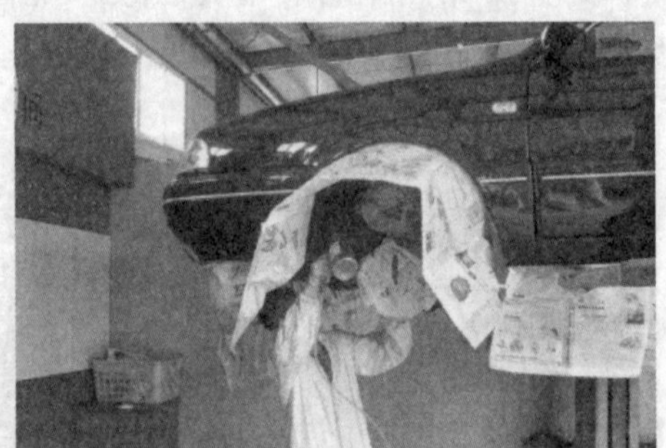

图 4-3-12　车辆翼子板喷涂

(10) 步骤 10:先对车辆翼子板进行喷涂(见图 4-3-12),使用前应充分摇晃容器。注意:作业人员施工时要做好必要的防护措施。喷涂之后,防撞防锈底漆应均匀分布,并有足够的厚度,如图 4-3-13 所示。

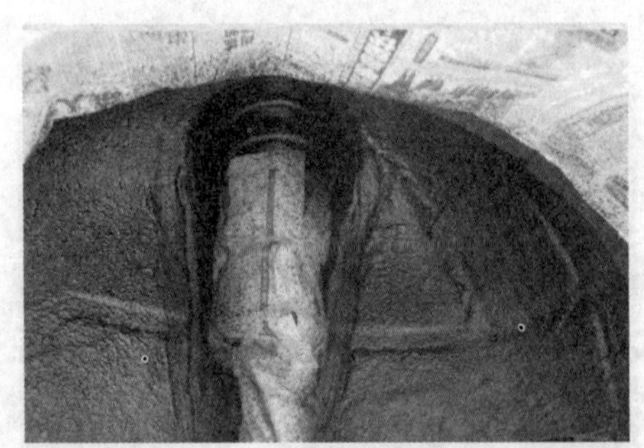

图 4-3-13　防撞防锈底漆应均匀分布

图 4-3-14　底盘喷涂

(11) 步骤 11:对车辆底盘进行喷涂,步骤同翼子板的喷涂,如图 4-3-14 所示。

(12) 步骤 12:约半个小时后,进行第二次喷涂(见图 4-3-15)。作业之后,等待喷涂部位表面晾干。底盘装甲“分布均匀”,呈黑色颗粒状,如图 4-3-16 所示。

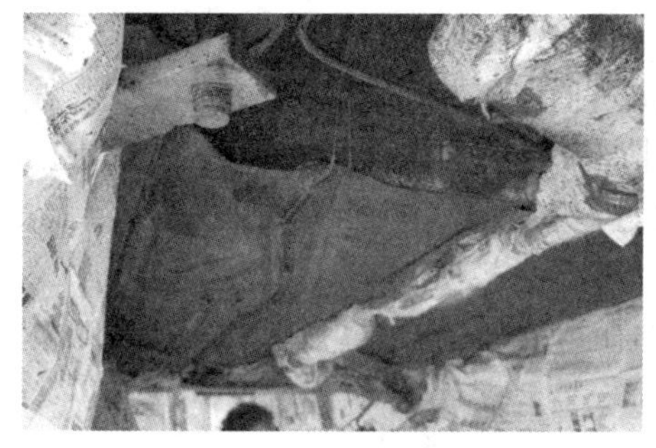

图 4－3－15　二次喷涂

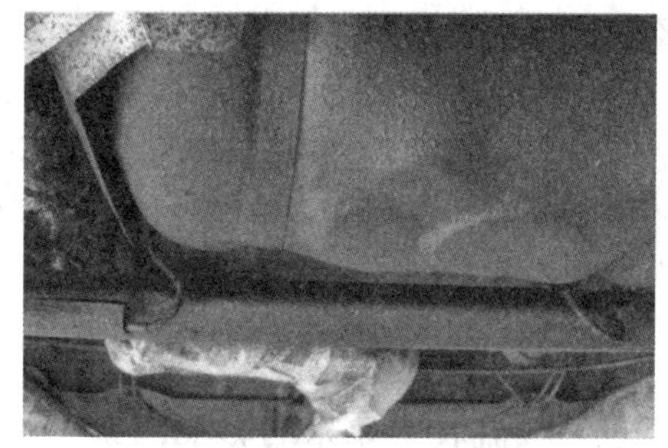

图 4－3－16　底盘装甲“分布均匀”

(13) 步骤 13:取下遮蔽纸,并做好现场清洁工作,如图 4－3－17 所示。操作时须保证对非施工部位的遮蔽保护,防止喷涂影响车辆的性能。

(14) 步骤 14:完成施工,装复车轮,如图 4－3－18 所示。

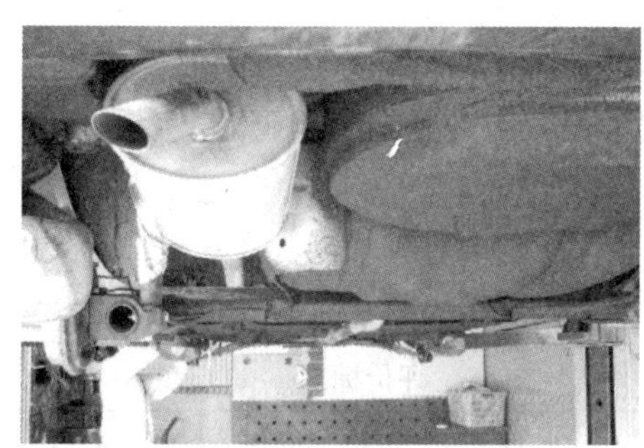

图 4－3－17　取下遮蔽纸

图 4－3－18　装复车轮

二、底盘装甲安装注意事项

(1) 进行水性底盘装甲施工前,必须对喷涂部位进行严格的清洗工作;若因操作不严格而导致喷涂部位还残留着灰尘、油迹等,将会出现产品脱落现象。

(2) 进行油性底盘装甲施工前,喷涂部位清洗工作可适当放松,但应保证无锈、无沙尘、无水,否则将会导致产品脱落现象。

(3) 进行底盘装甲喷涂施工时,请勿一次性喷涂过厚,以免产生流滴和难干等不良现象。

(4) 新车进行油性底盘装甲施工时,应先观察喷涂部位是否存有白色或透明的防锈胶或漆类物质(新车在原厂已喷涂上),若存在此类物质,操作时务必要小心,施工时一定要薄薄地喷涂,待表面晾干后再喷涂,如此反复操作至所需用量。若一次性喷涂过厚,会导致产品在短时间内难以完全挥发,会使溶剂溶解原防锈漆或胶类物质,两种物质混合后会出现长时间不干和柔软、粘手的现象(此现象以油性低档底盘装甲最为严重)。若因操作不慎出现此现象,可再薄薄地喷涂上一层水性底盘装甲,然后用软刷子来回涂刷至不干的表面完全被覆盖,再用气枪吹干即可解决问题。

(5) 对较为隐蔽或难喷涂的部位,不要采取连续喷涂操作,应进行点动式喷涂(即“一喷、一停”),如此喷涂至完全覆盖较为隐蔽或难喷的部位,防止因连续喷涂过厚产生不良现象。

(6) 喷涂过程中,视气压和产品的雾化情况来调节与被喷涂部位的距离;气压高,雾化好时适当离远一些,气压下降和雾化不太好的情况,与被喷涂部位的距离也应相应地调近一些。此操作既可保证喷涂过程中不会产生过厚的现象,又能充分地提高产品的利用率。

(7) 请务必遵守底盘装甲的正确操作方法,以保证产品在施工过程中和施工后的质量。

三、底盘装甲效果的影响因素

影响底盘装甲效果的因素主要有两个:底盘装甲材料和施工工艺。

1. 底盘装甲的材料

这一因素最为关键。目前,汽车美容市场上的装甲材料品种很多,性能良莠不齐,因此,必须慎重选择装甲材料。

2. 施工工艺

如果施工工艺不标准,不但不能保护底盘,甚至还会对底盘上的某些零部件造成损伤。因此,进行汽车底盘装甲时最好挑选一家专业的汽车美容店进行施工作业。

【学习评估】

序号	学习内容	评价标准			
		了解	掌握	可指导操作	可独立操作
1	汽车底盘装甲的好处				
2	汽车底盘装甲的作用				
3	底盘装甲的种类				
4	汽车底盘装甲的整个流程				
5	3M 底盘装甲的施工流程				

【考核评价】

评价内容	赋分	序号	具体指标	分值	得 分		
					自评	组评	师评
仪容仪表	5	1	穿戴整洁符合工作要求	5			
工作安全	15	2	走路文明,不打闹	5			
		3	操作过程沉着冷静	5			
		4	无人员受伤及设备损坏事故	5			

（续表）

评价内容	赋分	序号	具体指标	分值	得分		
					自评	组评	师评
工作过程	60	5	掌握底盘装甲安装的准备工作	10			
		6	掌握底盘装甲安装注意事项	10			
		7	掌握底盘装甲的影响因素	10			
		8	掌握 3M 底盘装甲的施工流程	15			
		9	掌握汽车底盘装甲的整个流程	10			
		10	完成实训工单填写	5			
职业素养	20	11	坚持出勤，遵守规章制度	5			
		12	服从安排，积极参与	5			
		13	在规定时间内完成，认真填写数据	5			
		14	认真执行 5S	5			
综合得分				100			

项目五

汽车内装饰美容

任务一　汽车座椅装饰

【任务目标】

一、知识目标

(1) 掌握汽车坐垫和枕垫的功能。
(2) 掌握汽车坐垫和枕垫的类型。
(3) 了解汽车真皮座椅的识别方法。
(4) 了解儿童安全座椅的功用及分类。

二、技能目标

(1) 能够正确选择并安装汽车坐垫。
(2) 了解真皮座椅的清洗剂保养方法。
(3) 了解儿童座椅的安装方法。

【任务引入】

赵先生是一家大型公司商务车司机,主要负责公司重要领导及嘉宾的接送工作。本月,公司新购进一辆汽车作为商务用车,而赵先生作为公司驾驶技术最好,老板最信任的员工之一,顺理成章地成为这辆新商务用车的司机之一,同时也要负责该车的保养、美容及装饰等工作。此车是商务用车,内饰装饰是重要项目之一,于是赵先生来到汽车内饰用品市场想购买汽车坐垫。作为一名汽车内饰用品销售人员,需要帮助赵先生选择一款合适的汽车坐垫,并更换坐垫。

【任务分析】

在汽车内装饰中,座椅的装饰是最为显眼的部分,对汽车整体的装饰风格有决定性的作用。无论选择什么样的坐垫,都要牢记两大标准:一是舒适,二是美观。

赵先生在天气转凉的时候安装坐垫,首先要考虑保暖问题,其次要考虑所选坐垫和内饰的协调问题。作为一名专业的汽车美容作业人员要根据车主的喜好及车辆主要用途为其选配合适的坐垫。

【任务准备】

一、汽车坐垫的功用

1. 保护座椅

目前大部分汽车出厂时都是真皮的座椅，而皮质座椅非常容易损坏，不小心被什么东西轻轻划下，就会出现痕迹，造成不可修复的伤害。此外，真皮座椅清洗时非常麻烦，一不小心还容易损伤皮质，安装汽车坐垫可以有效防止表面划伤及脏污，从而避免了清洗真皮座椅的麻烦。

2. 提高舒适性

对于有车一族的车友们来说，开车可能是每天必须的。特别是对于一些需要长时间开车的人，比如出租车司机，整天待在车里，开久就会出现疲劳、腰酸背痛等症状。柔软的汽车坐垫使身体与座椅更服帖，可减缓路面颠簸产生的振动，减轻旅途疲劳，因此安装坐垫是必不可少的。

3. 冬暖夏凉，改善透气性

由于冬天夏天的温差非常的大，所以汽车坐垫厂家都根据气温的变化，用不同的材质来制作坐垫。夏季使用的硬塑料或竹制品坐垫具有良好的透气性，给人以凉爽的感觉，有降温消汗功效。冬天用毛类坐垫，保暖效果好。

4. 增强保健性

汽车保健坐垫可通过振动按摩或磁场效应，改善乘员局部新陈代谢，促进血液循环，消除紧张疲劳，达到保健目的。还有一些特殊的汽车坐垫，添加了一些对人体有益的中草药，对保护健康有很好的效果。

5. 给汽车增加美观感

汽车坐垫设计时，设计师会根据人们的审美需求，把汽车坐垫外观都设计得非常漂亮。汽车座椅在车内部占最大空间，如果装上了汽车坐垫，就能很好地装饰汽车内部，从而增加汽车的美观。

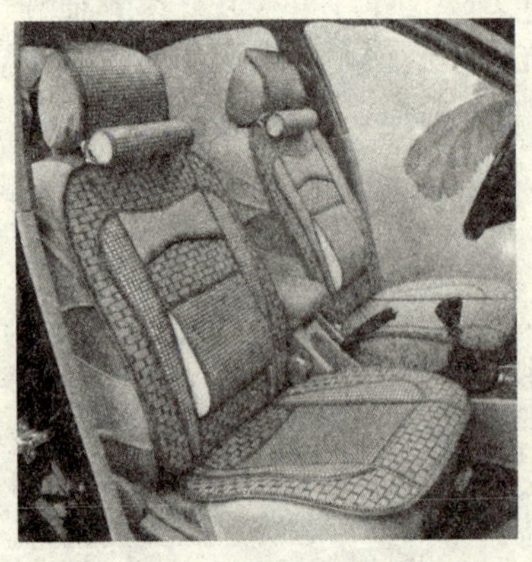
图5-1-1 传统的竹编或草质汽车坐垫

二、汽车坐垫的类型

1. 按坐垫按原材料不同分类

汽车坐垫按原材料不同可分为：传统的竹编或草质汽车坐垫（见图5-1-1）、亚麻汽车坐垫、水牛皮汽车坐垫、冰丝汽车坐垫、羊毛汽车坐垫。

1）传统的竹编或草质汽车坐垫

优点：凉爽，价钱便宜。

缺点：不透气、易生虫、易褪色、吸水能力强、易粘污迹和汗迹，需要经常清洗。此外，竹编坐垫容易损坏真皮座椅，使用寿命短。

2）亚麻汽车坐垫

优点:亚麻汽车坐垫(见图5-1-2)选用纯天然亚麻纤维制成,散发出清香气味,能够杀死一些细菌,并抑制寄生虫的生长。具有吸汗、透气、隔凉、隔热、防静电、环保、不易沾染灰尘、对人体无害等显著特点。

缺点:亚麻坐垫吸湿后膨胀率大,要常清洗晒干。亚麻坐垫很难辨别真假,价格较高。

图5-1-2　亚麻汽车坐垫

图5-1-3　水牛皮汽车坐垫

3）水牛皮汽车坐垫

优点:色泽生动、天然,皮质具有耐性,手感细腻柔滑,优质的水牛皮天然无瑕疵,如图5-1-3所示。具有透气散热和漂亮时髦两大优点。

缺点:价格较高,在阳光下暴晒,容易产生瑕疵。

4）冰丝汽车坐垫

优点:冰丝汽车坐垫(见图5-1-4)是由天然棉皮经科学提炼而成,具有良好的透气吸湿性和清爽的排热性,主动调湿,日照升温慢等特色,被誉为"天然空调"。还具有防霉、防螨虫、防静电、无辐射、色彩绚丽等特点。

缺点:冰丝坐垫比较润滑,在驾车时容易打滑,特别紧迫刹车时。此外,由于车垫具有吸湿的功能,所以需要经常更换洗晒。

图5-1-4　冰丝汽车坐垫

图5-1-5　羊毛汽车坐垫

5）羊毛汽车坐垫

优点:羊毛汽车坐垫(见图5-1-5)选用优质羊皮通常通过几十道工序精制而成。羊毛坐垫长处是毛绒细密、色泽亮光如丝、手感如绸缎般柔软舒服，透气、保暖作用好。

缺点：羊毛坐垫清除费事，容易掉毛。

2. 按材质功能不同分类

汽车坐垫按材质功能不同，可分为柔式坐垫、帘式坐垫和保健坐垫。

1）柔式坐垫

柔式坐垫主要由棉、麻毛及化纤等材料制成，如图 5-1-6 所示。棉麻混纺坐垫具有透气性优良、韧性强、易于日常清洁护理等特点；棉毛混纺坐垫具有柔软、舒适、透气性能好等特点；化纤混纺坐垫透气性好、价格低，但易产生静电。

2）帘式坐垫

帘式坐垫主要由竹、石或硬塑料等材料制成小块单元体，然后将单元体串接成帘状制成坐垫。如图 5-1-7 所示，坐垫具有极好的透气性，是高温季节防暑降温的佳品。

图 5-1-6　柔式坐垫

图 5-1-7　帘式坐垫

图 5-1-8　保健坐垫

3）保健坐垫

保健坐垫（见图 5-1-8）是根据人们保健需求制成的高科技产品，当乘员随汽车颠簸振动时可起到自动按摩效果。另外，坐垫的磁场效应对人体保健也大有益处。

三、汽车枕垫

1. 汽车头枕

汽车头枕（见图 5-1-9）是一种驾驶舒适性配置用品和安全防护用品。在车辆发生追尾时，人体由于惯性会向后倒，此时车辆加速或减速的压力都集中在人休脆弱的颈部和头部，而头枕则对此起缓冲作用，保护人体头部。

图 5-1-9　汽车头枕

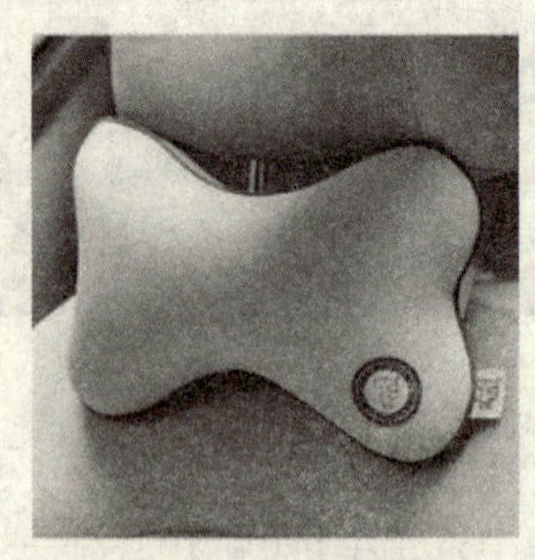

图 5-1-10　汽车颈枕

2. 汽车颈枕

汽车颈枕是一种保护颈部，颈部支撑的保健用品，也属于汽车装饰用品，如图 5-1-10 所示。在车辆发生碰撞时，车辆的加速与减速的力量全部挤压在人脆弱的颈部，汽车头枕能有效保护车内人员的头部安全，减小颈部位置的伤害。

3. 汽车腰托

汽车腰托用于支撑驾驶员腰部，主要是针对长时间开车的人或腰部有毛病的人设计的。汽车腰托分为普通腰托和电动按摩腰托两种，如图 5-1-11 所示。

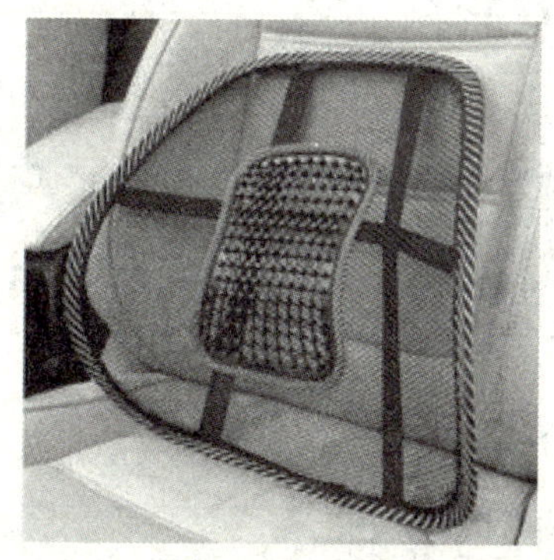
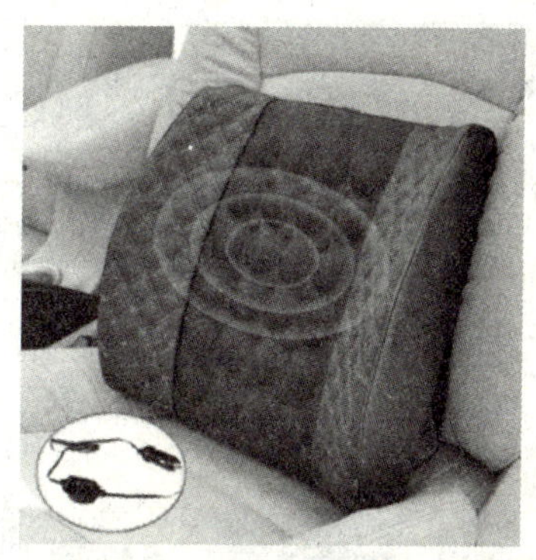

图 5-1-11　汽车腰托

四、坐垫的选择原则

1. 根据气温条件选用

不同材质坐垫的吸汗性、透气性等均有所不同，选用坐垫是首先要考虑的就是驾乘人员的舒适感，满足冬暖夏凉的最基本要求。当气温不高时应选用柔式坐垫，利于保温，并提高舒适性；高温季节应选用帘式坐垫，以利于降温防暑。

2. 根据汽车档次选用

选用坐垫除了提高驾乘人员的舒适度以外，还要对汽车美观起到锦上添花的作用。中高档轿车可选用材质极好的纯毛坐垫或保健坐垫，另外中高档轿车空调效果较好，高温季节也不必使用帘式坐垫，以提高舒适性，对于带了座椅通风的车辆建议选择透气性好的坐垫。

3. 根据实际用途选用

选用坐垫时，应根据汽车用途来选用，如果是家用汽车，可以选用一些温馨、可爱、富含个性的坐垫，如果是商务用车则应选用大气、上档次、符合公司身份的坐垫。

【任务实施】

一、汽车坐垫的安装

1. 前座坐垫安装方法

前座坐垫的安装可按以下图文进行操作。

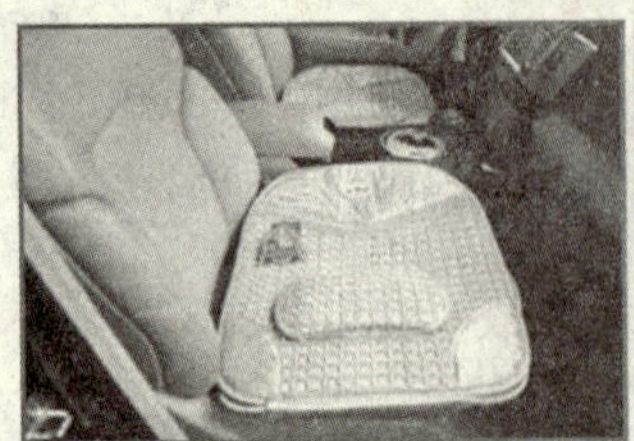

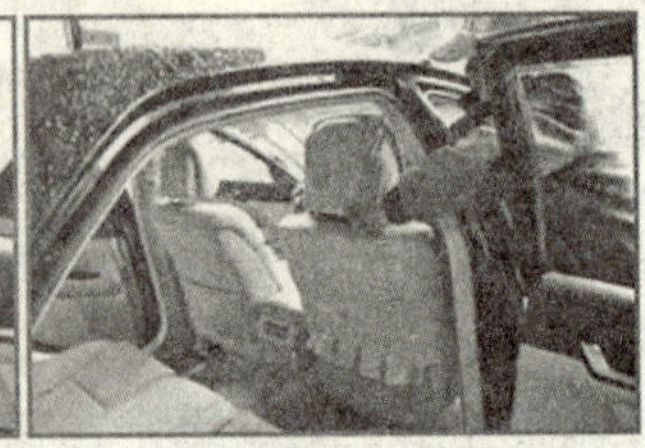

(1) 取出前排坐垫　　(2)套入背心　　(3)套好头套

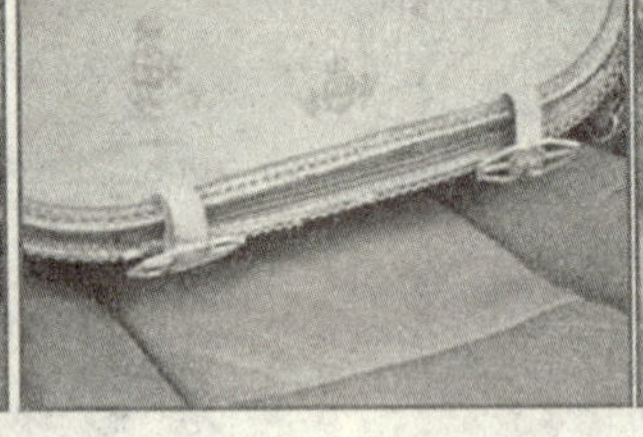

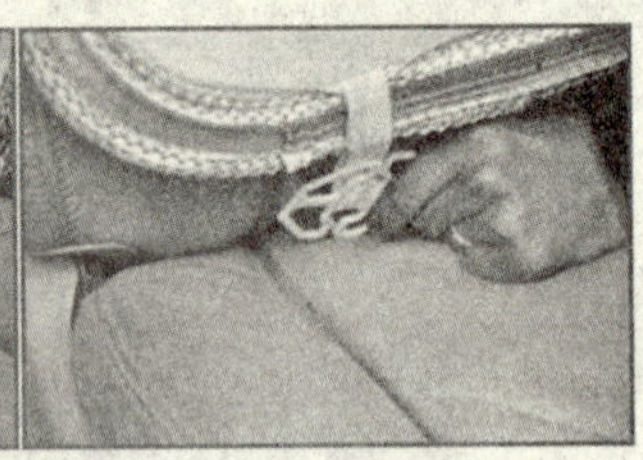

(4)取出卡盘　　(5)安装好卡盘　　(6)将卡盘塞入缝隙

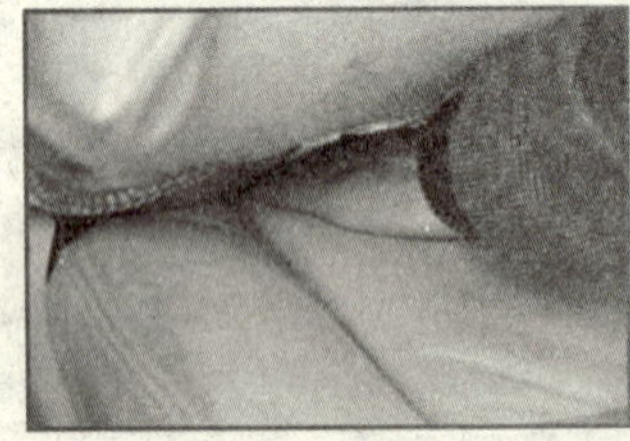

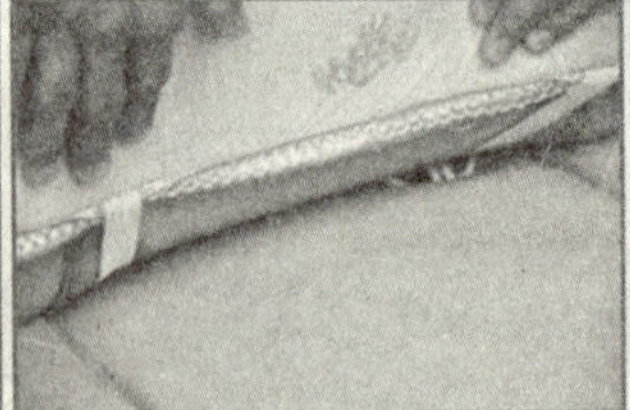

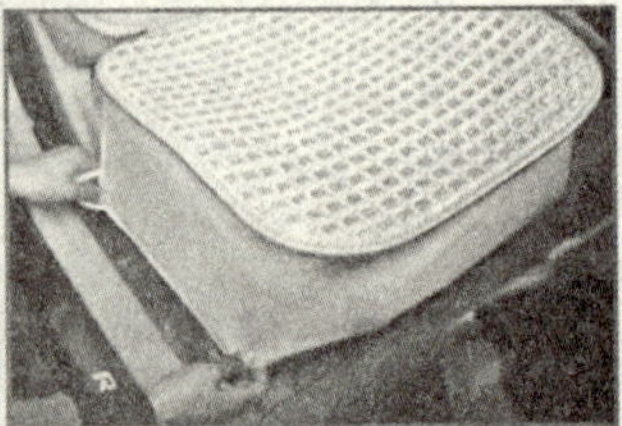

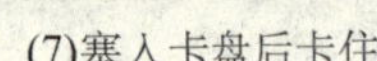

(7)塞入卡盘后卡住　　(8)卡好卡盘　　(9)调整围裙

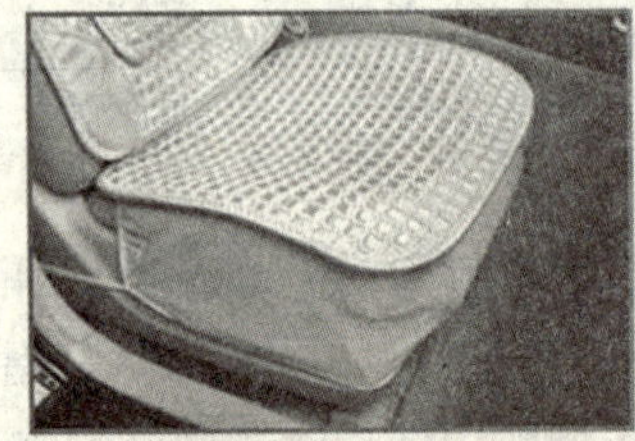

(10) 将围裙松紧带卡好　　(11) 套入头枕　　(12) 前排安装完成

2. 后座坐垫安装方法

后座坐垫的安装可按以下图文进行操作。

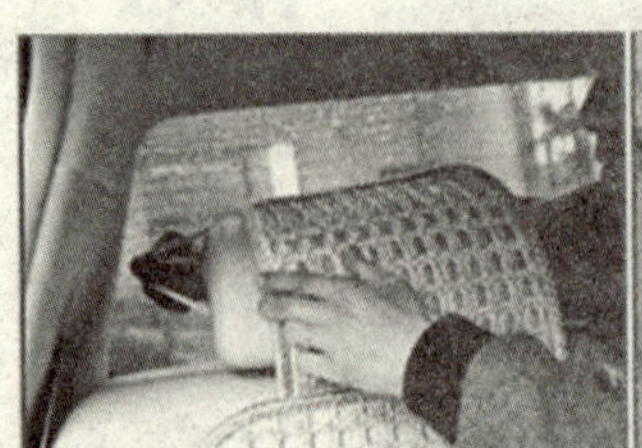

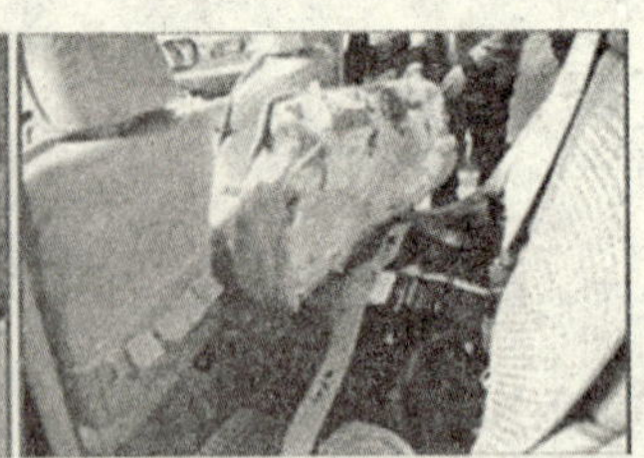

(1) 取出后排坐垫并套入　　(2) 安装卡盘　　(3) 扶起后排长座椅

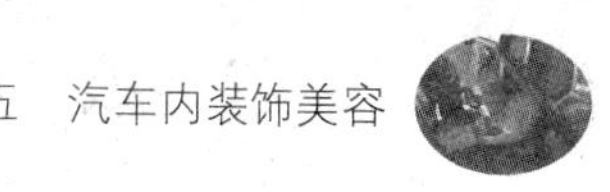

(4) 套入长排坐垫

(5) 安装卡扣卡好松紧

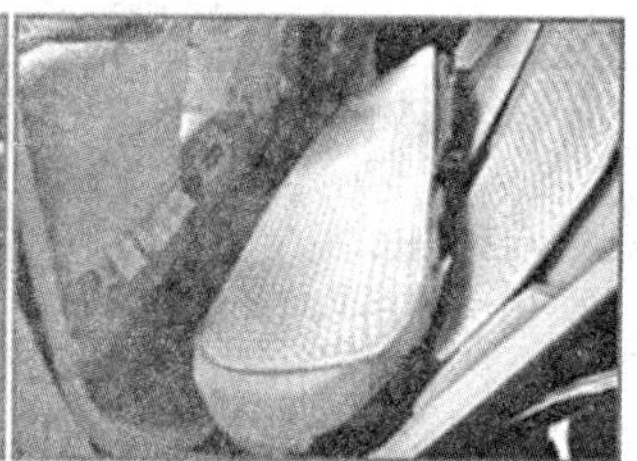

(6) 调整好坐垫

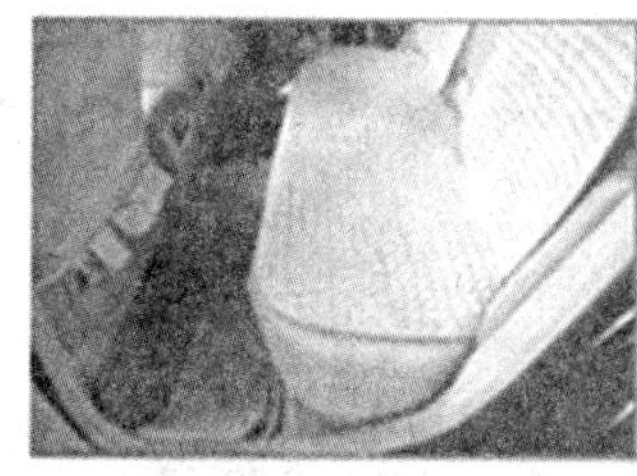

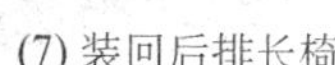

(7) 装回后排长椅

(8) 按出扶手准备套入

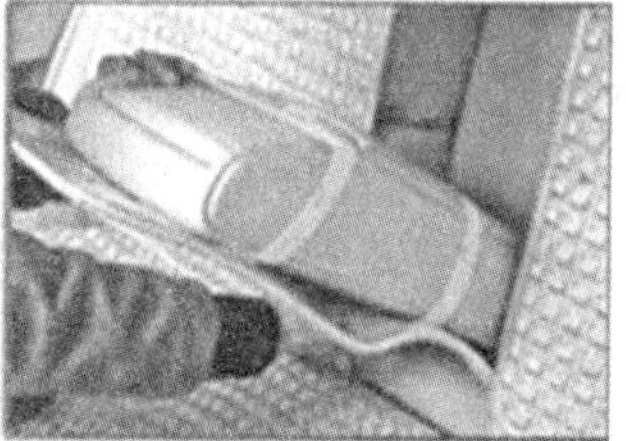

(9) 推成斜角再套入

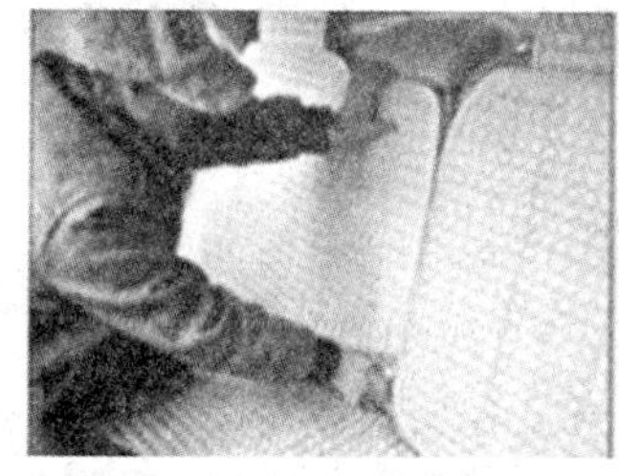

(10) 推回扶手

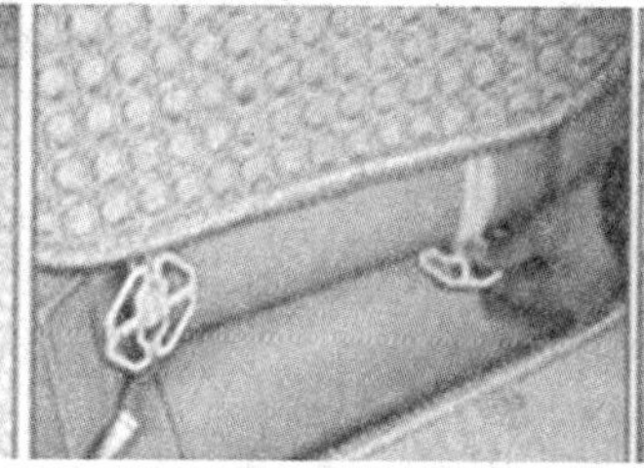

(11) 卡好原先装好的靠背卡扣

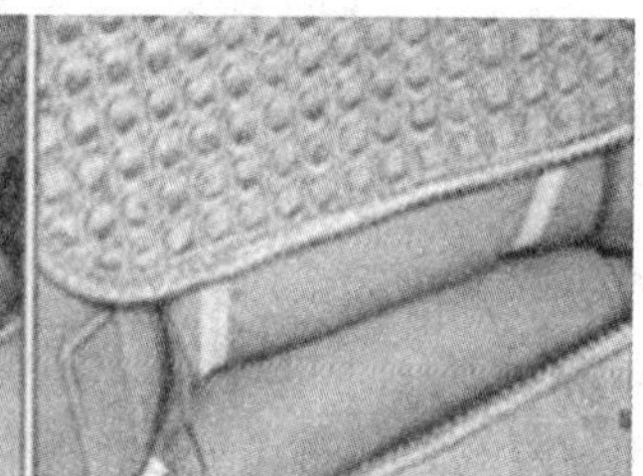

(12) 两边都卡牢

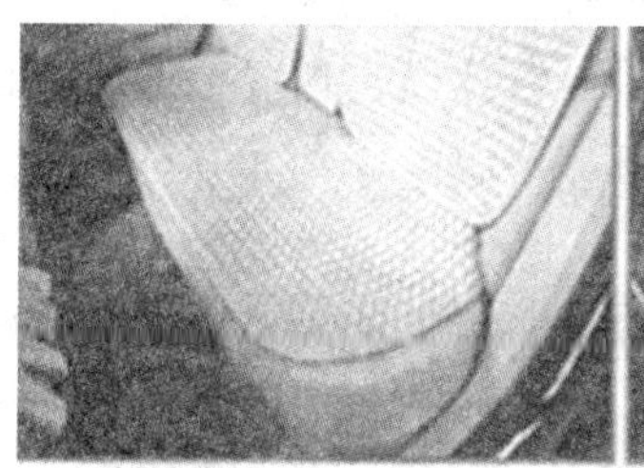

(13) 调整下整体效果

(14) 后排坐垫安装完成

二、安装汽车坐垫注意事项

(1) 汽车坐垫安装完毕后,切记要复位安全带。

(2) 要把汽车坐垫长垫和靠背的固定卡插入缝隙中,最后把汽车坐垫拉平。

【任务拓展】

一、汽车真皮座椅的识别

常见的真皮座椅及其特点如表 5-1-1 所示。

表 5-1-1 常见真皮座椅

类别	说明
黄牛皮革	毛孔细小,呈圆形,分布均匀紧密,毛孔伸向罩面,革面丰满光亮,皮板柔软,纹细,结实,手感坚实而富有弹性。
水牛皮革	皮层表面凹凸不平,革面粗糙,毛孔较粗大,稀少。
猪皮革	毛孔粗大,一个毛孔三根毛,呈三角排列,毛眼相距较远,皮层表面不平整,革面粗糙,柔软性差。
羊皮革	分山羊皮革和绵羊皮革两种。山羊皮革面纹路是圆弧上排列 2～4 个粗毛孔,周围有大量绒毛孔;绵羊皮革皮板薄,手感柔软,毛孔细小,呈扁圆形,由几个毛孔构成一个组,排成长列,分布很均匀,但不结实。
马皮革	毛孔椭圆形,不明显,比牛皮革孔略大,斜入革内呈山脉形状有规律排列,革面松而软,色泽昏暗。

1. 看

头层皮皮面光滑,皮纹细致,色泽光亮且没有反光感,厚度在 1.0～1.2 mm,且厚薄均匀。如果皮纹不明显,只是异常光滑,则说明皮革在加工过程中进行了磨面处理,或者是用二层皮喷上颜色后压出皮纹制成。

2. 摸

头层皮手感滑爽并有弹性,若皮面板硬或发黏均为劣质皮。

3. 擦

用潮湿的细纱布在皮面上来回擦拭七八次,并查看布上是否沾有颜色。若有脱色现象,则不能购买。

4. 拉

两只手拿住皮的一角,然后稍用力向两边拉,若皮面出现缝痕或露出浅白的底色,则说明皮的弹性及染色工艺不过关,也不能购买,如图 5-1-12 所示。

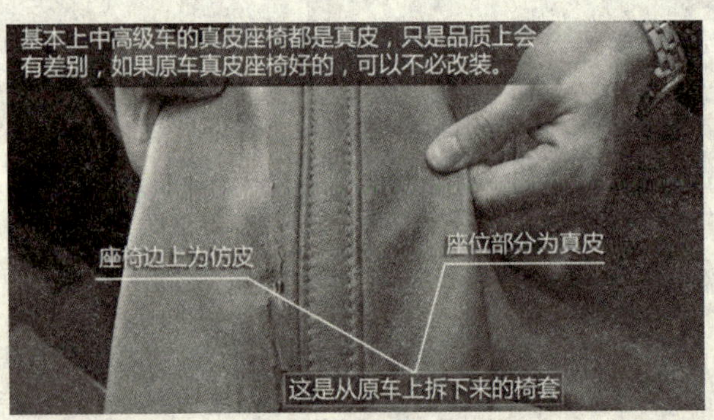

图 5-1-12 真皮座椅的识别

二、真皮座套更换工艺

(1) 步骤 1:用专用工具将原座椅拆卸下来,取下原来的座套。

(2) 步骤 2:将原车坐套制板,再根据板形对牛皮裁剪。

(3) 步骤 3:对裁好的皮料用缝纫机进行缝制,缝制应一次完成。不能修改,否则,皮料上会留下明显的针孔。做工要细,成品表面能看到的只有明线和"做缝",明线必须横平竖直,"做缝"要在 3 mm 以上。否则,皮套在使用过程中可能由此开列。

(4) 步骤 4:加工时对坐垫和靠背部位应进行皱折处理或选用打孔皮,因为这两个部位在使用中长期受压,一定要预留伸缩量,以确保长期使用而不会变形。

(5) 步骤 5:牛皮座套制成后,在安装前先在座套下面垫上 12～15 mm 厚的带网底的海绵,再套上座套,将卡钉装上即可。

三、真皮座椅的保养

(1) 汽车皮椅尽量要距热源两米以外的位置,如离热源太近会导致皮革干裂。

(2) 不要长时间在阳光下暴晒,这样可以避免皮革褪色。

(3) 经常对皮革进行清洁保养,一周使用吸尘器进行一次吸尘。

(4) 在清洁后不要用吹风机快速吹干皮革,要自然风干。

四、真皮座椅的清洗

(1) 步骤 1:把干净软毛巾放在温水中进行浸泡。

(2) 步骤 2:将适量肥皂均匀打在毛巾上。

(3) 步骤 3:轻轻擦拭座椅(褶皱处可反复擦拭)。此时,毛巾若变脏,证明去污有了显著效果。

(4) 步骤 4:用清洗过后不含肥皂的湿毛巾擦拭两遍,然后通风晾干即可。

五、儿童安全座椅

1. 儿童座椅的结构

儿童座椅的结构如图 5-1-13 所示。

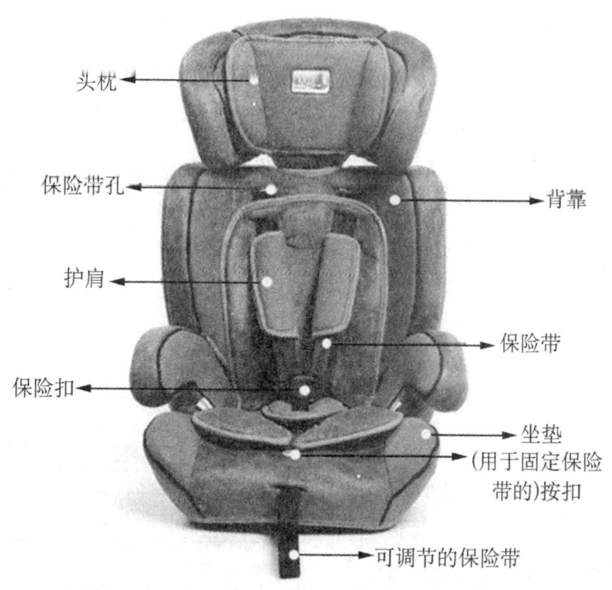

图 5-1-13　儿童座椅

2. 儿童安全座椅的种类

儿童安全座椅可分为后向式儿童安全座椅和前向式儿童安全座椅两种。后向式儿童安全座椅是儿童坐上后正面向后的一种座椅，如图 5-1-14 所示，适合 3 岁以下婴儿的使用。前向式儿童安全座椅是儿童坐上后正面向前的一种座椅，如图 5-1-15 所示，适合 3 岁以上儿童的使用。

有关专家认为，儿童头部的重量被摔向前方，而他的脖子不能承受其力量，结果会是致命或致残。如果儿童坐在面向后方的座位上，则可避免或减轻儿童在交通事故中受到伤害。由于 3 岁以下的儿童骨架柔软，尤其是颈部，承受不了太大的冲击力，因此选用后向式儿童安全座椅，降低事故中受到的伤害。

图 5-1-14 后向式儿童安全座椅

图 5-1-15 前向式儿童安全座椅

3. 儿童安全座椅的选购与安装

1）儿童安全座椅的选购

挑选儿童安全座椅时应注意以下两点。

（1）要选择与儿童身材相当的儿童安全座椅。儿童安全座椅有很多的型号，要注意选择。一般可分为婴儿、幼儿和小学生三种。

（2）要选择与汽车相适配的座椅。这一点非常重要，买座椅时最好开车前往，当场就将座椅安装在汽车座位上看是否合适。

2）儿童安全座椅的安装

儿童安全座椅一般安装在后排，大多数汽车出厂时后排座椅上都已经设有儿童座椅安全扣，便于安装。此外，据汽车安全系数统计，后排的安全系数是最高的。儿童安全座椅也可以安装在副驾驶座位上，但是由于副驾位置一般设有安全气囊，当发生碰撞安全气囊打开时会对儿童造成致命的伤害。因此，当副驾驶座上安装儿童安全座椅时，一定要将副驾驶座上的安全气囊关掉。

儿童安全座椅安装一定要牢固，安装时要仔细阅读说明书，将儿童安全座椅牢牢地安装在合适的位置上，并保证安装儿童安全座椅的座椅靠背不能放倒。

【学习评估】

序号	学习内容	评价标准			
		了解	掌握	可指导操作	可独立操作
1	汽车坐垫的功用				
2	汽车坐垫的分类				

（续表）

序号	学习内容	评价标准			
		了解	掌握	可指导操作	可独立操作
3	汽车枕垫的功用				
4	汽车坐垫的选择原则				
5	汽车坐垫的安装步骤				
6	汽车真皮座椅				
7	儿童安全座椅				

【考核评价】

评价内容	赋分	序号	具体指标	分值	得分		
					自评	组评	师评
仪容仪表	5	1	穿戴整洁符合工作要求	5			
工作安全	15	2	走路文明，不打闹	5			
		3	操作过程沉着冷静	5			
		4	无人员受伤及设备损坏事故	5			
工作过程	60	5	掌握坐垫的选择原则	10			
		6	掌握前排坐垫的安装过程	25			
		7	掌握后排坐垫的安装过程	20			
		8	完成实训工单填写	5			
职业素养	20	9	坚持出勤，遵守规章制度	5			
		10	服从安排，积极参与	5			
		11	在规定时间内完成，认真填写数据	5			
		12	认真执行 5S	5			
综合得分				100			

任务二　汽车地板装饰

【任务目标】

一、知识目标

(1) 了解汽车地板装饰的作用。
(2) 了解汽车地板装饰的主要项目。
(3) 了解汽车地毯的分类。

二、技能目标

能够正确选择与安装汽车脚垫。

【任务引入】

黄先生买车已经两年了,由于常年的使用,汽车的地毯已然残旧。于是他来到汽车用品市场想更换汽车地毯。作为一名汽车用品销售人员,需要帮助黄先生选择一款合适的汽车地毯,并更换。

【任务分析】

汽车地板清洗起来是比较麻烦的,因此汽车脚垫几乎成了车内必备用品。虽然脚垫不在显眼的地方,但也是汽车内装饰美容的重要组成部分,是车内必备的用品。

【任务准备】

一、地板装饰

1. 概念

汽车地板是在地盘上部,是车厢的基础部分,支撑车内的设施和人员的部件。

2. 功用

对车内驾驶舱起到保温、隔热、防湿、防潮、防尘及防噪的作用。

3. 地板材料的选用

(1) 补修地板原则:根据原地板的材料、色泽和地板构造进行装饰。

(2) 提高原车地板档次:综合考虑整车内饰,保证汽车地板与内饰和谐,若选用汽车地毯,则直接放置地板即可。

4. 地板色泽选用

常见的地板有深灰色和红色两种。

二、汽车地毯

20 世纪 90 年代以前生产的汽车内饰地毯,都是经过测量、裁剪和缝制而成的,与汽车地板各式各样的凸起和凹坑相匹配。

现在所有生产厂和零配件市场的地毯都是成形的脚垫,其形状与汽车地板形状相匹配。

目前市场上的汽车脚垫按材质和价格主要分为 4 类:亚麻质地、塑料质地、橡胶质地和毛绒质地。

1. 亚麻脚垫

目前市场上亚麻质地的汽车脚垫(见图 5－2－1)价格最便宜,摸上去比较软,清洗后容易起毛,而且清洗几次之后会变形,导致脚踩上去脚垫表面深陷下去,影响舒适性。这种材质的汽车脚垫使用时间长之后,尤其在温度较高的夏天,容易产生异味。一般不建议买这种材质的汽车脚垫。

图 5－2－1　亚麻脚垫

图 5－2－2　塑料脚垫

2. 塑料脚垫

塑料脚垫(见图 5－2－2)比亚麻脚垫价格稍高,最大的优点是容易清洗。塑料脚垫拆洗很方便,夏天使用问题不大,但冬天塑料材质由于热胀冷缩极易变硬,有时候脚垫拱起来一块会妨碍驾驶者准确地控制离合、油门和制动,例如制动踏板踩不到底,会给行驶安全带来一定的隐患。工作人员建议可以短期内把塑料脚垫作为过渡产品使用,但如要长久使用,塑料脚垫并不是理想的选择。

3. 橡胶脚垫

橡胶脚垫是一种使用范围最广的汽车脚垫,如图 5－2－3 所示。橡胶脚垫跟塑料脚垫一样,清洗都很方便。橡胶质地脚垫在温度变化比较大的情况下不那么容易变形,冬夏使用都适宜，相对比较经济耐用。一般情况下可以使用两年时间。

图 5-2-3　橡胶脚垫

图 5-2-4　毛绒脚垫

4. 毛绒脚垫

毛绒脚垫(见图 5-2-4)适合冬季使用，目前市场上一般分为绒质和纯羊毛两种，绒质脚垫和纯羊毛脚垫是 4 种地毯里最贵的，价格在 200 到 400 元不等，加厚的脚垫要贵一些。脚垫并不是越厚就越好，脚垫太厚会影响驾驶员对油门、制动和离合器的操作。毛绒类脚垫清洗比较麻烦。

三、汽车地胶

一般汽车座椅底下都有一种地毯似的物品，是原车整体铺制好的，一旦有脏物、污垢留在上面，很难清理。若上面铺一层防水、易擦洗的物品，清理起来就方便多了，这层保护物就是地胶。

新车买来的时候，地面一般是绒面，如果脚垫尺寸不准，或者下雨天乘客或司机的鞋带入大量的水后容易渗到绒面上去，而且绒面也容易吸附垃圾和灰尘，由于汽车本身并不是长时间开窗通风的，而绒面又在脚垫下面，即使通风也不能形成很好的对接，这样时间长了容易滋生细菌或者发霉。

有以下几种情况的可以考虑铺地胶：一是用车人员不固定；二是搭载乘车人员较多；三是城市环境卫生条件一般；四是经常出入特殊地点。

地胶毕竟是用湿布就能非常便利地进行清洁的，从保持车内卫生角度来看是有利的。

买新车时有的 4S 店或汽车装潢店会给汽车铺地胶，这些汽车地胶有仿制的假地胶和环保地胶两种。

假冒汽车地胶是用回收的鞋底和旧轮胎等再生原材料制造的，有一股刺鼻的味道，一撕即断裂。

地胶真假的鉴别分 3 方面，闻、摸、看。

闻：地胶有无气味。环保汽车地胶太阳再晒也无气味。假的汽车地胶一开暖气或太阳照晒就有刺鼻怪味，即甲醛挥发。

摸：是否柔软。有弹性而且撕不烂的是环保地胶，假地胶一撕即断裂，不到一年即断裂。

看：真正整体原车地胶应该无接缝，无缝线。背面还有一层防潮隔音棉，铺装过程不用胶贴。

【任务实施】

地毯的铺垫流程不算复杂，需要的辅助工具有直尺、剪刀、胶水。

1. 拆除旧地毯

大多数车的地毯很好拆除，从车门框上拆下防磨板，拉出地毯就行了。但也有各别车辆需拆下座椅、安全带和松开脚踏板后才能拆下地毯。

拆除时应当注意，不管地毯与何处相连都不要硬拽，先拆下连接件，然后想办法拆下旧地毯，视具体情况而定。

2. 加衬垫

一般车用地毯下面都有衬垫，生产厂和零配件市场的成形地毯背面自带衬垫。对于不带衬垫的地毯必须另行制作衬垫，然后粘到地板上。

1）用泡沫塑料制作

(1) 应首先测量地板横向和纵向的尺寸。

(2) 然后在每个方向上增加20%的余量，按此结果进行剪裁。

(3) 剪裁完毕后，把泡沫铺好，剪去多余的材料。

(4) 粘贴时，只要在泡沫的背面和地板上喷些胶，然后按下并粘贴，另一侧，也用同样的方法进行处理。

2）用黄麻毡和再生材料板制作

(1) 用黄麻毡和再生材料板制作地板的衬垫，需要分几片来做。

(2) 一片用于曲面的凸起部，两片用在两侧的地板上。

(3) 对地板表面不平有较大的深坑时，每一个深坑部分需单独进行处理。

(4) 在把衬垫平整地与地板贴牢后，就可以测量、剪裁、调整和缝纫了。

3. 地毯的调整与安装

(1) 剪裁、调整和安装地毯的工作通常从变速器的隆起部分开始，然后分别向驾驶员一侧和乘客一侧进行，如图 5-2-5 所示。

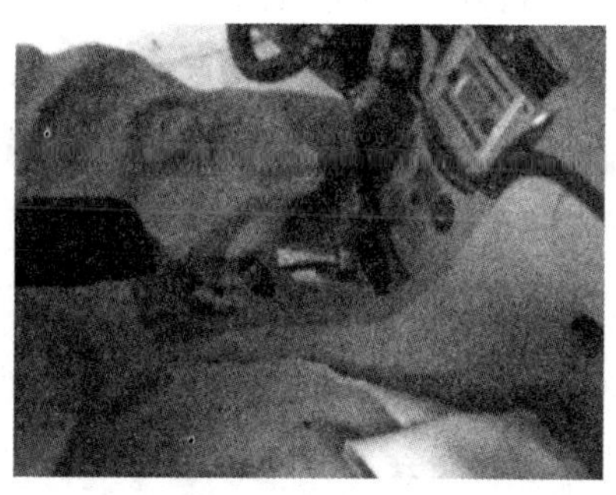
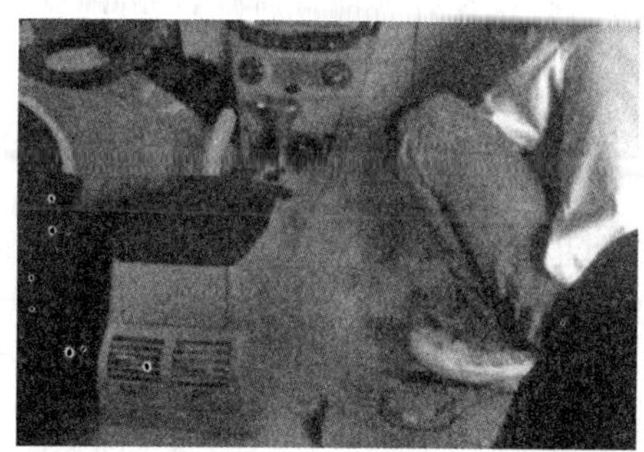

图 5-2-5　地毯的调整与安装 1

(2) 测量变速器隆起处的面积。纵向尺寸从驾驶室前隔板量到后边座椅的底部，横向尺寸从一侧量到另一侧，并在测量结果上加上 152 mm。

(3) 大多数车的座椅不能完全遮住到车门之间的地板,所以此处地毯要一直铺到座椅的后面,也可以另用一小块地毯铺到此处,如图 5-2-6 所示。

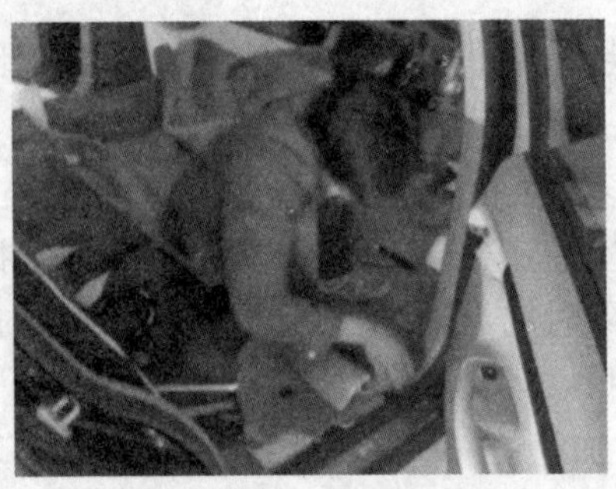

图 5-2-6　地毯的调整与安装 2

图 5-2-7　地毯的调整与安装 3

(4) 把地毯套过变速杆后,在原来的开口的基础上切出放射型开 U,使其能套过变速杆的护套。最后剪掉多余的地毯,并把毛边压到护套的下方,如图 5-2-7 所示。

(5) 安装离合器外壳凸起部分的地毯要一直延续到仪表板。

(6) 把整块地毯放在缝纫机上,在切口边缘缝制一条镶边,但前边的毛边不要缝制。当对一切都满意后,便可粘牢地毯。

(7) 把地毯取出,沿画出的线修剪地毯的边缘,并进行缝合,然后粘贴上地毯。

(8) 铺好驾驶座下方的地毯。

4. 脚垫的装饰

1) 手工脚垫的制作

(1) 首先调整好地毯,把脚垫处的地毯铺平。

(2) 然后,用粉笔画出需要脚垫保护的区域的边缘。把脚垫和地毯一起拿到缝纫机上,把脚垫缝制到地毯上画出的区域内。也可从地毯上裁剪一块大小合适的小块地毯,经常更换,便于清洗。

2) 脚垫的装饰方法

(1) 选择原则:依车型的内部空间和车型档次及顾客的个人喜好来进行选择。

(2) 选择手工制作或者成品的脚垫都可以。

(3) 需要注意的是脚垫不宜选择过大或过小,过大则可能会干涉驾驶员的踏板动作,过小,则踏板起不到应有的隔尘作用,并且会在车内左右移动。

(4) 直接放到乘客和驾驶员座位的前方即可。

【学习评估】

序号	学习内容	评价标准			
		了解	掌握	可指导操作	可独立操作
1	汽车脚垫的分类				
2	汽车地板胶鉴别方法				
3	汽车什么情况下铺地胶				
4	地毯铺垫流程				

【考核评价】

评价内容	赋分	序号	具体指标	分值	得　分		
					自评	组评	师评
仪容仪表	5	1	穿戴整洁符合工作要求	5			
工作安全	15	2	走路文明，不打闹	5			
		3	操作过程沉着冷静	5			
		4	无人员受伤及设备损坏事故	5			
工作过程	60	5	掌握拆除旧地毯	10			
		6	掌握加衬垫	10			
		7	掌握地毯的调整	10			
		8	掌握地毯的安装	15			
		9	掌握脚垫的装饰的制作	10			
		10	完成实训工单填写	5			
职业素养	20	11	坚持出勤，遵守规章制度	5			
		12	服从安排，积极参与	5			
		13	在规定时间内完成，认真填写数据	5			
		14	认真执行 5S	5			
综合得分				100			

任务三　汽车香品装饰

【任务目标】

一、知识目标

(1) 了解汽车香品的作用。
(2) 了解汽车香品的类型。

二、技能目标

(1) 掌握汽车香品选用原则。
(2) 掌握汽车香品使用注意事项。

【任务引入】

周女士新买了一辆红色的骐达,她想给自己的爱车选择一款汽车香品,以保持夏季车内空气的清新。周女士的业余爱好是看动漫,没事的时候还爱画一些卡通画。那么,作为一名汽车用品销售人员,该如何针对周女士的爱好向她推荐合适的汽车香品呢?

【任务分析】

许多新车内都有一股装饰材料散发出来的异味。另外,夏季来临,由于汗渍、油脂等污染也越来越多。在仪表台上放置一瓶别致的香品,除了起到清除异味、杀灭细菌、净化空气的作用,还可以给车内增添温馨的气氛。

刘女士喜欢看动漫、画卡通画,说明她本人比较喜欢卡通人物的造型,所以要在选择香品的时候,尽量投其所好。

【任务准备】

一、汽车香品装饰的作用

汽车驾驶室内的通风状况不良，受到污染时容易导致车内空气浑浊、有异味，从而损害驾驶员和乘客身体健康。因此，除了要求车主定期对车内卫生进行清洁处理外，还建议选择车用香品，使驾驶室拥有持久且令人愉悦的香气。

1. 净化车内空气

车用香品能清除车内异味、杀灭细菌，从而净化车内空气。

2. 营造温馨环境

车用香品怡人的芳香，营造了温馨、舒适的车内环境，增添了车内浪漫情趣。车内有一种好的香品配置，就像是一首优美的抒情诗、一段迷人的曲子、一杯浓郁的香茗滋润人的身心。

3. 利于行车安全

车用香品使车内空气清新，具有清醒头脑、抗抑郁和使人镇定等功效，从而减少行车事故的发生率。

4. 兼作车内饰品

车用香品的容器造型各异，绚丽多彩，可与车内饰品相媲美，令人赏心悦目，具有独特的装饰效果。

二、车用香品的类型

车用香品种类多样，如图 5－3－1 所示。这些香品按形态可分为气态、液态和固态三种，按使用方式可分为喷雾式、泼洒式和自然散发式等。

图 5－3－1　车用香品

气态车用香品主要由香精、溶剂和喷射剂组成，可分为干雾型、湿雾型等。气雾型香水（见图 5－3－2）中的除臭剂可以覆盖车内某些异味，比如行李厢味、烟草味、鱼腥味等，但挥发速度极快。

图 5－3－2　气雾型香水

液态车用香品由香精油、固定剂与酒精混合而成，盛放在各种具有造型的容器中，如图 5－3－3 所示。液体

图 5-3-3　液态车用香品

车用香品比固体香膏香味要浓，持续时间久、散发慢，常盛放在各种具有艺术造型的容器中。液态车用香品可用 2～3 个月，在车内用的比较多，具有气味浓香、使用便利等优点，但其使用周期短，需要不断地补充。此种车用香品在汽车室内应用最广。

固态车用香品主要是将香精与一些材料混合，然后加压成型。它具有香味清淡、使用周期长、无需补充等特点，也是常用的香品。

三、汽车香品的位置

通常汽车香品可作为装饰物摆放在仪表台上，或当挂饰使用。

注意：汽车香品摆放时应尽量放在远离驾驶位置的地方，以免刹车或发生突发状况时，带来不必要的麻烦。也可以将香品放在空调的通风口，利用气流，使香品的清香味在很短的时间里充满车内，同时还有清除异味的效果。

【任务实施】

一、汽车香品的选用

选购汽车上用的香品时，应根据车辆、季节以及车主性别、性格、爱好等因素合理选用。

1. 根据车辆选用

不同级别的车辆，在选用香品时，首先要看其颜色及包装品的造型是否与汽车外观、造型、车饰等相和谐。如香品选用适当，会提高车内的整体美感。如选用不当，则会感到很不协调，破坏原车的设计感。

2. 根据季节选用

不同的季节应选用不同的香品。在寒冷的冬天或炎热的夏天，如果车内经常开空调，应选用具有较强挥发性的车用香品，以便有效地去除空调机的异味；而在冷暖适宜的春秋，可以挑选喜爱的香型。

3. 根据性别选用

车主的性别不同，所选香品有很大差异。就味道来说，大多数女性车主对各种清甜的水果香、淡雅的花香比较中意；大多数男性车主喜欢淡雅的古龙香、琉璃香、龙涎香、沉香等。在外观上，女性车主大多喜欢造型好看或者卡通类的香品，而男性车主大多喜欢大气、庄重的香品。

4. 根据性格选用

有时也根据车主的不同性格选用不同的香品，例如，对于性格偏急躁的车主，为使其驾车时能保持平静，应选用具有镇静功效的车用香品，如清凉的药草香型、宁静的琥珀香型等。

5. 根据习性选用

对于习惯吸烟的车主应选用浓郁的药草香、清新的绿茶香、甜润的苹果香等车用香品，可以有效地去除烟草中的刺激气味。

二、车用香品使用时的注意事项

1. 认真选购

(1) 在选购车用香品时，应仔细阅读香品的产品说明书，检查产品质量，察看包装及密封性能的好坏。

(2) 好的香品能体会出前味、中味和后味，跟人用香水一样较刺鼻的一定不要选购。

(3) 注意产品的生产单位及日期、保质期等。

(4) 要购买正规品牌厂家生产的产品，不要因便宜而买到过期的伪劣产品。

(5) 如果对效果比较在意可选择夹在空调出风口百叶处的小球型香品。

2. 车用香品的更换

1) 更换方法不当的后果

当一种香品用完之后，如果不采取一定的措施就更换为另一种车用香品时，因前后两种不同香品的相互影响，甚至起化学反应，有时会产生一些对人体有害的气体，不但达不到香品应有的效果，反而会适得其反。有时，还会使乘员感到不舒适，严重影响驾驶员的情绪，甚至会使人变得暴躁、易怒或抑郁，这些都会影响行车安全。

2) 合理的更换方法

当一种香品用尽时，或未用尽而又需要更换时，首先将原有香品换掉，把车窗打开，使车内原来的香味散尽，待香味毫无残留时，才可更换另一种车用香品。

3) 更换时间

最好选择当晚停好车之后，这样可以有充足的时间散尽旧香品味道，使旧香味彻底消失，第二天开车透风一段时间后再换上另一种香品。最好不要在用车前或途中更换香品。

【学习评估】

序号	学习内容	评价标准			
		了解	掌握	可指导操作	可独立操作
1	汽车香品装饰的作用				
2	车用香品的类型				
3	汽车香品的位置				
4	汽车香品的选用				
5	车用香品使用时的注意事项				

【考核评价】

评价内容	赋分	序号	具体指标	分值	得　分		
					自评	组评	师评
仪容仪表	5	1	穿戴整洁符合工作要求	5			

（续表）

评价内容	赋分	序号	具体指标	分值	得分		
					自评	组评	师评
工作安全	15	2	走路文明，不打闹	5			
		3	操作过程沉着冷静	5			
		4	无人员受伤及设备损坏事故	5			
工作过程	60	5	掌握汽车香品装饰的作用	10			
		6	熟悉车用香品的类型	10			
		7	了解汽车香品的选用	15			
		8	掌握车用香品使用时的注意事项	20			
		9	完成实训工单填写	5			
职业素养	20	10	坚持出勤，遵守规章制度	5			
		11	服从安排，积极参与	5			
		12	在规定时间内完成，认真填写数据	5			
		13	认真执行5S	5			
			综合得分	100			

参 考 文 献

[1] 吴兴敏，马志宝.汽车涂装技术[M].北京：人民电邮出版社，2009.

[2] 覃维献.汽车美容与装饰[M].北京：人民电邮出版社，2012.

[3] 覃维献.汽车美容[M].北京：北京理工大学出版社，2009.

[4] 祖国海等主编.汽车美容与装饰[M].北京：中国劳动社会保障出版社，2005.

[5] 宋孟辉，孙涛.汽车美容与装饰[M].北京：机械工业出版社，2011.

[6] 陈哲.汽车美容看图速成[M].福州：福建科学技术出版社，2005.